撰稿人（按章节顺序排列）

王子韩　赵　容　何绵山
郑建辉　王　玮　李正光
陈　婕　齐学东　林育明
曾金霖　张禄兴　丁素芳
李燕芳　陈忠琼

本书得到福建师范大学闽台区域研究中心的资助

闽台区域文化

何绵山 主编

赵容 陈婕 王子韩 张禄兴 李正光 副主编

「自古闽台一家亲」，福建与台湾仅一水之隔，血脉相连，在历史上，台湾在很长时期内曾是福建的一部分。明代以后大批闽人移居台湾，共同创造了以闽南方言和客家方言为主要载体的台湾文化。清以后台湾虽独立建省，但两地文化血缘仍密不可分。闽台地缘相近，血缘相亲，习俗相同，语言相通，现今台湾同胞中80%以上人口祖籍福建，正是因为闽台地区有这种天然的联系，因此一向被视为一个共同的区域。

厦门大学出版社
XIAMEN UNIVERSITY PRESS

目　录

第一章　闽台历史渊源

第一节　史前闽台关系

一、闽台地缘上的密切关系

台湾是我国第一大岛,西隔台湾海峡和福建遥遥相对,相距宽度不到 200 千米,狭处只有 130 千米,离福州最近。

闽台在史前就存在着十分密切的关系。"福州鸡鸣,基隆可听"这句谚语,说明了台湾和福建有"不可分离,难舍同枕"的地理位置。

台湾海峡,平均水深只有 50 米至 100 米。据地质学家研究,台湾和台湾海峡,本来就是和福建相连的华夏古陆的一部分。台湾是以大陆为根生成的一个岛屿,在地缘上与大陆是不可分的。在悠久的地缘历史中,华夏古陆常发生沧海桑田的变化。在造山运动作用下,早在 2 亿多年前的古生代晚期,台湾就从海底隆起而成为一个海岛,后几经变迁,有时和大陆相连,有时又似乎成了海岛。从 100 万年前开始的大冰河时代以来,每逢冰期,台湾就会和大陆相连。从那时起,台湾地层中就有了从大陆迁来的剑齿虎、普通象、犀牛、古鹿和野猪等大型脊椎动物的化石。每次间冰期,台湾海峡就被淹没,台湾变成为孤岛。在台湾海峡形成的过程中,出现过几次海进和海退。海退时,大陆、澎湖和台湾连接成一片。那时候,海退波平,一苇可航。大陆的古人类和文化,就有了进入台湾的机会。在距今大约 5000 年前后,才形成接近目前状态的台湾海峡。直到距今 5400 年前,澎湖列岛南部与福建之间,还有一条经过台湾礁的陆地联系着,而澎湖与台湾的陆地连接,一直维持到距今 6200 年前。可见,在远古时候,从台湾经澎湖,通过大陆架,可以同大陆来往。据研究,台湾近年的地质运动,曾使西部出现约 5 万公顷宜于耕种和居住的海埔新生地。可以预期,等不到第五次冰期的来临,台湾将又会和大陆连在一起。

台湾海峡的海底就像一条河谷,有向南和向北两大河系,这是当它还是陆地时,被河水冲击、侵蚀而形成的,最深处不过 100 米,大多数地方的深度只有 50 米,而在 1.5 万年以前,东海海面比现在低 130 米左右,这在地质上说明两岸原来是一个板块,台湾、澎湖等岛屿就在祖国东南沿海的大陆架上,与福建省相连接。现代科学还证明,台湾不仅是东海大陆架的一部分,而且台湾的基本地形,与大陆的地块相同,在地质成分上,是与福建、浙江两省相同的酸性火成岩体。所以,后来有人送给台湾一个雅号——"浮福建",意思是说,台湾是福建省漂浮在海上的部分。

"东山陆桥"是福建与台湾史前文化关系的一个有力的历史见证。人们惊奇地发现在碧波万顷的台湾海峡上,有一道浅滩发端于福建东山岛,经澎湖列岛,抵达台湾。这道浅滩平均水深不超过 40 米,最浅的地方只有 10 米。古地理与古气候学研究表明:这道浅滩曾经在过去的冰川时期,因海退而变成陆地,成为连接闽台两地的陆桥。它形成的基本情况是:大约距今 32000 年,地球正处于最后一次冰期的最盛时期,由于气候变冷,大量的水滞留在陆地上结冰,造成大海退现象,海平面比现在下降了 130 多米。于是,台湾海峡的这道平均水深不到 40 米的浅滩就自然显现变成了陆地。

那时,福建沿海的部分陆地是与台湾陆地相连的,但到了 12000 年前,由于气候逐渐变暖,海水渐渐上升,大部分的陆地重新被海水淹没,只有"东山陆桥"仍然处于陆地状态,又经历了 4000 年左右,"东山陆桥"才最后被海水覆盖。地球史上有过多次冰期,海退与海浸现象反复出现。"东山陆桥"曾经多次露出海面。

二、闽台人缘上的密切关系

从台湾岛的考古发现来看,祖国大陆的文化在旧石器时代就已传到台湾。台湾各地相继发掘出土的石器、黑陶、彩陶和殷代两翼式铜镞等大量的文物证明,台湾的史前文化与祖国大陆同属一脉。其中有代表性的如:

左镇人　1971 年,台湾学者在台南县左镇乡菜寮溪发现旧石器时代晚期的人类化石,为青年男性右顶骨残片。其后又陆续采集到顶骨、额骨、枕骨和单个牙齿等。其年代距今约 3 万至 2 万年。考古学家称之为"左镇人"。"左镇人"是已知台湾最早的住民,与北京周口店"山顶洞人"的时代大体相同,同属晚期智人。"左镇人"就是从大陆经由福建长途跋涉,移居台湾的。"左镇人"的发现,把人类开发台湾的历史至少提前了 1 万多年。

长滨文化　1968—1971 年,台湾学者在台东县长滨乡八仙洞(包括潮音、乾元、海雷等十几个海蚀洞穴)进行了 5 次发掘,发现了丰富的旧石器时代先民文化,命名为"长滨文化"。长滨文化距今约 1.5 万年,其石器都是用砾石打制的刮削器、尖状器和砍砸器等。长滨文化的主人以洞穴为家,过狩猎、捕捞和采集生活。其石器类型和制作技术,同大陆南方发现的旧石器相似,尤其是砾石砍砸器,同湖北大冶石龙头和广西百色上宋村两处旧石器地点出土的更为接近。由上可见,台湾在第四冰期同大陆相连的时候,已经是旧石器时代晚期人类活动的场所了。长滨文化的发现,使台湾与大陆原始文化的源流关系,至少可追溯到 1.5 万年前的旧石器时代。考古发现还证明,台湾新石器时代文化遗址,遍布台北、台中、台南和台东,文化内涵丰富多彩,同大陆东南的古文化息息相关。

大坌坑文化　1964年,经台湾大学发掘,在台北县八里乡大坌坑(位于淡水河口)发现了新石器时代遗址。大坌坑文化遗址集中分布在台湾北部淡水河下游和西海岸一带。出土的陶器多为褐色砂陶。有瓮罐、碗等,普遍印有绳纹。石器有磨制的磅、镞和打制的斧、网坠等。那时,人们的经济生活以渔猎、采集为主。大坌坑文化距今约6400年,是台湾最早的新石器时代文化。其绳纹陶器,同比它早的江西万年县仙人洞遗址和浙江余姚河姆渡遗址出土的陶器相似。大坌坑文化实际上是大陆东南沿海古代文化的一部分,与闽南、粤东沿海同时代文化之间有密切的亲缘关系。

圆山文化　较大坌坑文化晚一些的圆山文化,距今约4400～3100年,代表遗址是台北市北端圆山贝丘上层。主要分布在台北盆地,延伸到北部沿海一带。石器多属磨制,主要有锄、铲、有段石锛、双肩石斧、镞等。台湾出土的有段石锛与福建、广东等地出土的有段石锛都属于同一类型,是我国东南地区新石器文化的重要特征之一。有段石锛一般为长方形,一头有一面斜削成刃口,背面中部隆起,有一道横脊和浅沟,便于捆缚在有横叉的曲木上,作为砍斫之用。据研究,从有段石锛的发现地及发现数量的多寡看,最密之处是福建、广东、江西,次为浙江、台湾,再次为江苏,安徽更少,山东、河南、东北、长江流域中部及西南地区都很少见,华北西部未见。圆山文化遗址出土的还有鱼镖、箭头一类骨器。陶器以棕灰色细砂陶为主。这些遗物同大陆东南沿海出土的有许多相似之处,可能是从大陆传过来的。晚期已出现少许青铜器,如圆山贝丘上层的一件两翼式青铜镞,与商周时代的同类器近似。

凤鼻头文化　大坌坑文化结束以后,在台湾西海岸的中南部地区,与圆山文化同时,先后存在着三种类型的文化,目前暂都归属凤鼻头文化。第一种是红陶文化类型,以高雄县林园乡凤鼻头中层遗址为代表,距今约为 4500～3500 年。石器多为磨制,主要有锄、靴形刀、长方形和半月形穿孔石刀、磨盘、矛、镞等。红陶上印有绳纹、席纹,偶见红彩。器形有圆柱形足鼎、小口宽肩罐、镂孔豆、细长颈瓶、盆、碗等。经济生活以农业为主,兼营渔猎。墓葬有石棺墓,人骨上见有拔牙习俗。第二种是素面和刻纹黑陶文化类型,主要遗址有高雄县凤鼻头上层、台中县营埔等,距今约 3500～2000 年。营埔出土陶片上发现有稻壳印痕。第三种是印纹和刻划纹灰黑陶文化类型,已属铁器时代遗存。凤鼻头文化继承发展了大坌坑文化,更明显地受到大陆文化的影响。其红陶、黑陶文化,同位于福建闽江下游的闽侯县石山文化遗址中层和上层的遗物十分相似,同属于闽台地区以几何印纹硬陶和彩陶共存为特征的古文化遗存。

在台湾东海岸,也分布有丰富的新石器时代文化遗址。据台湾考古学家研究,认为东海岸的新石器时代文化可分为巨石文化和卑南文化两个平行系统。巨石文化主要分布在海岸山脉东临太平洋地区,在台东县成功镇麒麟遗址中,有各种巨石建筑遗物,如石壁、巨石柱、岩棺等。据研究,巨石文化来自于福州。卑南文化主要分布在台东纵谷和恒春半岛。1980 年夏秋,台湾考古工作者在台东卑南乡发现台湾至今最大、最完整的史前遗址。出土的岩棺,取材于中央山脉。出土的石器、玉器、陶器等文物,多源自大陆沿海,其中的玉玦耳饰,同大陆沿海地区及东南亚新石器时代的玉玦耳饰极其相像。据研究,卑南文物系二三千年前当地居民的遗物,其文化特质同大陆南方各省古代的越濮族相似。

1987 年,大陆文物工作者发现了来源于"东山陆桥"的古人类化石,它经中国科学院专家鉴定,属距今约 1 万年的晚期智人,定名为"东山人"。此后,福建又先后在清流县狐狸洞发现了"清流人"牙齿化石,在漳州市北郊发现人类胫骨化石。有关专家对福建的"东山人"、"漳州人"、"清流人"与台湾的"左镇人"做了比较研究,发现他们同属于一个体征类型,都是长江以南地区的晚期智人。由此推断:"左镇人",正是从福建经"东山陆桥"迁入台湾的。

综上所述,台湾自旧石器时代以来,就有人类居住,而且它的原始社会史的每一个阶段,在文化内涵上,都与福建等东南省份的原始文化息息相关。我国考古学者早就指出,"台湾自古是中国的领土,远在几千年前的新石器时代,台湾和福建就属于同一文化系统"①。创造台湾新石器时代文化的住民,多直接来自大陆东南部,他们成为后来台湾土著的一支主要来源。

第二节　古代闽台关系

一、宋元以前的闽台关系

在中国古代文献里,台湾被称为"蓬莱"、"贷舆"、"员峤"、"瀛洲"、"岛夷"、"夷州"、"琉求"等。

进入青铜时代,闽台之间的联系更加密切,据考古发现,"商代前期,以闽侯县石山遗址上层、福清东张中层的为代表,此外,浙南的瑞山、闽侯的庄边山、闽东的福安城山、寿宁武曲、闽南厦门灌口,以及台南的高雄凤鼻山上层贝丘和桃仔园贝丘、台中的大肚乡营埔、南投县埔里镇大马璘都有这类遗存的分布。它们都属于一种以几何形印纹硬陶和彩陶共存为特征的文化遗存,自然,几何形

---

①　《考古通讯》,1958 年第 10 期。转引自施联朱《台湾史略》,福建人民出版社 1980 年版,第 47 页。

印纹陶的发展脉络也大体趋于一致"①。

春秋至秦汉时期,大陆东南沿海居住着土著民族——"百越",史称:"自交趾至会稽七八千里,百越杂处,各有种姓。"居住在福建境内的越人称"闽越",其最重要的文化标志是以蛇为图腾和断发文身。虽然台湾海峡阻碍了闽台之间的交往,但由于闽越族是一个善于舟楫的民族,所以仍有不少闽越人跨越台湾海峡,迁徙到台湾岛,成为台湾高山族的祖先。据《史记·越王勾践世家》记载,"楚威王兴兵伐之。大败越","越以此散,诸族子争立,为王,或为君,滨于江南海上,服朝于楚"。连横在《台湾通史》中也指出:"或曰楚灭越,越之子孙迁于闽,流落海上或居澎湖。"他们给福建、台湾等地带去了先进的生产技术,对闽台社会的发展起了一定的促进作用。

关于台湾高山族的族源问题,学术界仁智互见,我们认为他们是不同时期,从不同地方漂流或迁徙入台的,其中最重要的一支是春秋至汉代时期从福建迁徙入台的闽越族,这一点从高山族自古以来一直保留着断发文身的习俗和蛇图腾可以反映出来。《隋书·东夷传》载:"琉球国(指台湾)居海岛之中……妇人以墨鲸手,为虫蛇之文。"清代郁永河在《裨海纪游》中说到他在台湾亲眼目睹高山族"胸背文以雕青,为鸟翼网罗虎豹文"。陈梦林《诸罗县志·番俗考》云:台湾后垅、竹堑诸社的高山族,"发在周围者悉除之,中留圆顶,剪而下垂头蛇"。至近现代,高山族的鲁凯人、排湾人崇蛇习俗随处可见,他们奉百步蛇为祖先,严禁伤害蛇类,并喜欢在宗庙、住屋、器皿、服饰上雕刻或刺上蛇纹图案。

汉代以前,由于福建偏处东南一隅,远离汉文化的发祥地中原

---

①　彭适凡:《中国南方古代印纹陶》,北京文物出版社1987年版。转引自福建师范大学闽台区域研究中心编《闽台区域文化研究》,中国社会科学出版社2000年版,第1～2页。

地区,加上境内交通闭塞,与中原文化的联系并不密切。秦代和汉初中央政府虽然先后在福建设立闽中郡和闽越国,但均实行"以闽治闽"的方略,汉文化在福建的影响甚微。汉代以后,中原汉文化开始向东南沿海扩展,三国时波及福建。当时孙吴据有江东,曾多次出兵福建,在福建增置建安郡,以及建安、南平、汉兴、建平四县,还在侯官设立典船校尉,在霞浦设立温麻船屯。除了驻扎军队、派遣官吏来治理福建外,许多罪犯也被谪徙到福建造船。还有一些士民避祸闽中,《邵武府志》称:"孙策建检其江左时,邻郡逃亡,或为公私苛乱者,悉投于此(邵武)。因是有长乐、将检二村之名。"①孙吴政权治理和开发福建,揭开了汉文化大规模传入福建的序幕。与此同时,孙权为"求取国家的利益,开疆拓土","觅取海外之发展,谋求贸易之利",不顾臣下劝阻,派兵远航,出外探险。《三国志·吴书·吴主传》载:孙权"远规夷洲,以定大事","旨在普天一统"。公元 230 年,孙权派人"浮海求夷洲"(今台湾),带回土著数千人。东吴远征之举在军事上、经济上无足称道,但在对台关系上却从此打破了海峡两岸隔膜的障壁,是祖国大陆政权经营台湾的开始。

隋朝时,台湾称为"流求",或同音异写为"留仇"、"流虬"。《隋书》载:"流求国居海岛之中,当建安郡(今福建北部)东,水行五日而至。"隋炀帝时,福建航海家何蛮认为大陆边海上应有陆地。于是隋炀帝于大业三年(607 年)"令羽骑尉朱宽入海,求访异俗,何蛮言之,遂与蛮俱往,因到流求国,言不相通,掠一人而返。明年帝复令宽慰抚之,流求不从,宽取其布甲而还"②。隋炀帝于大业六年(610 年)又派遣武贲郎陈棱、朝请大夫张镇周(一作张镇州)"发

---

① 光绪《邵武府志》卷二十八《古迹》。
② 《隋书》卷八十二,《列传》卷四十六,《流求》。

东阳兵万余人,自义安(今广东潮安)泛海,击流求国","流求人初见船舰,以为商旅,往往诣军中贸易"。这些记载说明了台湾人此前与大陆商船曾有不少贸易,才有如此之误,同时也说明了台湾人已有较多物资可供交换,故已形成贸易习惯。据《闽书·方域志》载,陈棱从台湾掳回的数千人口,被就近安置于福清县福庐山。这是有历史记载的台湾人定居大陆(福建)沿海的第一次。陈棱被后世奉祀为台湾的"开山祖"。郑成功在台湾还为他修"开山宫"以为纪念。

唐代,因袭隋代称台湾为"流求"。这时,有一些大陆人士相继到台湾和澎湖去开发。最早见于历史记载的是唐代诗人施肩吾举族迁居澎湖的故事。施肩吾,浙江分水县人,字东斋,元和年间(806—820年)的进士,由于他不愿在宦海浮沉,毅然于806年率领族人渡海到澎湖定居。他写了一首《题澎湖屿》诗,诗云:"腥臊海边多鬼市,岛夷居处无乡里。黑皮年少学采珠,手把生犀照咸水。"生动记述了唐代澎湖居民的生活情况。

唐宣宗大中年间(847—859年),陵州(今广西)刺史周遇曾亲自登上台湾岛。唐人刘恂写的《岭表录异》(卷上)中有一段描写周遇在岛上经历的记述:"其国人么么,一概皆服麻布而有礼,竟将食物求钉铁。新罗客亦半译其语,遣客速过,言此国遇华人漂泛至者,虑有灾祸。"从中可见,此地的土著人个子矮小,仍服麻布,喜求钉铁;大陆人也有因风漂泛到该处的,但似乎没有经常性的贸易往来。

唐柳宗元任永州司马时作《岭南节度飨军堂记》说:"唐制岭南为五府,府部州以十数,其大小之戎,号令之用,则听于节度使焉,其外大海多蛮夷,由流求诃陵,西抵大厦康居,环水而国以百数,则统于押蕃舶使焉。"而"岭南节度兼押蕃舶使"。可见,唐时澎湖、台湾属岭南节度使管辖。

五代时期,闽王王审知在位29年,实行保境安民和发展对外贸易的政策,促进了福建社会经济的进一步发展。"先是,闽疆税重,百货壅滞,审知尽去繁苛,招徕蛮夷商贾,纵其交易"①。为了发展对外贸易,王审知还令人开凿了黄崎镇甘棠港(今福建福安黄崎甘棠)。甘棠港的建成,为外国商船入闽提供了方便,也有利于闽船由此发运,驶往台湾。闽国的海上贸易交通较为发达,因而,闽台两地的联系得到了进一步的加强。

二、宋元时期的闽台关系

宋代,福建已由移民社会变为定居社会,生齿繁毓,人口剧增。据统计,北宋端拱二年(989 年)福建有 466815 户,元丰年间(1078—1085 年)增至 1043839 户,嘉定年间(1208—1224 年)达到 1599215 户。在中国经济重心南移的历史条件下,宋代福建经济进入了大发展时期,不但走出了长期落后的境地,而且奇迹般地在短时间内跻身于全国发达地区的行列,成为东南全盛之邦。诗人张守在《毗陵集》中有诗句云:"忆昔瓯越险远之地,今为东南全盛之邦。"集中地反映了时人对福建经济突飞猛进的赞叹。这一时期,福建的海上交通和对外经济贸易获得空前发展,位居全国乃至世界的前列,有了发达的经济作为后盾,祖国大陆对台湾的了解和交往,福建对台湾的联系,都较以往前进了一大步。

从现存的文献看,福建汉族人民较大规模迁居台澎是从宋朝开始的。据何乔远《闽书》引宋志云:"彭湖屿,在巨浸中,环岛三十六,人多侨寓其上,苫茅为舍,推年大者长之,不畜妻女,耕渔为业,雅宜放牧,魁然巨羊,散食山谷间,各貉耳为记。有争讼者,取决于晋江县。府外贸易岁数十艘,为泉外府。其人入夜不敢举火,以为

---

① 陈寿祺:《重纂福建通志》卷八十八《五代封爵》,同治七年(1868)正谊书院刊本。

近琉球,恐其望烟而来作犯。王忠文为守时,请添屯永宁寨水军守御。"①何乔远虽没有注明宋志的全称,但应该是南宋淳祐年间刘颖修、戴溪纂的《清源志》,该书共七卷,至明朝时还存在,后佚。《宋史·艺文志》、《直斋书录题解》、《文献通考·经籍考》、《文渊阁书目》等书均有收录。从宋淳祐的《清源志》可以看出,至少在南宋时福建人民已定居澎湖岛上,他们在那里搭盖房屋,进行农耕和捕鱼业,以及畜养山羊,"散食山谷间",如果彼此发生争执,到晋江县衙门审决,同时,泉州的商船经常到那里进行贸易。

此外,我们从福建闽南的族谱和台湾的考古发现中也可以得到佐证。如德化县浔中乡宝美村的《德化使星坊南市族谱》序言云:苏氏一族于南宋绍兴年间,"分支仙游南门、兴化涵江、泉州晋江、同安、南安塔口、永春、尤溪、台湾,散居各处"②。乾隆三十七年(1772年)曾任台湾海防同知的朱景英在《海东札记》中说:"台地多用宋钱,如太平、元祐、天禧、至道等年号钱,钱质小薄,千钱贯之,长不盈尺,重不逾二斤。相传初辟时,土中有掘出千百瓮者。"③宋钱的"太平"即宋哲宗太平兴国年号,"天禧"为宋真宗年号,"至道"为宋太宗年号。有关资料中提到的宋代物品,在近年的考古发掘中也得到印证。台湾大学考古系黄土强教授多次到澎湖进行实地考查,发现大量的宋代瓷片和宋代铜钱。他说:"迄今所发现的历史时期遗址有姑婆、后寮、中屯 a、通梁 b、安宅、布袋港等七处。以上七个遗址,除了在中屯 a 的公路两侧发现大量可能属于明清时代的青花瓷片,以及在通梁的海边采集到早晚混杂的陶瓷片外,可以说皆属宋元时期的遗址。遗物以陶瓷为大宗,大多为

①　何乔远:《闽书》卷七,福建人民出版社 1994 年版。转引自林仁川、黄福才《闽台文化交融史》,福建人民教育出版社 1997 年版,第 18 页。

②　《德化使星坊南市族谱》,见《泉州文史》第 1 期。

③　朱景英:《海东礼记》卷三。

不上釉或施少量釉的瓮罐,以及器形特殊的高瓶等。高瓶出土的数量最多,其底部略细,肩部稍粗,修腹,小颈,环口,瓶高约30厘米,口径仅二三厘米,除口部或肩部施以深褐色釉外,其余部分皆不施釉。这种高瓶为宋代民间流行的器物,曾发现于大陆沿海的宋墓中,以及福建泉州湾挖出的一艘宋代沉船中。宋墓和宋船出土的高瓶,形制与澎湖采集的完全一样。"①台湾和澎湖出土的宋钱和宋瓷很可能像《清源志》所说的是福建的移民或泉州的商船带过去的。由此,也证实了宋代确有福建人民迁居台湾、澎湖。所以,连横在《台湾通史》中指出:"历更五代,终及两宋,中原板荡,战争未息,漳泉边民,渐来台湾,而以北港为互市之上,故台湾旧志,有台湾亦名北港之语。"

　　13世纪末,元朝政府在澎湖设巡检司,管辖澎湖、台湾等岛屿,隶属于福建泉州路同安县(今厦门)。这是我国在台湾附近岛屿上设立专门政权机构的开始,迄今已有600多年的历史了。元朝政府除在澎湖设立政权机构外,还注意对台湾采取政治措施,至元二十九年(1292年),元世祖曾派海舡副万户杨祥为宣抚使,携带忽必烈的诏书至台湾,招谕高山族,因语言不通,没有达到预期的目的。大德年间(1297—1307年),福建行省徙治泉州,此举的目的是为了经营台湾。大德元年(1297年),福建省平章政事(省长)高兴派省都镇抚张浩、福州新军万户张进率兵抵台,了解当地居民对元政府的态度,带土人130多人回来。次年又放还。

　　元代福建人民迁居台澎的情况已经有更明确的记载。元顺帝时,汪大渊从泉州附搭海船,远游海外各地,回来后,根据耳闻目睹的情况写成了著名的《岛夷志略》一书,书中真实地记载了当时澎

---

　　①　引自黄有兴:《中华民族开拓台湾的第一站——澎湖》,《台湾文献》第33卷,第1期。

湖、台湾的情况。该书澎湖条云:"岛分三十有六,巨细相间,坡陇相望,乃有七澳居其间,各得其名,自泉州顺风二昼夜可至。有草无木,土瘠不宜禾稻,泉人结茅为屋居之。气候常暖,风俗朴野,人多眉寿,男女穿长布衫,系以土布。煮海为盐,酿秫为酒,采鱼、虾、螺、蛤以佐食,燕牛粪以爨,鱼膏为油。地产胡麻、绿豆。山羊之孳生,数万为群,家以烙毛刻角为记,昼夜不收,各遂其生育。工商兴贩,以乐其利。"从汪大渊记载的"自泉州顺风二昼夜可至。有草无木,土瘠不宜禾稻,泉人结茅为屋居之"来看,当时迁居澎湖的居民主要是泉州人,因泉州离澎湖最近,当地居民又有漂洋出海的习惯,故泉州人迁居澎湖的记载是完全可信的。再从"风俗朴野,人多眉寿,男女穿长布衫,系以土布。煮海为盐,酿秫为酒"的记载可以看出,泉州人迁居澎湖的情况比宋朝又前进了一步。宋朝住在澎湖岛上的泉州人"不畜妻女",大多是单身男人,而到元朝,他们举家迁到澎湖,生儿育女,过着稳定的定居生活。

由上可见,元代,澎湖进一步得到开发。元朝中央政权所采取的重要政治措施,使台湾与祖国大陆的政治经济联系不断地得到加深和扩大。

三、明清(鸦片战争前)的闽台关系

(一)明代的闽台关系

明代,"流求"普遍写作"琉球",音同字异。明洪武五年(1372年),明朝政府遣使直达今琉球,然后以"流求"、"琉球"之名乃移以指今之琉球,台湾则改称为"小琉球"。明代中叶,明政府的文件中正式使用台湾这一名称。

14世纪,由于倭寇骚扰我国东南沿海,明朝政府认为澎湖孤悬海外,难以防守,洪武二十一年(1388年)曾一度撤除澎湖巡检司,把岛上居民迁至漳、泉一带。"洪武五年议徙,二十一年尽徙屿民,废巡司丙墟其地"①。虽然朱元璋下令迁界移民,把澎湖的居民迁移到福建漳州、泉州一带安置,但并不能阻止福建沿海人民继续迁居澎湖的趋势,仍然有许多破产农民和渔民到澎湖谋生。

永乐年间(1403—1424 年),朱棣改变朱元璋的闭关锁国政策,积极发展对外关系,出现郑和下西洋的壮举。郑和船队自江苏太仓开航以后,都要先到福建长乐一带停泊一段时间,进行人员和物资的补给,然后才从福建起航远航。郑和的船队曾在台湾赤嵌汲水,并深入大冈山一带。郑和第 7 次(1431 年)下西洋到过台江(即今台南、高雄之间海岸)。郑和船队中有许多福建人,他们随船队到达台湾、澎湖以后,其中有一部分人可能留在当地。郑和所率领的船队,对台湾地区产生了一定的政治影响。

至 15、16 世纪时,倭患猖獗,倭寇以沿海岛屿为据点,侵扰我国东南沿海地区,人民的生命财产遭到严重的威胁。与此同时,西方殖民者也开始侵入台湾、澎湖,海上斗争日见复杂。明朝政府认识到台湾、澎湖的重要性,于嘉靖四十二年(1563 年),又恢复了澎湖巡检司机构,又于天启年间,"筑城于澎湖,设游击一,把总二,统兵三千,筑炮台以守"②。

明代中叶,福建到台湾、澎湖的移民更多。由于商业性农业和手工业的兴盛,社会分工的不断扩大,商品种类与数量的迅速增加,福建沿海的私人海上贸易得以飞速发展,出现了一批私人海上贸易集团。这些人以海上武装力量为中心,在台湾建立统治势力,进一步促进了台湾的开发。他们当中著名的有林道乾、林凤、颜思齐、郑芝龙等。

崇祯初年,福建连年旱灾,饥民遍野。郑芝龙向福建巡抚熊文

① 余文仪续修:《台湾府志》卷一《建置》。
② 《明史》卷九十一《兵志》。

灿建议,招募饥民到台湾垦殖谋生。在获得同意后,他运大批灾民到台湾开荒,分给种子、农具和银两。台湾土地肥沃,一岁三熟,收获倍于大陆,漳、泉之人,"赴之如归市"。他们辟土田,建部落,对开垦土地、增加人口和发展农业生产起了促进作用,郑芝龙在移民中收取赋税,把大陆的封建生产关系推行到台湾,改变了台湾部分地区落后的原始生活方式。

有明一代,政府虽然一再重申禁海之令,但却无力禁止海上武装集团在台澎的活动,也无法阻止东南沿海人民移居台澎谋生。大陆沿海的渔民,也每年直航到鱼产丰富的澎湖、北港附近海域捕鱼,有的就在台湾定居下来,形成渔村。这些渔村又逐渐扩散到台湾西部沿海各地。随着两岸贸易的发展,搭乘渔船、商船来往海峡两岸的商人也多了起来。移民中有不少人同台湾少数民族(高山族)女子"牵手"成婚,或被招赘。他们促进了汉人同当地少数民族的融合。郑芝龙等据台后,漳、泉乡人,亲族故旧,以及为生计所迫者,纷纷前来投奔。此前赴台者多渔民、商贩,此后来台者多从事垦殖。他们在台湾定居下来,聚落成村,开垦土地,从事农业生产。据不完全统计,自1624年到1644年,福建一带的汉人,移居台湾的大约有2.5万户。到1644年,台湾已有汉族人口约3万户,10万人左右。

(二)郑氏政权时期的闽台关系

郑成功收复台湾是一个划时代的事件,它给台湾地区的开发开创了崭新的局面。民族英雄郑成功(1624—1662年),是明末之际抗清名将,也是台湾省历史上最重要的人物。他对收复与开发台湾作出了重大贡献,被台胞尊称为"开台圣王"。他在收复台湾后采取了一系列措施,大力开发台湾,在郑氏政权统治台湾的23年中,台湾普遍实行了与祖国大陆一样的政治、经济、法律及其他封建制度,使台湾地区的汉族和高山族人民生活在统一的封建制度之下,加速了两族人民在政治、经济、文化等方面的相互影响和友好的民族关系的发展。这种封建生产关系的确立,在当时台湾还停留在原始氏族社会以及广大土地尚未开辟的历史条件下,在一定的时期内,还是有利于社会生产力的发展的。台湾"从此进入封建制的大门"①。台湾历史的发展进入了一个崭新的阶段。

在郑氏政权时期,台湾人口,除高山族外,汉族移民和郑氏官兵,约近20万人。这些人不仅为台湾经济的发展增加了劳动力,而且还带去了大陆先进的生产技术,使得台湾经济进入了飞跃发展的时期。

经过明郑20多年的大力开垦,原来人烟稀少、土地荒芜的地方,逐渐变为良田。稻田面积的不断扩大,使谷米产量逐年递增;甘蔗种植面积的扩大,使蔗糖生产迅速发展;冶铁技术的传入,改变了农业和手工业的落后状况;晒法的传入,使台湾食盐的产量得到提高;渔业相应得到发展;原始森林也开始了有效的利用;海上贸易的发展,使造船业繁荣。

一些新的村镇也随之出现。开始时,拓殖区域限于承于府、安平镇附近,以后渐次向外拓展,南至凤山、恒春,北迄嘉义、云林、彰化、埔里社、苗栗、新竹、淡水、基隆各地。军民艰苦创业,为台湾日后的发展,打下了基础。经过明郑几代的经营,台湾的农业、手工业、商业外贸和文化教育,都有了明显的发展。出现了人畜兴旺、物产丰饶的繁荣景象。台湾的开发和社会经济的发展,是汉族和高山族人辛勤劳动的结果,同时,也是与郑氏政权的推动分不开的。郑氏政权时间虽短,但在台湾地区开发史上却有着重要的地位。

----

① 刘大年等:《台湾历史概述》,第19页。转引自施联朱《台湾史略》,福建人民出版社1980年版,第86页。

（三）清代（1840 年前）的闽台关系

1683 年,清朝统一台湾后,在台湾设置一府三县,总兵官一员,兵 8000,澎湖设副将一员,兵 2000,隶属福建省。从此,台湾在清朝政府统一的全国政权的统辖下,与祖国大陆之间的联系得到了进一步加强,台湾人民和大陆人民之间在各方面息息相关,不可分割。清政府在统一后的初期将郑氏官兵及部分移民迁回大陆,使台湾人口减少了一半。不久又实行海禁政策,限制内地人移居台湾。但台湾大片未开垦的处女地和良好的自然条件,强烈吸引着大陆沿海许多失去生计的百姓,他们冒着危险,偷渡入台。据吴士功《题准台民搬眷过疏》记载:自乾隆二十三年(1758 年)十二月至二十四年十月不到一年时间里,福建沿海"共盘获偷渡民人 25 案,老幼男妇 999 名口"①。未被截获的非法移民人数要多于此数倍甚至数十倍。乾隆二十八年(1763 年),台湾人口增至 666040 人,乾隆四十七年(1782 年),又增至 912920 人。② 但由于清政府一度实行严厉的海禁政策,移民台湾(包括偷渡者)的汉人多为男性,所谓"皆丁壮力农,无妻室,无老耆幼稚",甚至"村庄数百人,无一眷口者"③。因此,就当时的台湾社会结构而言,尚有较大的缺陷,移民台湾的汉人流动性较大,相当一部分是农忙时入台耕种,收成后即回福建与家人团聚,这在一定程度上影响了汉文化在台湾的全面传播。乾隆五十四年(1789 年)清政府解除海禁后,大批妇女迁入台湾,与丈夫一道建设新家园,台湾开始从移民社会逐渐过渡到定居社会。据统计,清初居台的汉人二三十万人。至嘉庆

---

①　《明清史料戊编》,第 2 册。转引自福建师范大学闽台区域研究中心编《闽台区域文化研究》,中国社会科学出版社 2000 年版,第 14 页。

②　孔立:《台湾开发者的足迹》,《文史知识》1990 年第 4 期。

③　蓝鼎元:《东征集》卷六。

十六年(1811年)已达200万余人。120多年间台湾汉族人口增加了6倍多。

　　台湾的汉族移民中,福建人约占83.1%,其中泉州籍约占44.8%,漳州籍约35.1%,汀州、龙岩、福州等籍约3.2%;其余为别省的移民。由于闽南人占台湾移民人口的绝大多数,所以汉文化在台湾的传播历史也是福建文化移植到台湾并在台湾进一步发展的历史。诸如台湾移民大多数讲福建方言,闽南话几成为台湾通用的方言;台湾移民社会基本上保留着闽南地区的饮食习惯、服饰文化、建筑风格、婚丧喜庆和岁时节庆风俗;台湾的文化娱乐如戏剧歌舞、儿童游戏以及宗教信仰等也由福建传入。

第三节　近代闽台关系

　　1840年,中英鸦片战争爆发。这标志着中国近代历史的开始。此后,外国资本主义势力纷纷侵入中国。台湾与福建地处东南沿海,外国资本主义侵入较早,所受的祸害也较深。

　　由于资本主义国家大量输入廉价的工业品,大量倾销从东南亚国家掠夺来的大米和布匹,闽台地区农业和手工业的发展受到了严重阻碍,台湾和大陆之间的贸易往来也遭到破坏。台湾地区向来不产棉布,当地人民所需的棉布多从大陆运来。泉州的白布、福州的绿布等,一向畅销于台湾。但在五口通商后短短的不到3年时间里,洋布、洋纱充斥厦门市场,"民间之买洋布洋棉者,十室而九",同样,与厦门只有一水之隔的台湾棉布市场也被洋布夺去,造成福建纺织手工业者大批破产。台湾盛产稻米,每年供应祖国大陆沿海居民不下八九万石,但到了19世纪40年代末,由于大量的洋米在我国市场上的倾销,台米市场为洋米占据,一般人"食洋米而不食台米",台湾稻谷价格降至每石五六钱,仍找不到销路,造成农业生产凋敝,大批农民破产。

19 世纪 60 年代至 90 年代,面对着外国资本主义势力的军事侵略和经济掠夺,台湾人民一方面与外国侵略者作坚决的斗争;一方面辛勤劳动,使台湾地区的社会经济仍有较快的发展。

鸦片战争后,福建等地迁往台湾的居民仍然逐年增加,表明台湾的开发方兴未艾。1841 年,议垦埔里社。咸丰元年至五年(1851—1855 年),淡水人黄阿凤集资募众 2200 余人,往垦台东岐莱(花莲港),同早先"已至其地"的汉人一起,开荒辟土,"居者千家,遂成一大都聚"。咸丰五年(1855 年),凤山县人郑尚至卑南(今台东)与高山族贸易,并教以耕耘之法,得到高山族人民的欢迎,并"以师事之"。除了民间开垦外,清政府也开始有组织、有计划地推行垦殖措施。并在厦门、香港、汕头等地设招垦局,正式招募大陆人民赴台开垦,给应募者以种种优待,如渡台费用由官方发给,开垦期间每日给予口粮,每名授田一甲,并供给耕牛、农具、种子等,3 年之后才课以租税。① 光绪十二年(1886 年),清政府采纳巡抚刘铭传的建议,设立台湾抚垦总局,以刘铭传兼任抚垦大臣,台湾人林维源为帮办,分全台为三路,分区设局。自埔里以北至宜兰为北路,以南至恒春为南路,台东一带为东路。设大科嵌、东势角、埔里社、叭哩沙、林圮埔、蕃薯寮、恒春、台东等局,下设若干分局,主持土地开垦和有关高山族的各种经济行政事宜,开垦事业获得很大发展。

为了加强海防,防止资本主义列强的入侵,清政府于 1885 年 10 月决定将台湾设为行省,下设台湾、台南、台北三府及台东直隶州。1888 年 3 月,刘铭传启用"福建台湾巡抚"关防,台湾建省最终完成。这样,台湾就成为当时全国行省之一了。台湾虽然改建行省,但是仍称为福建台湾省。1894 年,台湾又增设南雅厅。至

---

① 　连横:《台湾通史》卷十五《抚垦志》。

中日甲午战争前夕,台湾共设有 3 府(台湾、台北、台南)、1 直隶州(台东)、6 厅(卑南、花莲、埔里社、南雅、基隆、澎湖)、11 县(淡水、新竹、宜兰、安平、嘉义、凤山、恒春、云林、苗栗、彰化、台湾)。

近代台湾的发展并迈向近代化之路,与大陆的洋务运动有着密切的联系。19 世纪 70 年代中期至 90 年代初的近 20 年内,经过当时主持台湾新政的沈葆桢、丁日昌、刘铭传等人的不懈努力,台湾的改革与建设取得初步的成效,开始了近代化的进程。沈葆桢于 1866 年至 1874 年任福州船政大臣,督办福州船政局。1874 年他渡台筹办海防,采取种种措施,开启了近代台湾改革、建设的步伐。光绪元年正月初十日(1875 年 2 月 15 日),清政府正式废止内地人民入台耕垦的禁令,这是大陆与台湾交流发展史上的一件大事。为招募移民到台开垦,沈葆桢在台湾设立抚垦委员,管理开垦政务,给予应募者种种优惠条件,并先后在厦门等地设立招垦局,招募大批大陆移民赴台垦殖。沈葆桢所采取的措施使台湾经济得到进一步的发展。

1875 年 8 月,沈葆桢离任,台湾政务由福建巡抚王凯泰兼理,不久王凯泰去世,由丁日昌继任。丁日昌清楚地认识台湾在东南沿海海防中的重要地位,赴台后提出购铁甲船、练水雷军和枪炮队、修造新式炮台等建议,以加强海防;还主张修铁路、架电线、购机器,硫矿煤油樟脑茶铁诸利,亦应逐渐招商开拓,或借官本,或集公司,以图拓展台湾的洋务事业。1877 年 10 月,台南至安平、旗后的陆上电线架设完成,计 47.5 千米,同时设立台南、安平、旗后电报局,于 11 月对外营业。这是我国自办的最早电讯业。

丁日昌把奖励移民作为治台的一项重点工作。他提出"抚番"开山善后章程 21 款,改善了当地少数民族和汉族移民的关系。为进一步招募移民,丁日昌继续在厦门、汕头、香港设立抚垦局,官方派船接运移民,允许移民携眷入台。移民入台后,还配给耕牛农具和房舍。丁日昌不仅提倡垦荒和种植粮食作物,还鼓励和组织种植经济作物,开采矿产。

在近代台湾发展史上,沈葆桢是近代化道路的开拓者,丁日昌继起筹划并积极落实,而刘铭传则进行了更广泛、更大胆的改革和实践。他为了巩固清政府在台湾的统治,防止帝国主义列强的入侵,采取了一系列措施:如修筑炮台;修建军械机器局;架设电线;实行新法采煤;修筑铁路,开凿山路;开办新学堂等。此外,刘铭传还成立轮船公司,开辟上海、香港、西贡、新加坡等航路;设邮政局,办官医局、养老院等。至19世纪末,在汉族和高山族人民的共同努力下,台湾开发地区已从西部平原扩大东部偏僻的山区,开发面积占台湾地区土地的80%以上,还出现了台北、基隆、高雄、台南四大城市,台湾成为一个经济上、文化上都比较发达的省区,成为祖国东南的国防屏障。

1894年7月,日本帝国主义发动了对中国的侵略战争。腐败的清朝政府被迫与日本政府签订了丧权辱国的《马关条约》。条约中对台湾、澎湖作了两点规定:一是割让台湾全岛、澎湖列岛及各附属的诸岛屿,并将该地所有堡垒、军器、工厂及一切属公物件,永远让与日本;二是双方于条约批准后,各派员至台湾办理交接,并限条约批准后两个月交接清楚。当割台的消息传出时,神州陆沉,风悲云怒,全国各族人民群情激愤,痛斥卖国贼,反对割地。当时正在北京会试的全国应试举人康有为,邀集18省举人1300多人签名上书,主张迁都抗战。在京的台籍官吏、举人,也联名上书都察院代奏:闻朝廷有割弃全台之说,"数十百万生灵皆北向恸哭,闾巷妇孺莫不欲食倭人之肉,各怀不共戴天之仇,谁肯甘心降敌"!"以全台之地使之战而陷,全台之民使之战而亡,虽肝脑涂地而无所悔。"年逾70岁的高山族人士胡盛兴,毅然投笔从戎,返回台湾,深入高山族地区,组织民众,"诱击倭兵,半年杀过百"。清朝政府里的一些爱国官吏,反对割地的封章电奏不绝,从4月中到5月初,各级官员反对割台奏章140件,签名者达千人。4月25日,台北鸣锣罢市,民众拥围巡抚衙门,哭诉死不属倭,宣告饷银不准运出,军械不准停工,税收留供抗敌。台湾士绅也致电清政府反对割地,丘逢甲等联名血书陈奏,要与台湾"共存亡"。

此后,台湾人民开展了轰轰烈烈的反割台斗争,从1895年6月起,台湾军民经过5个多月的激烈战斗,大小100多仗,抗击日本3个近代化师团和一支海军舰队,打死日本侵略者32815人。日本近卫师团有一半被歼,侵台日军头目北白川能久中将、山根信成少将毙命。为了保卫祖国神圣领土,台湾各族人民不畏强暴,不怕牺牲,英勇奋战,表现了中华民族捍卫领土主权的坚强决心。

在日本帝国主义殖民统治下的台湾,社会经济结构发生了巨大转变,即从半殖民地半封建社会转型为殖民地社会,成为日本帝国主义的投资场所、原料来源地和商品销售市场。日本殖民者以各种手段攫取台湾的资源。日据时期,台湾对外贸易的地区构成发生了重大变化。在甲午战争前,日本与台湾的贸易微不足道,台湾主要贸易对象是祖国大陆,但是战后情况发生了根本性的变化,据统计,到了1911—1945年间,输往日本的货物占台湾出口值的77.9%,自日本输入的货物占台湾进口值的70.8%,而祖国大陆则分别降为6.2%和13.2%。1910年之后,台湾输出贸易对日依存度平均在80%以上,进口贸易对日依存度也在60%以上,表现了严重的附属性。尤其是1937年,台湾对日贸易,分别占出口的93.2%和进口的86.3%。日本帝国主义还在台湾实施殖民地教育,对台胞实行"愚民教育",强制推行差别教育制度和同化政策等,妄图使台湾人民成为他们顺从的奴仆。

从1895年到1945年,这是日本帝国主义残暴统治台湾的50年,也是台湾人民反抗殖民统治的50年。在这期间,台湾各族人民坚持不懈地抗击侵略者,"三年一小乱,五年一大乱",抗日的烽火燃遍台湾岛。1945年,随着中国人民抗日战争的伟大胜利,台湾重新回到了祖国的怀抱。

第二章　闽台文化

　　文化是人类在历史发展过程中所创造的物质财富和精神财富的总和,是特定的生活方式的整体,它包括观念形态和行为方式,提供道德和理智的规范。文化作为信息、知识和工具的载体,它是社会生活环境的映照,是以精神与物质两种形式交互作用的,它是后天学习获得的,并为社会成员所共有。文化是人类创造产生并在传承中发展,既有纵向历史发展又有横向现实联系。文化的丰富性是根植于所属的地域、民族、社会的基础上的,文化是依照地域民族的特点而存在发展的;文化的长期性是以文化优化为条件,在社会群体的推动下的文化社会化形成过程,没有社会性的文化将失去存在的基础;文化的发展不是简单的模仿与重复,而是既有继承文化主流的坚定信心又有对文化支流的整合,继承前文化并有所突破;文化的教育性是深深熔铸在民族的生命力、创造力和凝聚力中的,民族的认同、民族的凝聚,离不开文化的力量;文化还给予人们以历史感、自豪感、使命感。

　　文化学家把文化分为三个阶段:表面,即器物文化,包括一切有形可感的物质和精神产品;中层,即制序文化,包括人际关系中各种体制和规范、礼仪习俗、行为方式等;深层文化,即观念文化,包括思维文化、思维习惯、传统文化、社会心态、价值观念、风土民情、审美情趣等。①

　　闽台文化是指来自汉族核心地区的中原文化,在播迁闽台的过程中,因地理环境的不同、历史发展的差异和与土著文化融合所产生的变异等诸种因素,而形成的一种地域性的亚文化,是中华民族七大亚文化之一。② 闽台文化以福建、台湾地区为核心形成共同性的文化特质,具有共源同本的现象。广义的闽台文化包括闽台各地区、各兄弟民族的文化。狭义的闽台文化,一方面主要是指对台湾文化发展产生影响的福建部分区域文化,以福建闽南、闽西客家地区为主,另一方面是指由迁台的闽籍移民在台湾创造并发展,与闽文化血脉相连,成为台湾主要特征的台湾文化。闽台文化内容主要体现这两方面的联系性、共同性、特殊性,台湾文化主要源于闽文化,闽文化根源于中原文化,"福建文化以先进的生产技术、物质财富、商业贸易、政治制度、宗教信仰、文学艺术、教育等内容向台湾地区延伸,在共同的历史源流背景下,民族流动形成了同文同种特征,相似的心理个性特征或差异品类特征的物质文化和精神文化"③。闽台文化形成的地理环境是同处在北回归线至北纬25°上下区间,同属亚热带型气候,以丘陵山地为主,都面对着大海。台湾与祖国大陆本为一体,是昆仑山脉南支由武夷山入海"过峡"再昂首跃起形成的宝岛。澎湖与东山之间的海上陆桥把福建台湾连成一体,台湾地形显现出回首遥望大陆的形态,面向大陆的西部的富庶平原福地,与福建南部沿海共同兜揽着来自大陆中原的移民、文化精神。闽台两地彼此凝望,互为手足,既继承唐宋中原文化的精华,又吸收了闽越文化、畲族文化、台湾少数民族文

　　①　候玉波:《社会心理学》,北京大学出版社 2002 年版,第 255 页。
　　②　刘登翰:《论闽台文化的地域特征》,《东南学术》2002 年第 6 期。
　　③　简荣聪:《闽文化的历史观》,《台湾源流》1990 年春季刊。

化、海外文化等各种文化养分,在山海兼具的地理环境中孕育形成了具有区域特征的文化。共同的闽南方言和部分客家方言语言,共同的宗教信仰、艺术形式、生活习惯、道德观念、风俗及心理、性格、行为等使得闽台文化具有一致性,反映着共同的文化心理素质,表现出一脉相连,休戚相关的联系性、共同性、特殊性的特征。当然闽台文化还包括闽文化、台湾文化在交融离合中形成的文化差异性,记录了社会、政治、经济历史发展对闽台两地的不同影响。

闽台文化在语言、文学、艺术、宗教、史学、哲学、科技、教育各个领域都有卓越贡献,是中华文化的重要组成部分,随着时间的推移,日益显示出强大的生命力。学习和研究闽台文化,了解闽台文化起源、属性、特征,可以增进海峡两岸的文化认同、相互理解,求同存异,增强两岸人民血浓于水的凝聚力,弘扬民族文化,振奋民族精神,共同促进祖国统一的千秋大业。

第一节　台湾文化与闽南文化

一、台湾文化

(一)台湾文化是中华文明的延伸

台湾文化是多元文化的组合文化,有少数民族文化,有移民带入的中原文化,也有日本、欧美等国家的文化。在多元文化中主体是中华民族文化,台湾文化从起源、发展、形式、影响等诸方面均体现了中华民族文化的同一性、完整性、发展性特征,是中华民族文化的延伸和拓展,中原文化进入台湾是经由福建的二度传播的,具体表现在人同种、语同音、神同缘,行同伦等方面。

1. 文明同源。

台湾、福建原本同属亚洲大陆板块,台湾海峡在更新世早期为陆地,距今 3 万年前台湾最早的古人类"左镇人"和稍后的"长滨文化"人都是直接从大陆迁入台湾的古人类。近几十年的考古发掘表明,当时两岸存在着地域范围广泛的原始文化带,闽台两地新石器时期的文化起源于福建及大陆其他地区,是中华文明的延伸和传承,如台湾的凤鼻头文化遗址与福建闽侯的昙石山文化遗址出土的彩陶的器形、陶质、印纹纹饰相似,石锛石斧制作方法、造型也相似,与长江流域文明有着一定的亲缘关系。在闽台两地文化遗址中都曾发现的凹石工具,是一种特殊的加工贝类食物的专用石器,反映闽台沿海先民共同的生产与生活方式,说明福建和台湾都是海洋部族活动的地方,闽台文化具有海洋文化特征。①

2. 祖地文化体系的传承。

中华文化随中原移民南迁被带入福建,融合闽越文化等,形成闽文化,然后由以福建人为主的移民跨海携带到台湾,这种文化与承载主体一同迁徙的传播过程,保持了文化的同一性,是中原文化的全面移入和"克隆"。在台湾数百年的移民史上,汉族移民大多是血缘族群、同宗同乡一同迁徙,离乡背井的人同乡意识增强,在寻找生产经营的合伙人,选择婚姻对象时,以同乡为首选对象,同乡组织、同籍聚落相继形成,特别是以垦殖开发为目的的经济性移民保持了较为完整的血缘、地缘社会聚落,主要由以血缘关系为纽带的"继承式宗族"、以地缘关系为纽带的"依附式宗族"、以利益关系为纽带的"合同式宗族"组成社会。据 1926 年日本台湾总督官房调查统计资料《台湾在籍汉民族乡贯别调查》记载:当时鹿港全镇泉籍人士占总人口的 99.3%,是典型的泉州籍族群聚居的社会形态。又如开发宜兰时"名为三籍(漳、泉、粤)合垦,但三籍人数比例极为悬殊,漳籍十居其九"。早期移民以单身男性为多,形成的

---

① 刘登翰:《中华文化与闽台社会》,福建人民出版社 2002 年版,第 29 页。

社会组合方式以地缘性为主,为了共同的生存利益,他们扩大家族的界限,不同的分支房派、不同衍脉祖地,甚至不同省份的同姓,都视为同宗一体,如台北的"全国林姓宗庙"、台南的"台南吴姓大宗祠"就是这一现象的反映。移民定居后,回原籍招徕佃户、搬眷、娶亲,血缘、亲缘逐渐成为族群发展的条件,他们维系着祖地的家族体系,续修家谱记载家族成员迁台的历史、族产沿革、家法族规和谱系分支、人口繁衍的诸种情况,在墓碑上留下祖籍地的地名,交待后代回籍寻根。家族文化不仅承载着家族历史的记忆,也继承了中华文化。

在台湾,无论是小规模的家族还是大规模的宗亲族群,都保留着与祖籍地一样的宗族组织系统,宗族在台湾的系谱结构完整,如彰化平原的社头一带肖姓宗族一至八世都是"唐山祖",血缘关系的联系以宗祠为特征,在福建有奉祀祖先的宗族组织,在台湾聚居地的族人,也为始祖以下的历代直系祖先设立了"祭祀公业",依仿祖籍地建立宗祠,所谓"家家建追远之庙、户户置时祭之资"①,以"代代设祭"。祠堂是中国人家族、宗族组织的中心,它不仅是供奉祖先神主牌位和祭祀祖先的场所,而且是宗族议事、执行族规、族人活动的地点,从其建筑格局到修撰族谱、祭祀仪式都一一强调祖先与中国历史上的望族、名人的关系,强调血缘、正统的重要性,以巩固族内的团结,维护家族的纯洁性,发扬家族传统精神,台湾地区的祠堂同样发挥了这种功能。这就使得祖籍地的生活方式、生产技术、风俗习惯、宗教信仰、民间文化得到完整的再现、执行、传播。

3. 民间信仰叶与根的关系。

台湾民间信仰的分灵、进香与巡游,体现了闽台文化的根与

---

① 乾隆《上杭县志》卷十一《风土》。

叶、源与流的密切关系。① 早期移民入台时，对乡土神灵的信仰，不仅使之在精神得到依托，还巩固了移民群体的地缘关系。他们将祖地的乡土神灵如妈祖、保生大帝、清水祖师等的神像或香火袋作为护身符以祈求保护，逐渐在台湾建立福建诸神的开基庙，再从中分灵到台湾各地，形成福建主庙、台湾开基庙、台湾分灵庙的三层关系网络。台湾庙宇分灵如同中国家族祭祀中的"分灶火"，除长子继承父亲的老灶外，其余诸子只从旧灶中取一些炭火放进自己家中的新灶，表示"薪传不绝"。经过分灵程序，确立分庙与主庙之间存在类似"父子"的关系。在大陆沿海普遍信奉的莆田籍神祇——妈祖被移民视为航海保护神，移民渡海来台湾的时候携带妈祖神像和神位，以求渡海平安，抵台后完全仿造大陆神庙样式在台建造妈祖庙，1983 年台湾省的妈祖庙有 515 座，香火之旺盛在台湾众多的神灵中独占鳌头。② 在台南、鹿港、台北和淡水等地也有供奉观音菩萨的龙山寺，有 440 座之多，都是福建泉州供奉观音菩萨的龙山寺的分灵庙，其名称和建造式样与主庙一致，仿佛未曾离开故土。福建不同地域的神灵在台湾的开基庙及各地的分灵庙建立之后与福建主庙产生"血统"上的承袭关系，保持与主庙源头的联系与香火延续，定期到祖庙乞火，进香谒祖，参加主庙的祭典，就像诸子归祭祖坟、赴主屋或长子家中团聚一样，以示自己是主庙的"直系后裔"。台湾每年都有数以万计的信徒前往大陆祖庙朝拜，各寻其根，各祀其神。闽台庙宇间的绕境巡游仪式与中国古代"中央巡狩四边"相似，是对祖庙权威的确认，巡游的地方以此提高本地区的重要性，强调与祖庙的直属关系，大陆祖庙神灵金身巡游台湾分庙，成为祖庙与各地分庙的盛大祭典。进香谒祖不仅寄托着台湾同胞对故土的深深眷念之情，还深刻反映出"不同地方，同

①　林国平：《闽台民间信仰源流》，福建人民出版社 2002 年版，第 256 页。

②　林国平：《闽台民间信仰源流》，福建人民出版社 2002 年版，第 150 页。

一群体"的真实面貌,守护神的庙宇成为移民聚会活动的场所、传承家乡文化的载体、维系移民之间感情的纽带。

4. 儒学"开化"台湾。

以农耕文明为基础的文化的核心内容——儒家思想随着历史上的几次移民大迁徙,被带入台湾,大陆文化对海洋文化的影响经历了先渗透后勃发,先改变行为后形成观念、先上层后下层的教育传播过程,实现了儒家文化与海洋文化的交汇。儒学传入台湾初期未能形成风气,但随着移民潮的扩大,儒家文化终于在移民文化中找到契合点。这是因为早期移民多为青壮男子,他们冒险拓荒,单家独户难以应付恶劣的环境,为了壮大势力,战胜各种困难,他们互相团结,以祖籍地缘关系相结合,以增强凝聚力。他们"直视同姓为同宗",或由不同族不同房系的几个家族合作经营,儒学以孝悌之义为号召,倡导的"敬宗睦族",与移民的族群聚居社会需求相吻合,在经历了数代后,台湾认同并接受了儒家文化对社会的教化、规范和制约。把尊孔崇儒的思想,摆在了台湾社会文化建构的首位。儒家思想,成为台湾文化的核心和支柱。从明末郑氏经营台湾到清统一台湾,从提倡"建圣庙,立学校"到推行儒学教育,儒家思想在台湾也逐渐为社会所普遍尊崇,成为规约台湾社会的主导思想。对台湾文化起着限制、规约和引导的作用,使之在内涵上增添儒家文化的儒雅成分。

5. 传统习俗生活方式的保留与延续。

如罗杰·基辛所言,"文化是用作把人类群体与他们的生态结合起来,社会地传播着的行为方式、生活方式、社会群居和政治组织的方式,以及宗教信仰和实践"。风俗习惯是行为方式、生活方式的具体表现,是社会群体在长期共处及各类活动中逐渐形成的风尚习俗,它具体反映在各社会群体的居住、饮食、服饰、婚姻、丧葬、节日、禁忌等诸多方面,与人的日常行为息息相关,风俗的形成历经长久,"或数百年,或数十年,或远至千年,潜移默化,中语人心,而卒为群德,故其所以系于民族者实大"①。台湾人的衣、食、住、行方面无不保留祖国大陆传统风俗习惯。《凤山县志·风土志》中记载:"虽冠、婚、丧祭与内郡同。"衣着方面:昔日衣料选取多用素布,"其丝罗皆取之江、浙、粤,洋布则转贩而来"。款式与汉服相同,农户多穿青衣和黑衣,为过膝长衣和裤子,富绅穿产自浙江的绸缎,多为蓝色长袍和黑色马褂,妇女的裤裙与大陆相似,并最重红色。各种服饰上有代表吉祥、福、禄、寿的图案。小孩穿"虎头鞋"、"虎头帽"。饮食形态以饭稻羹鱼为主,与江南水作文化的食俗相似,台湾人的"面线"是北方面食的衍化。许多传统节日,如除夕"围炉"、新正贺岁、元宵闹花灯、清明扫祖墓、端午节赛龙船、七月"普渡"、八月中秋、冬至"进补"、腊月十六"做尾牙"等等,都是中原文化的保留和延伸。

在台湾建筑中能够找到许多中国传统图案,如云卷纹、花草纹、花形纹及拼花等,汉代漆器上有一种如意形状的云气纹,被反过来成为屋顶山墙的三角形造型,喻意"云如意头"。这里的建筑造型、文饰还包括由太极图形衍变而来的,名为"喜相逢"的图案,以表达喜庆之意。

(二)台湾文化的地域特征

1. 糅合各种文化的多元性特征。

文化不是静止的,它的最基本特征就是演变,演变过程有时是缓慢而渐进的,有时会随着社会变革而发生骤变。台湾文化是"大陆文化"、"海洋文化"在山海一体的特殊土壤里糅合而成的,并在移民迁徙、战争、殖民、政治分离等曲折的历史进程中变化发展,与母体文化时而相近时而远离,在传统的基础上搭建风格,形成独特

---

① 连横:《台湾通史》卷二十三《风俗志》。

的地域文化特征。戴逸提到："自16世纪直到抗战胜利前的400多年间,据专家研究,台湾岛共受外国势力16次之多的侵袭与占领。犯境者包括日、美、英、法、荷、西等国家。"①台湾这种被争夺、被割让、被殖民的经历,产生文化上的特殊性。荷兰、西班牙占据时期,台湾主要成为荷兰的经济殖民地,殖民者控制台湾的农业生产、交通贸易,并不注重社会文化之融合;鸦片战争后台湾的安平、淡水、打狗(高雄)、基隆四处先后开港,以英美为主的外国资本得以侵入,台湾的糖、茶、樟脑成为重要的商品输出,台湾人承受着多重压榨,贫困加剧,但英文、现代学科理论、新式教育、天主教、基督教随之传入台湾,台湾文化融入西方文化因素;②19世纪初,日本对台湾的统治采取"恩威并施"之政策,强调"同化",企图通过奴化教育,把台湾人训练成服从、守法、合作、有纪律、整洁的合乎日本所用的人。日语被强制普及,台湾人的生活方式也被强制日本化,③殖民者采取限制监视台湾本地宗教,强行推行日本的国家神道的宗教政策,中国传统祭祀祖先之神龛遭到排挤,50年之殖民教育使得许多台湾人以日文方式思考问题,在意识形态和精神上烙下深深的日本文化的印痕。逐渐形成台湾文化多元性特征。

2. 传统文化的适应性发展与选择性传承。

一种文化融入新的成分后,其形式与功能都会发生一些变化。台湾地理环境与中原地理环境最大的不同在于,地理条件较北方平原、长江流域恶劣,地势山海兼具,地形复杂多样,气候湿润多雨,自然灾害多,直至元代,基本上还是由母系向父系过渡的氏族

---

① 戴逸:《一段不能忘却的历史》,中华全国台湾同胞联谊会编辑《台湾同胞抗日五十年纪实》,中国妇女出版社1995年版。

② 黄静嘉:《殖民统治对台湾移民社会之影响》,厦门大学台湾研究所等编《海峡两岸台湾移民史学术研讨会论文集》,1999年。

③ 魏秀堂:《话说台湾人》,事实出版社1997年版,第47页。

社会;虽已出现农耕,但还保留着狩猎与刀耕火种的原始经济状态。中原文化赖以生存发展的条件——巨川大江灌溉造成肥沃的土地,居民生活依靠农业,获得四季有序的收获,在此难以实现,在环境的影响下传入台湾的中原文化在形式与内容上衍生出新的文化特征。表现为儒雅与"荒""蛮"的碰撞;家族制度功能的扩展;饮食文化的丰富(与地理条件、物产种类、异类文化交融);文学艺术的改造。

在研究传统文化在台湾发生的变异时,我们不能不提到儒学在台湾的演变。儒学文化强调系统、规范、正统。但是,台湾的儒学在形式、内容、意义上出现选择性特征,"崇儒"只是一种意识形态,是属于上层的文化,以"雅"文化的形式出现,儒学通过完整的系统和严密的逻辑,以理性的形态为统治阶级服务,成为一种官方文化,自上而下地获得行政力量的支持和推广,具有社会规范与道德的约束力。但是台湾文化中海洋文化的原生基因成分即非正统、非规范的异质性和叛逆性,并未因儒家文化的约束,改变其自由、开放、功利的文化性格。台湾人重科考带有明显的功利性,儒学对人的思想意识、信仰、日常生活行为的影响甚微,如儒家文化从来主张"未知生,焉知死","未能事人,焉能事鬼",提倡"敬鬼神而远之"。但在台湾却一直存在着"信巫尚鬼、重淫祀"的先民遗风,不仅神明繁多、庙宇林立,且各种祭拜佛事成年不断。民风与儒家思想显然格格不入。台湾民间流行的"拾骨葬",源于移民迁徙途中,常有灾病不测而死者,为便于携带其遗骨还葬祖籍而盛行的习俗,后衍化为另觅风水宝地拾骨迁葬。此习俗也遭到封建士大夫的反对,视其为"开掘之罪"而予严禁。在丧葬习俗方面,当地违背儒家丧祭之礼甚多,一为大宴宾客,二为丧事喜办,三延僧道作法事,常遭儒学人士谴责,列为政府禁例。北宋蔡襄以"生则尽养,死不妄费"为"孝之本也",指责丧事糜费,"不在于亲",乃为"夸胜于世",斥之为

"不孝"、"无礼"和"无耻"。① 可见,台湾人的许多习俗是与儒家文化格格不入的。

此外,台湾的宗教信仰在复杂的地理环境和不同移民群体的社会中不再有严格的界限,具有明显的混合性。民众对崇拜对象的选择带有浓厚的功利性和实用性,在台湾"凡天神、人鬼、石头老树、猪牛猫狗,只要有圣(显灵),参拜的人一定就多,连荒地都会变成闹市,此为台湾民间常有的现象"②。在台湾众多的庙宇宫观中,不同的宗教教派的神灵被奉于同一座宫庙,共享百姓香火的现象相当普遍。

二、闽南文化

台湾移民大部分是来自福建闽南地区,中原文化经由他们携带移入台湾,带有浓厚的闽南文化特征,在持续数百年的移民浪潮中,闽南人在闽台两地往来不断,闽南文化是台湾文化的主要影响源,只有了解闽南文化才能全面认识闽台文化。

闽南地区位于东南沿海,但大部为山丘,仅有九龙江平原适宜农耕,而沿江河海则以捕鱼为业。由于海岸落差较大,故形成水深良港,可停泊大船,加上福建多山,与内陆交通不便,当地人往往向海外发展,从事海上商业贸易与航运生计,宋代谢履的《泉南歌》云:"州南有海浩无边,每岁造舟通异域。"则是当时海上生活的写照。

闽南文化是中华文化中有自身特色的地域文化,它来源于中原的河洛文化,其存在范围大致包括福建闽南地区和龙岩漳平、广

---

① 刘登翰:《中华文化与闽台社会》,福建人民出版社2002年版,第206页。

② 林国平:《闽台民间信仰源流》,福建人民出版社2002年版,第268页。

东潮汕地区、雷州半岛、海南大部分地区、台湾地区。还有以东南亚为主的海外闽南人聚居地区以及香港、澳门。此外,浙江、江西、广西也有数十万的闽南人。闽南文化与台湾文化有着不可分割的亲缘关系,台湾2300万居民中,闽南人后裔占80%以上,台湾的方言就是闽南话,台湾人的生活习俗与闽南人没有什么差异,台湾的传统民居明显传承于闽南的传统民居,台湾人的民间信仰大部分也是从闽南传承过去的。闽台移民往来,闽南文化与台湾文化的交融,形成闽台文化共同的地域属性。闽南文化是古越文化和中原文化的延伸,具有浓厚的中华传统文化的色彩;历史上,闽南地区是与海外文化接触最多的地区之一,闽南临海的地理位置,使之在宋元以后逐渐成为一个广泛接受各种外来文化的大熔炉。阿拉伯文化、东南亚文化、西方文化以和平贸易或战争的方式,造就了闽南文化多元交汇的存在形态,表现出陆海一体、中外合璧的开放性和兼容性特征。由于闽南文化善于不断地借鉴、融合外来文化的合理因素,既传承闽南文化的优秀传统,保留其独特的地方风韵,又输入新的血液,使之更具有丰富的发展内涵。因此,具有很强的生命力。闽南文化内涵丰富,主要包括:闽南方言、口传文学、民俗、生活文化、民间艺术(音乐、舞蹈、美术、戏曲、曲艺)、民间信仰习俗、民间工艺,以及闽南学术著述和闽南人的思想性格。

(一)厦门文化

厦门是中国东南部沿海的一座港口风景城市,地处福建省东南部九龙江入海处,背靠漳州、泉州平原,濒临台湾海峡,与台湾、澎湖列岛遥遥相对。厦门市是由厦门本岛、鼓浪屿岛及内陆九龙江北岸的部分沿海地区组成的,总面积1516.09平方公里。厦门属亚热带海洋性气候,温和多雨,夏无酷暑,冬无严寒,年平均气温为21℃,是一个风景秀丽、气候怡人、舒适温馨的海岛城市。厦门有文字记载的历史始于唐朝中叶,历史虽短,但文化底蕴深厚。如

今成为东南沿海面向世界的经济文化窗口,据不完全统计,到
2001年9月,有44个国家和地区的客商在厦设立了5200多家企
业,世界500强的跨国公司已有26家企业在这里落地生根。厦门
港与40多个国家和地区的60多个港口通航,货通全球。每年一
度的中国投资贸易洽谈会,更是海内外宾朋满座。

1. 浓郁的文化气息。

厦门鼓浪屿在鸦片战争后,开放为外国通商口岸,各国纷纷在
岛上兴建领事馆,现在鼓浪屿还保存有不少各具特色的领事馆。
受外国商人跟传教士的影响,西洋音乐逐渐从鼓浪屿的教堂、学校
进入家庭。鼓浪屿人把音乐视为高雅的休闲娱乐方式,使得钢琴
等西洋音乐通过"家庭音乐会"这种形式对当地的社会文化产生了
"润物细无声"的影响。鼓浪屿人通过钢琴走进了音乐的殿堂,鼓
浪屿居民学习音乐的风气很盛,居民拥有钢琴的密度更是全国之
冠。音乐陶冶了厦门人的情操。厦门还是福建高等教育的主要地
区,厦门大学、集美大学等各类高等学府星星点点散落在优雅美丽
的环境中,莘莘学子刻苦学习,成绩卓越蜚声海外。

2. 风格各异的建筑。

厦门建筑种类丰富,早期民居与闽南其他地区一样,是随着中
原人氏的陆续迁入而逐步建起来的。中原的建筑观念和建筑技术
体现为封闭的院落布局,严谨的中轴对称,重视屋顶和山墙的处
理;鲜丽的自然色彩和纯熟的砖砌艺术,则表露出闽南民居建筑很
深的文化沉淀,是闽南传统建筑文化的代表。菽庄花园是中国传
统园林建筑中的杰作,是中华民族智慧和艺术风格的结晶与体现。
厦门建筑又是各种文化的凝结,厦门鼓浪屿堪称"万国建筑博物
馆"。至今还留存着许多具有欧洲古典形式和风格的建筑。譬如
古罗马式建筑、哥特式建筑、拜占庭式建筑、文艺复兴式建筑、古典
主义建筑等等,纷纷在鼓浪屿这座小岛上出现。哥特式尖顶的漂
亮钟塔、伊斯兰清真寺的圆顶、富丽堂皇的科林斯林式立柱、北欧

的壁炉、罗马式连拱廊、澳大利亚的阳台等等,在这里都可以见到它们的踪迹。这些极具特色的建筑和蕴含着历史记忆的郑成功雕塑、炮台遗址,充分体现海岛地理地貌的自然景观,如日光岩、绵延不断的沙滩等,构成了人文自然融为一体的和谐的厦门文化特征。

3. 丰富细腻的生活方式。

厦门人喜欢饮酒,但总能恰到好处,酒席上宾客敬酒彬彬有礼,规矩是"敬酒的干杯,被敬的随意",更有不少每日必饮的酒仙,但酒俗良好。厦门人常把酒当作药物,厦门俗语曰"小酒小人参",厦门人认为适量的酒对人的健康,尤其对老人和产妇是有益的。酒除了当药喝,还常被作外用药,手指头烫伤,将指头浸泡酒中,不但止痛,而且消毒,不起泡,不发脓。若是脚拐了或扭伤拉伤,就用高粱酒涂擦按摩伤处,以舒筋活血,消除伤痛。

饮茶是闽台两地共有的文化生活行为,但各地饮茶习俗略有区别。厦门人喝茶讲究泡茶的程序,所费的时间功夫,多于喝茶。茶迹醇厚的茶具,价格不菲、远胜同样的新茶具,有的甚至成为传家之宝,只有在最好的朋友和贵客光临时,才拿出来使用。饮茶环境中的艺术氛围不可缺少,无论是现代时髦的茶肆,还是南普陀和菽庄花园古色古香的茶座,都让人觉得高古绝俗、诗意盎然。闻四溢茶香,品精美"茶配",如蜜饯、贡糖、生仁糕之类,如此这般的生活就像海德格尔说的那样"人诗意地居住"。

(二)漳州文化

漳州位于福建省南部,东濒台湾海峡,与厦门隔海相望,东北与泉州接壤,西北与龙岩相接,西南与广东的汕头毗邻。全市总面积 1.26 万平方公里,辖漳浦、南靖、云霄、诏安、东山等八县一市二区。总人口 430 万,绝大多数为汉族,也有畲族、高山族等少数民族。漳州山川秀美,九龙江西溪和北溪之间的漳州平原,属南亚热带气候,暖热湿润,雨量充沛,水源丰富,农业发达,素有"花果鱼米之乡"的美称,古人称誉漳州"四时有不谢之花,八节尽长春之意"。当地人文荟萃,名胜古迹众多,民俗风情多姿多彩。漳州也是福建台胞的主要祖居地,与台湾一水之隔,一苇可通,漳台两地水土相服,气候相宜。①

早在四五千年前古闽越人就休养生息在这块土地上,周时为七闽地,秦汉间属闽越国。唐初隶辖于岭南道,公元669年陈元光在闽南一带屯田建堡,通商惠工,促成民族和睦,地方安定。从此,中原华夏的灿烂文化随着开漳将士一起入闽传到漳州,与当地文化结合,形成独具特色的漳州文化,并从漳州传播到台湾及海外,对闽、台的社会发展和海外华侨、华人的播迁产生深远的影响。

1. 内涵丰富的"漳州文化圈"。

漳州大地,处处可见中原文化遗风,显示了华夏文化的血脉渊源。单士元、罗哲文等著名考古专家认为:"漳州形成了一个文化圈,台湾文化属于漳州这个文化圈。"两宋是漳州文化大发展时期。朱熹在绍熙间任漳州知州,他笃意学校,力倡儒学,教化厉治,严整弊俗的举措,使"漳民独蒙大儒之泽",造就了一批文人学者。当地文化昌盛,教育普及,"俗多读书,男子六岁以上则师,虽细民,读书与士大夫齿"。明代漳州除修缮旧书院外,还新办不少书院,邺山书院最盛时"四方人士从学者以千计"。明代当地也有组织文社的风气,著名的玄云书社盛极一时,声名远播。正因为如此,漳州便有"海滨邹鲁"之誉。儒学文化特征鲜明地表现在漳州的古民居艺术风格中,漳州民居讲究中轴对称和以厅堂为中心纵向贯穿全宅的特点,体现了儒家以人际和谐为基础进而实现群体和谐,最终达到天人合一的思想。漳州民居在设计构图上严谨而不失大胆,在

---

①　http://www.t2t-travel.com 国家历史文化名城。

光影造型及丰富的雕刻语言中营造出丰富的文化氛围。屋外的石雕墙基、屋顶的装饰以及屋内雕梁画栋构成一个雕刻博物馆,其布局之妙、装饰之美、文化内涵之深、民俗民风之浓厚令人叹为观止。①

漳州民间艺术的发展别具一格。漳州的布袋戏属北派,风格明快刚毅又细腻轻盈,使用闽南方言,行当齐全,还可表演鸟兽虫鱼和特技。所制木偶有幽默、神奇、多样性和性格化四大特色,享有"东方艺术珍品"之誉。地方剧种锦歌是由闽南民间歌谣发展形成的,盛行于漳州一带,并于明末开始流传到台湾和马来群岛华侨聚居地区。锦歌民间语汇丰富,乡土气息浓厚,风格淳厚直爽,刚劲放纵中透露着幽雅柔和。逢年过节或工余闲暇,人们常以说唱锦歌自娱,或围场坐唱,或沿街走唱。明末清初,大批漳州人前往台湾,他们把家乡的锦歌也带过去,锦歌在台湾逐渐盛行,演变为歌仔戏,台湾歌仔戏的"杂念调"和芗剧的"杂碎调",都源于"锦歌杂念调"。芗剧曲调来自民间,过去是流散街头、茶室的曲调,唱词是群众的语言,以后逐渐发展成为一个地方剧种。漳州的大鼓凉伞舞,由剽悍刚毅的男性击鼓跳跃与曼妙飘逸的女性旋伞轻舞组成,充满着力与美、刚与柔的和谐。总之,漳州民间艺术既有北方豪放粗犷的气派,又有南方端庄秀丽的韵味,这种刚柔相济的风格,正是华夏文化南下的有力见证。

八宝印泥是漳州文化的缩影,与水仙花、片仔癀合称"漳州三宝"。因用料考究做工精细,色泽高雅,芳香沁人,燥天不干,雨天不霉,夏不渗油,冬不凝冻,泥印在纸上则浸水不化,故清代以之充贡品。海外侨胞赞其为"国货之光",孙中山为之题词"品重珍珠"。独树一帜的漳州陶瓷文化是漳州古代文化的一个重要组成部分。

---

① 何绵山:《闽文化述论》,延边大学出版社2001年版,第133页。

其源远流长,技术精湛,素享盛誉。漳窑的米黄色釉小开片瓷器,不但在中国陶瓷文化史上占有一席之地,而且超越时空辐射到东南亚及日本、朝鲜乃至世界诸国。诏安画派严谨、潇洒、风格淳朴,既流畅豪放又不失细腻隽秀,体现了漳州传统文化既有南方风味又保留着中原文化色彩的特色,显示了漳州重文的风尚。漳州木版年画形象概括洗练,套色自由洒脱,线条短促厚实中配合着精细活泼,风格古拙朴实,刚柔相并,富有乡土韵味,尤以黑纸印刷的年画为其他地区所罕见。

2. 漳台文化的一体性。

在闽台两地的文化交融中,漳州与台湾文化保持的一体性最为突出,这是因为漳州向台湾移民较其他地区更为声势浩大,漳州人是台湾土地拓垦的主力军,[①]能够在短时期内形成新开辟的姓氏宗族村落,形成"小漳州"区域,完整地沿袭祖地的语言文化、生活习惯,移植了漳州的精神文化模式,较少异化或被同化。台湾移垦时期"百货皆取于内地",漳州由于人文、血缘、地理等因素,成为供给岛内所需百货的主要地区之一。漳州文化用品、戏曲艺术用品源源不断销往台湾。漳州的举人、画师、训导等纷纷迁台,推动台湾文风之昌盛。台湾文化也影响漳州文化,如锦歌到台湾后形成歌仔戏,歌仔戏又影响芗剧。敬宗报本之传统在祖籍漳州的台胞中显得异常突出。漳州"三大献礼"的祭祖仪式因台湾宗亲的返乡祭拜而得以维系、存续。

(三)泉 州 文 化

泉州地处福建省东南部,与台湾岛隔海相望,设置于唐开元六

---

① 周跃红等:《从漳州向台湾移民》,厦门大学台湾研究所等编《海峡两岸台湾移民史学术研讨会论文集》,1999 年。

年(公元 718 年),别称"刺桐城"、"鲤城"、"温陵",是中国历史悠久
的文化名城、著名的侨乡和台湾本省族群的主要祖籍地之一,台湾
人中约 900 万人祖籍是泉州。从古代的"泉州府"到今天的泉州
市,这里一直是晋江流域的政治、经济、文化中心。今泉州下辖晋
江、南安、永春、德化等县市区,总人口 600 多万。泉州枕山面海,
历史悠久。早在新石器时代,就有人类在此生息,发展到唐、五代
时期已成为繁华的外贸港口城市,宋元两代,古刺桐港是"海上丝
绸之路"的起点,是中国对外开放最早的地区之一,曾被誉为"东方
第一大港",与近百个国家有交通贸易往来。"市井十洲人"形象地
描绘了当时这个新兴港口城市的盛况。这一时期的泉州与埃及亚
历山大港齐名,港内帆樯林立,商贾云集,中外商品堆积如山。中
世纪西方旅行家马可·波罗、伊本·白图泰,以及许多来过这座城
市的西方人,均见证了它的开放与繁荣。这座"梯航万国"的"东南
巨镇",把"海上丝绸之路"从这里铺往近百个国家与地区,同时也
因此成了许多国家商人、传教士、王公贵族向往的地方。随着经
济、文化交流的日益频繁,泉州成为东、西方文化的聚集地和交汇
点、"建筑宝库"、"世界宗教的博物馆"、"民俗大观园"。① 闽越遗
风、中原文明与海外文化,在此交融荟萃,形成了文化领域内独特
的异彩纷呈的多元现象,泉州成为誉满中外的历史文化名城。

　　1. 建筑独特的结构体系。

　　泉州传统民居造型朴素,色彩和谐明亮,空间层次明确,形成
自己强烈的个性。特别是本地所特有的橘红色贴面砖作为建筑的
主体色调,"色感异常强烈,形成最具特色的红砖文化区"②。宋元
时期,外商各有几千人迁居泉州,中外人员往来频繁,这使得泉州

---

①　何绵山:《闽文化述论》,延边大学出版社 2001 年版,第 135 页。

②　黄富坤:《泉州民居》,海风出版社 1996 年版,第 34 页。

建筑受到外来建筑思想的影响和渗透,与本地亚热带沿海地区的气候特征和风俗习惯相结合,形成了泉州民居建筑类型的多样化。开元寺、东西塔、清净寺、洛阳桥、五里桥、清源山等200多个名胜奇观,表现出一种多民族,多宗教共存的文化形态,形成"泉州建筑文化圈",是泉州历史文化特色的一个缩影。

2."宗教博物馆"。

泉州还是"宗教博物馆"。当地自古佛教兴盛,素有"此地古称佛国,满街都是圣人"之称,①而城北清源山,秦汉时就有方士、隐者活动。西晋太康年间(280—289年),泉州最早的道教宫观白云庙在泉州府治南建置。佛教此时也在南安九日山下创建延福寺。此后,大批道教宫观和佛教寺院相继创建。佛教在传播过程中,不断与泉州地方传统民俗文化相融合,逐渐形成具有泉州地方文化色彩的佛教文化。宋代,以儒、道、释合一为格局的中国文化传统确立,泉州出现历史上空前的佛教僧人造桥、造塔盛事,泉州开元寺著名的镇国塔、仁寿塔,以及著名的洛阳桥、安平桥,就是宋代僧人发起建造的。宋代,伊斯兰教、景教(基督教)都在泉州流传,阿拉伯人、波斯人在泉州建造了清净寺。元代,官府对各宗教采取兼收并蓄的态度,道教、佛教、伊斯兰教、景教和明教(摩尼教)可以自由传播,天主教和印度教也在元朝前期传入泉州,多种宗教在泉州共存并传播。泉州建造了印度教湿婆神庙,城内有3座欧洲人兴建的华丽的天主教堂,伊斯兰教清真寺增至六七座,泉州曾出土200多方伊斯兰教寺院建筑石刻、墓碑、墓盖石等。从石刻中留下的文字可知,当时泉州的伊斯兰教徒来自波斯、土耳其、亚美尼亚等地。这一切表明,元代泉州是世界宗教的辐射点。鸦片战争后,根据不平等条约,基督教、天主教再度传入,对泉州教育、卫生事业

---

①　何绵山:《闽文化述论》,延边大学出版社2001年版,第135页。

产生较大的影响。清末,日本宗教也传入泉州。

3. 民俗大观园。

泉州人自古以来就深谙"民以食为天"的道理,闲坐聊天,"讲长讲短,讲食煞尾"。熟人路遇,"食未"的问候语也时常脱口而出,而听者会意,礼应之,并不拘泥于其时其地是否恰当。至今泉州人尚时常称就业谋生为"就食"。泉州人的居家食俗有自己的地方特色。主食原料为大米、番薯(也称地瓜)、大麦等。泉州城乡一般民众,平时俭朴,粗食淡饭,佐餐之物多是自家腌制的瓜菜和廉价的新鲜蔬菜、豆制品等。但泉州小吃品种繁多,式样翻新,造型美观,且用料考究,做工精细,既保留了唐宋遗风,又体现了泉州多元文化的特色,如花生汤为中外合璧,满煎糕是满汉民族融合的体现,牛肉羹是泉州小吃中最受百姓喜爱的一种,烧肉粽是中原传统的翻新,蚵仔煎、榜舍龟是海洋生活与崇尚科举的写照。

泉俗祭礼,讲究繁文缛节。祭祀可分为家祭和族祭两种。家祭是以家庭为单位进行的,规模较小,其祭祀对象为四代以下近亲祖先。于家宅厅堂正中设龛供奉祖先神位或祖先遗像,其祭祀的时间主要为传统年节(如元宵、中元、冬至、除夕等)、家祖忌辰等。还根据现实生活中的需要,不定时进行,如家人出生、婚嫁、寿庆、致富、脱险、解厄等,都要拜谢祖先。甚至受欺蒙冤无助者,也会拈香哭诉于祖先灵前,以祈求庇护。族祭以同姓族人为单位,规模大,礼仪隆重。族祭除墓祭外,地点均在家族祠堂。

泉州还保留着一些特殊的民俗民风,如生殖崇拜的遗迹和民俗。泉州有一处被列为福建省重点文物保护单位的著名古迹,叫"石笋",民间崇拜这石笋,认为它可使不育妇女怀孕,也可使家畜繁衍,五谷丰登。通过膜拜石笋来促进人口的繁殖和物质生产的发展,这正是生殖崇拜所具有的两个主要功能。惑于风水之说的泉州人,对石笋的功能还加以进一步发挥,认为石笋可振乾纲,被认为是关系到泉州人仕进发达的大事。

4. 艺术的百花园。

泉州艺术融合古今中外，百花齐放，是在各种文化、不同信仰中孕育而生的。泉州提线木偶戏俗称嘉礼戏，每个木偶有 16 至 36 条提线，表演起来生动传神，妙趣横生。语言有元、明清时期的地方特色，又有很高的文学性；唱腔粗犷、高亢，曲牌也很丰富。泉州梨园戏是中国的珍稀剧种，保留着唐宋南戏特色。它植根于泉州，并随着泉州人的足迹而流传到台湾，以及东南亚等地。梨园戏的表演程式极严整、细腻，刻画人物的心理活动尤为精微入神。行当沿袭宋元南戏旧制，音乐优美、悦耳，大多源于唐宋大曲、法曲及民间小调。梨园戏至今还保留不少宋、元南戏的剧目，演员基本的舞台肢体语言、乐器的形制与演奏法竟和古代壁画、石刻的图像有不少惊人的相似之处，是蕴藉丰富的戏剧宝库，中国古代戏曲的"活化石"。高甲戏演员以丑角闻名，丑角的表演吸收了不少傀儡戏的表演艺术，其音乐曲调主要采用"南音"，丰富而富有变化。由于高甲戏演出的内容和表演较为轻松、通俗，所以很受民间的喜爱，并在近代流传到厦门、台湾以及南洋各地。[①] 石文化也是千年古泉州得以保留的重要因素。当地许多历史文献都不约而同提到大量古塔、古寺、古雕塑因石材坚固、建筑牢靠而得以留存。泉州的雕艺传统，最早源于中原，丰富的石材资源和娴熟的工艺技术，使其境内桥梁、巨塔、浮屠之宫、城垣皆为石作，形成独特的石文化，使历史有迹可循。

第二节　台湾人与闽南人

狭义的闽台文化主要包含的是在过去的历史里对台湾文化发

---

① 　何绵山：《八闽文化》，辽宁教育出版社 1998 年版，第 364 页。

展产生影响的福建部分区域文化和由迁台的闽籍移民在台湾创造并发展,与闽文化血脉相连,成为台湾主要特征的台湾文化这两方面的内容。为了进一步理解闽台文化的历史渊源和相互影响,应当对创造闽台文化又受闽台文化影响的主要群体——福建人与台湾人有个全面的认识,他们与一般群体的区别在于:闽南人与台湾人不仅有血缘上的关系,还有文化上的影响,既相同又相离的文化心理特征。人的文化心理特征是指文化传统与社会活动的调整、传递以及渗透,影响人的心理活动、个性特征的发展变化,形成不同于其他人群的心理特征。不同国家、地区、民族都存在不同的文化心理特征,正是这些文化心理特征使人的个性丰富多彩,社会充满活力。在闽台文化研究领域中对"闽台人"的界定仍存在争议,但习惯上人们往往把闽南人与台湾人简称为闽台人。

一、闽南人与台湾人共同的文化心理特征

闽南人与台湾人的共同文化心理特征是在闽台文化的传承与交融中形成的,闽台文化养育着他们,闽台文化的地域特征塑造并影响着闽南人与台湾人的心理行为方式,使闽南人与台湾人的思想、信念、行为方式等诸多方面区别于大陆内地其他文化的人。闽台文化是闽台生产力与生产关系的物化形态,也是闽南人与台湾人生存活动的基本内容和基本方式。闽台文化对闽南人与台湾人的影响有三个层次:第一个层次表现在对闽南人与台湾人可观察的外在物品的影响上,如服饰、习俗、语言的变化。闽南人与台湾以族群迁徙为主,后又以地缘、血缘关系聚居,较为完整地保持了祖籍的风俗习惯、语言,"其起居、服食、祭祀、婚丧,悉本土风,与内地无甚殊异"①。第二个层次表现在闽台文化中的宗教信仰、戏

---

① 丁绍仪:《东瀛识略》卷三《习尚》。

曲、生活习俗对闽南人与台湾人价值观的影响上，价值观是人们对人生价值的总的、根本的看法。闽南人与台湾人在拼搏中体会了人生存在的价值和意义，不再安土重迁，认为改造命运的主动权在自己，不惜以生命作代价，换取财富与新境界；第三个层次是最深层次的影响，即对闽南人与台湾人的认知、思维、情感、行为的影响。这是探讨闽南人与台湾人文化心理特征的主要内容，受海洋文化和移民历史的影响，闽南人与台湾人对客观世界和自我的认知多以实际行动来检验，不容易受他人的暗示，有较强的独立自主性，但是在务实的同时，往往又听命于神灵，这从闽台两地神灵庙宇之多，闽南人与台湾人热衷算命当数全国第一可以看出来，所以闽南人与台湾人在认知、行为上具有矛盾性。多元文化形成闽南人与台湾人思维的灵活性、新颖性、流畅性的特征。闽台两地的血缘、亲缘、地缘的关系决定了闽南人与台湾人的情感敏感外露、重情意、讲义气。在分析闽台文化所形成的共同的文化心理特征的同时，还应当看到台湾人与在历史的发展和变迁中各自形成的特征，但是闽台之间并没有因为这种差异而疏远，而是互相之间取长补短，交往的愿望更加强烈。

二、台湾人的心理特征

(一)深厚的"原乡意识"

台湾人中与福建人有血亲、姻亲、族亲等关系的移民群体，是台湾移民中的主体部分，今天的台湾人依然以闽南人的后裔为主，在他们身上依然保留着闽南人的文化心理特征，台湾人与祖国大陆其他地区、世界各国的移民最大的区别是保持深厚的"原乡意识"和"祖籍观念"，热衷于往返迁徙地与祖籍地的活动行为，纵然千辛万苦，也从未间断过，在思想意识与人格行为上依然保持与迁出地的相似性、联系性，它影响着闽台文化的发展特点，共同改变着台湾与福建两地的社会。据地方志记载:"泉、漳居民早期赴台落籍数代后其子孙不远渡海返回原籍,认祖拜宗,并抄缮族谱携往台湾,间有族群结队于秋季回原籍参加祭祠,并拜祀祖坟。""台籍中举之士,渡海返回原籍祭拜祖祠家庙,泉、漳、汀各府县同宗族人,开祠接待,出资邀宴,同沐光彩。"台湾人若无法返回原籍,亦命儿孙或兄弟返回八闽原籍求学经商。① 他们竭力把根留在大陆,把收获带回祖籍地。

(二)具有共同情感与动机的群体特征

台湾人作为一个由移民人口组成的社会群体,以血缘、地缘关系为基础,在祖地情结与家族制度的形态上群体关系极其密切,具有共同的群体特征:首先是有着共同的移民动机,即在政治因素、经济因素、自然灾害以及其他因素的推动下,为谋求生活的改善、建设新家园渡海来台。其次通过劳作垦荒获新地既是台湾人活动的任务目标,也是情绪目标。再次台湾人在族群、聚落中群体意识明确,有"我们都属漳州人"、"我们都属泉州人"的相互依存的关系与情感。最后是台湾人存在完整严密的家族制度、聚落组织的群体结构,群体从开台圣王、清水祖师到历代族群的承袭,群体内成员严格遵守族群规程,相互扶持,尽职尽责,家法族规、生活方式、风俗习惯、宗教信仰是群体内的共同价值观与规范,对群体产生较大的约束力,也是群体的凝聚力。

台湾人群体是一个功能性的系统。其主要社会功能包括:(1)促进台湾人在自然和社会环境中生存的适应功能。台湾人最初的原乡性社会组合,主要是出于垦荒的需要,族群或以地缘组成的群

---

① 　潘锡堂:《福建移民来台浅探》,厦门大学台湾研究所等编《海峡两岸台湾移民史学术研讨会论文集》,1999 年。

体同样是生产劳动、贸易经商、文化活动的基本单位,仅台北市一地之同乡会组织就多达 321 个。[1] 早期移民,以血缘和地缘的关系,形成劳动组合,如同安人王世杰率族亲和乡党百余人到竹堑浦开发。又如漳、泉籍居民多数从事农耕养殖,兴化籍居民多从事理发、土水木匠工作,福州籍居民多从事首饰黄金加工。[2] (2)有助于其成员在一定的群体结构和秩序中相互作用的调节功能。台湾宗族以祭祖业田的方式介入祖籍地经济,以各种形式支持族群宗亲的经济。如南靖梅林魏氏在光绪二十九年所立的台胞祭祖业田碑,记有六段田亩租谷 20 大石 7 斗,以资助宗亲;清代漳台两地由于姓氏宗亲血缘关系,台湾人在祭祖业田的购置时投入一定的金银,以资金流入的方式,购置田亩,所置田亩由宗亲经营,收税用以祭祖之需,减轻本地宗人历年的祭祖开支的负担,有益于姓氏家族。[3] (3)通过人与人之间的联系加强群体团结的整合功能。台湾人以血缘、亲缘和地缘为纽带形成的群体,比社会其他群体更具有凝聚力,这样的群体能够满足成员的生存需要、安全需要与归属的需要,群体成员互相认同形成"我们同属一群"的相互依存的关系和情感。成员的个人目标与群体的目标一致,但群体的凝聚力有时会形成狭隘的族群—帮派意识,导致分类械斗成为昔日台湾人的行为特征之一。

---

[1]　康照祥:《移民社会之同乡会组织探讨》,厦门大学台湾研究所等编《海峡两岸台湾移民史学术研讨会论文集》,1999 年。

[2]　潘锡堂:《福建移民来台浅探》,厦门大学台湾研究所等编《海峡两岸台湾移民史学术研讨会论文集》,1999 年。

[3]　周跃红、林嘉伟:《从漳州向台湾移民》,厦门大学台湾研究所等编《海峡两岸台湾移民史学术研讨会论文集》,1999 年。

（三）台湾人的自我概念

从闽台文化特征上分析台湾人的意识、情感、行为特征，需要从自我概念方面进行解剖。自我概念是一个人对自己的看法，是人对自己个性进行自我调节的心理系统，一切的外表影响都是通过自我概念的中介作用实现的。自我概念是个体内心世界的统治力，也是联系个体内心世界与外部世界的唯一的纽带，要了解人的行为必须从认识人的自我概念开始。移民的自我概念具有可变性、复杂性、矛盾性的总体特征，集中体现着不断变化和适应的迁徙过程，反映移民在智慧能力方面的卓越超群。台湾人经历了艰辛的移民过程后，在台湾这片离祖籍地近在咫尺，又因一海之隔而远在天边的土地上，如何看清自己，环顾四周，是决定其生存和发展的前提，恶劣的环境、离乡背井的痛楚激发台湾人的潜能，提高其自我意识的水平。自我意识是个体意识自己的存在、感知、思考、体验、需要与行动，能够明确行动的原因、过程与结果，并能有效地调节自己的行动。人的一切心理活动与行动都是受意识调节和支配的。移民由于主观动机和社会政治、经济环境的变化，颠沛流离的生活，不同的地理条件，新的社会体制，开放的思想意识氛围，极大地冲击着他们的心态、价值观念、生活方式，自我意识具有不同的特征。

1. 物质自我的明确性。

物质自我是人对自己的躯体和外表世界中属于自己的那一部分存在物的反映。早期移民大多是独身一人漂洋过海迁移台湾，以个人的打拼，开辟一片新地，因此面对困难，必须具备能应付一切困难的能力与自信心，他们对自己的认识是清晰而具体的，相信自己的能力，认为"三分天注定，七分靠打拼"，"穷无穷种、富无富栽"。这是对天命的质疑，相信"天无绝人之路"。正是清楚地认识到自己的条件与环境的恶劣，他们积极寻找合作者，在合作中求生存,需要"同行不同命"的互助友爱。不过,"这些南迁的移民,据优生学者研究,他们是一些意志刚毅、体质强健,富有冒险精神,且聪慧自私善于应变的人"①。因此合作以最大限度满足自身的需要为前提,在保持相对独立的过程中进行,遵循着亲兄弟明算账、重视契约文书的交往原则。当然,台湾人也在发展中不断调整对自己的认识,不再自怜于历史捉弄所带来的悲情与委屈。他们因教育的普及带来更多自信。正在逐渐摆脱"移民与流民"所蕴藏的狠、自私、机会主义的性格,代之而起的是讲求一个族群得以绵延的"信"与"义"。

2. 精神自我的矛盾性。

精神自我是人对自己的心理活动在知觉方面,包括对自己的心理状态、能力、性格、感情、信仰、价值等的认识与评价。台湾人的精神自我往往处于矛盾混乱的状态,一方面相信自己的能力,重视自己内部特征和感受,常常坚持自己的行为标准与信念,具有较强的适应力,当遭遇挫折时善于调整心态,能够做到"输赢笑笑",而另一方面因迁移与传统安土重迁的传统相冲突产生的矛盾,对族群的有形和无形的依赖,导致对自己的评价表现出盲目性、顺从性、从众性,当自己无法摆脱困境时,原有的自信降低,转而求助与他人、族群甚至是祖先神灵,积极寻求归属感,不断提醒自己来自何方,主根意识成为精神自我的情感依托。正像有人评论的那样:"人们好像跃动和显露,但也难免倾向于气短和孤立的海岛性格。"②

3. 社会自我高于内在自我。

社会自我是人对自己与他人的关系和在群体中的地位的认识,包括对自己在社会群体中的名望、地位、自己的亲属朋友和经

---

① 徐宗懋:《务实的台湾人》,天下文化出版有限公司1995年版,第13页。

② 徐宗懋:《务实的台湾人》,天下文化出版有限公司1995年版,第13页。

济条件等方面的认识与评价。台湾人族群核心的作用加强了其社会自我的形成,并高于内在自我,在族群中其责任意识强、不甘落后,人际交往中讲义气、守诚信、重亲谊、急相助、恤患难。在人际之间笃信"相分食有伸(剩),相争食无够","好歹钱相夹用",①注重自己的脸面、名望、地位与亲朋好友的评价。对他们来说创业的目的不仅是开辟一块新天地,更重要的是能否衣锦还乡、荣归故里,人生奋斗就是"少年毋打拼,老来无名声"。昔日,经过奋斗成为富商者,特别是富商的下一代,热衷于购买土地和功名,他们最满足的是"穿着儒者的服饰,蓄留长指甲,最后成为士绅"②。台湾人生活简朴,平时节约,但对祭祀、诞辰、丧葬不惜花大钱,讲排场不输人,只是为了求个好名声而已。古代台湾人在家族宗庙前,竖着石旗杆或石舫,在上面凿上族人考上进士或官至高位者的姓名、生平和功名事迹,以示显耀和铭念。以族群意识为主的社会自我视家族、乡族的荣誉高于一切,是"体面攸关"的大事,为了族群的利益宁可"认族不认亲","当其斗,虽翁婿、甥舅不相顾"。③

(四)认知敏感,思维灵活

移民生活的艰辛与多变,养成了台湾人很强的应变能力,他们依据祖籍地已有的文化基础对迁出地环境进行识别、判断、选择,根据当地的自然条件,对带来的物种、技术进行改造,以适应新的需求,"一时风,驶一时帆"。台湾人具有强烈的创造性思维特征,突出表现在灵活性、多样性、独创性方面。台湾商人用灵活的手段,利用各种资源,迅速地累积财富,乐于职场转换、生涯转型,讲

────────────────

①　李如龙:《闽南方言与闽台文化》,中华炎黄文化研究会主编《同祖同根源远流长》,海峡文艺出版社1993年版。

②　魏秀堂:《话说台湾人》,时事出版社1997年版,第99页。

③　赵翼:《筌曝杂志》卷四。

究"狡兔三窟"。创造性思维还反映在台湾人的民间信仰行为中，为了借助神灵的超自然力量，摆脱困境，实现靠自身力量无法达到的目的，台湾人或增加神灵的职能明确表达祭拜的目的，或按照自己的需要塑造神灵，祭拜仪式和场所灵活多样，不仅"临时抱佛脚"、"有灵必求"，还能将各路神仙佛祖，济济一堂，同时供奉。在中国人擅长的整体思维基础上，台湾人能根据多元化的社会建立组件思维模式，化整为零地寻找系统中的每一个契机，这从台人生活方式的新旧并存，推陈出新就可以看出来。例如台湾彰化的肉粽在闽南肉粽的基础上"发扬光大"，在配料中加入芋头、笋进行重新组合，改良佐料，配上大蒜、辣椒酱，别有一番风味。又如逆向思维是宏碁公司创始人施正荣先生鲜活人生观的精彩之处，他将"没有功劳也有苦劳，只要耕耘，一定有收获"的思维定势改为"没有效率、方向错误的苦劳，只是徒劳无功。做事要有方法，才能事半功倍"，他追求"曲高"但要"和众"。① 今日台湾人顺应历史潮流，在祖国大陆投资办厂，能够按照祖国大陆的政策特点，顺应政治要求，改变思维方式，以文化带动效益。在祖国大陆投资的台湾商人其成功经验可以具体概括为"五认"，即"认识中国，认同文化，认清体制，认知环境，认定风险"。这是台湾人灵活思维的集中体现。

（五）台湾人的情感特征

创业的艰辛没有使台湾人失去笑声，乐观开朗、乐天知命是他们经常保持的心境。台湾人努力营造好心境，追求自主、平衡、心安－享受人生的三部曲。在困境中，他们总能"输赢笑笑"，娱乐自己，无论是高甲戏的幽默、歌仔戏的诙谐、梨园戏的大团圆还是布

---

① 施正荣：《鲜活思维：人生以享受为目的》，联经出版事业公司1998年版，第7页。

袋戏的可爱都让闽台人在笑声中渡过蹉跎岁月。他们虽然没有如中原先辈那般"煮酒论英雄",但常常小酌,将名扬四海的闽菜与台湾的自然资源相结合,打造出风味独特的台湾美食,使自己忘记了疲惫与烦恼。

　　挫折感是人因行动受阻,目标未能实现而产生的消极情绪,挫折感对人的身心均有不良影响,台湾人对待挫折的态度方法与台湾文化密切相连,首先是挫折忍受力强。台湾人因移民、岛民的身份加之遭受殖民、分离的经历,面对挫折往往采取压抑或替代的方法加以应付,如,在日本强迫推行"国家神道"之信仰时,台湾人迫于威势,佯为配合,但并未诚心信仰,待日本溃败,神道信仰即消溃无踪。其次遭遇挫折时台湾人最常用的抗挫方式就是寻求合理化的理由。民间信仰是台湾人应对挫折、缓解压力的最直接手段,其中,求签占卜是一项很重要的内容。占卜求签解释了挫折产生的缘由并提供解决的方法,台湾的签谱并非仅是在占卜事项中涉及风水主题,签文还包含着道德劝诫的深意。这一切,可以使得求签者暂时消除内心的恐惧感、焦虑感,从而恢复或增强了对生产、生活活动的信心。再次台湾人的抗挫行为还通过歌舞戏曲得以实现。闽台地区的戏曲歌舞品种各异、曲目繁多,台湾人借"歌舞媚神"、"演戏酬神"实现"娱人"的目的,他们常常是在歌舞中"全民若狂",使身心得到彻底的释放。

三、闽南人的文化心理特征

　　闽南人中的厦门人"乡土情结"很重。因为天蓝海清的自然环境,使他们安恋美丽的岛屿,悠然自得,易于满足,讲究生活的细致与品位。但是从历史来看,他们阴柔有余而阳刚不足,保守有余而开拓不足,谨小慎微有余而勇于冒险创新不足。因此,温馨氛围中的严重危机,究其文化层次和渊源,是缺少了大江东去、指点江山的书卷味。这里出散文,出诗歌,出音乐家、画家,往往出不了直面人生秉书浩浩史诗的扛鼎之作。①

在闽南地区,漳州与台湾关系密切,漳州人较为保守,靠老天赐予的自然条件、富庶的漳州平原生活,受儒学影响深,商品意识、竞争意识、效益观念不强,满足于小富则安,小进则止,老实本分,缺乏主动性,创业精神不足。但漳籍台湾人却有不同的性格特征。他们在祖籍地的建设发展中,总是慷慨解囊,当地的宗族祭祖风俗、祖业族产均在台湾人的推动下得到保留与发展。

泉州人长期受海外文化的熏陶,在多民族文化交融、山海文化气息兼备、多元宗教文化共存的影响下,形成开朗、经商意识强的性格。他们不信天命,不满足于现状、敢于冒险尝新,积极进取。石狮人不仅敢拼能挣,勇气十足,性格更是豪爽,重情谊,喜相助,对于自己爱好的活动十分慷慨。石狮市每年一度的篮球赛,其赞助商只是一位小建筑队的包工头。而为了维持球赛的经费,他已将原先赚下的四套单元房卖掉了三座,他却始终不改初衷。相比之下,晋江人除了石狮人那种敢拼的勇气外,还多出几分精明。他们有做生意的传统,有不少家族还是阿拉伯商人的后裔,如居住在陈埭镇的丁氏。而安海镇自古以来就是闽南重要的商贸集镇。只要有政策,晋江人从事商业活动简直如鱼得水。晋江人在海外的大实业家很多,他们团结爱乡的精神也特别突出,对家乡的发展起了重大推动作用。②

---

① 沈世豪:《厦门:温馨中的思索》,《闽粤风》2002 年第 2 期。

② 何绵山:《闽台经济与文化论集》,厦门大学出版社 2002 年版,第127 页。

第三章　闽台宗教

　　在海峡两岸的文化交流中,宗教交流因其特殊原因起着特殊作用,其意义和影响大大超越了宗教本身。在海峡两岸的宗教交往中,闽台宗教交往占有极其重要的位置,一直是主流。在 20 世纪 90 年代中期,据台湾"行政院陆委会"调查,海峡两岸宗教的交往多集中在福建。① 研究分析闽台宗教的历史渊源,探讨把握闽台宗教交往现状,对于进一步评估考量闽台宗教交往对两岸关系的影响,应该是重要的。

第一节　闽台宗教的历史渊源

　　闽台宗教源远流长,关系密切,其缘由似可从以下几个方面考察:

一、移民潮将闽地宗教带进台岛

　　福建向台湾的多次移民不仅推动了台湾的开发,也推动了台湾宗教的产生和发展。前往台湾的福建移民将宗教信仰带进台

---

　　①　　何绵山:《闽文化述论》,延边大学出版社 2001 年版,第 233 页。

岛,除了以佛教、道教为主的宗教信徒外,在明末有大批郑成功军中的穆斯林随军定居台湾,明清时闽南一带穆斯林亦随着多次移民浪潮分批进入台湾的嘉义、鹿港等地定居,有代表性的如福建惠安白奇郭姓回民移民台湾鹿港、基隆、台北、新化、台中、新竹、高雄、台南、高屏等地,约有 7000 余人。①

二、台湾的宗教仪礼大多源于福建

台湾的佛教仪礼大都来自福建,这是因为清代台湾出家人在本岛受戒有困难,于是纷纷渡海赴福州鼓山涌泉寺等大丛林受戒,当时受戒时间为每年阴历四月八日及十一月十七日,鼓山涌泉寺每次都广而告之,僧人受戒回台后一切佛教仪礼皆依主庙之制。②台湾道士法师从事法事的各种科仪本,绝大多数也是由福建传入的,其原因是这些科仪乃是由福建道士直接传入台湾的。据美国夏威夷大学教授萨索介绍,道教于 1590 年传入台湾,传教者是出身于福建漳州的闾山三奶派道士。③ 英国人约翰·坎普耳士曾在台湾北部闾山道场进行考察,将其撰写的《台湾北部闾山派道士们法场科仪的演练描述》与今天福建闾山派道士所行科仪相比,可知有不少内容至今仍相同,再将其与今日龙岩闾山教敕符科仪相比,可看出二者之间有明显的传承关系。④

三、闽台地缘的便利使两地宗教有一种天然联系

除了大家熟知的佛、道两教因地缘便利而使福建成为台湾宗

---

① 何绵山:《台湾宗教源流》,《中国宗教》2001 年 1 期。

② 何绵山:《闽台佛教》,《福建宗教》1997 年 1 期。

③ 窪德忠:《道教史》,上海译文出版社 1987 年版,第 294 页。

④ 约翰·坎普耳土:《台湾北部闾山道士们法场科仪的演练描述》,丁煌总编《道教学探索》(台湾),1989 年 12 月,第 254 页。

教的传播来源外,两地的天主教、基督教也因地缘便利而长期互动。天主教于 1619 年传入台湾后,即以台湾为中转站向福建传教,如明末清初的多明我会、方济各会、巴黎外方传教士赴福建传教,都是先到台湾而进入福建的。而台湾基督教 1945 年光复前的三大教会:长老会、真耶稣教会和台湾圣教会的前两种(后一种与日本关系密切),也是因地缘关系而使基督教由福建传进台湾的。如基督教长老会长期以厦门为基地向台湾宣教,许多由厦赴台的闽南人受洗成为传道师。真耶稣教会传入台湾,也是因为 1925 年创始人张巴拿巴第二次到福州传教时,时逢一批台湾人在漳州做事,在报上得知真耶稣教传到福州后,写信询问,教会即有人来传教,这批台湾人皆入真耶稣教,之后与传教士一行由厦门来台传教。①

四、闽台两地宗教法脉相连

以佛教为例,台湾佛教法脉与福清黄檗寺、福州怡山西禅寺、福州鼓山涌泉寺关系密切,正如台湾释慧严所言:"直至国民党政府迁台为止,台湾佛教源自中国佛教的有鼓山涌泉寺、怡山长庆及福清黄檗。"②20 世纪 50 年代前,台湾正统佛教有四大系统,即大岗山、观音山、大湖山和月眉山,这四大系统都与福建佛教法脉相连,如厦门南普陀寺名僧会泉曾四次赴大岗山龙湖庵讲经弘法,传授佛事的各种唱会与拜万佛、水陆法事的仪规,并主持了台湾第一次水陆法会。清同治十一年(1872 年),福州鼓山涌泉寺僧理明在台北创建凌云寺,为台湾观音山派的大本山。民国元年(1912

①　真耶稣会台湾总会编审委员会编著:《真耶稣教会台湾传教六十周年纪念刊》,棕树出版社 1986 年版,第 10 页。
②　释慧严:《明末清初闽台佛教的互动》,《中华佛学学报》(台湾)总第 9 期。

年),福州鼓山涌泉寺僧觉力到台湾苗栗大湖乡创建法云寺,为大湖山派的大本山。民国12年(1923年),福州鼓山涌泉寺僧善智、妙密在台湾基隆月眉山谷创建灵泉寺,为台湾月眉山派大本山。进入21世纪的台湾佛教,派系复杂,山头林立,主要为四大山头:佛光山、中台山、慈济功德会、法鼓山;九大门派:大岗山派、月眉山派、开元寺派、法云圆光派、大仙寺派、观音山派、万佛山派、清凉山派、东和寺派;五大团体:"国际佛光会"、"中华佛教青年会"、"中华佛教居士会"、"中华佛寺协会"、"中华佛教护僧协会"。这些山头、门派、团体的法脉,都与福建佛教有着千丝万缕的关系。仅以四大山头为例:佛光山负责人星云法师1949年渡台落脚于中坜圆光寺。收留星云法师的圆光寺开山长老妙果老和尚属福州鼓山涌泉寺法脉,19岁时依鼓山涌泉寺僧觉力披剃出家,同年受具足戒后,追随福州鼓山良达禅师多年,并于1948年10月邀请在南洋弘法的福建建宁人慈航法师到圆光寺开办佛学院,收留了1949年渡台的祖国大陆学僧,对星云法师等来自祖国大陆的学僧产生了巨大影响。正如于凌波在《慈航法师与台湾佛学院》中所言:"也亏当年慈老在台,'抢救'了那一批祖国大陆学僧,不然,他们走投无门,很可能为生活所迫,走上还俗之途,那将是佛门重大损失,因为那些学僧,以后都是佛门柱石,为佛教做了重大贡献。"①中台山负责人惟觉老和尚属虚云法脉,虚云法师出生于泉州,于光绪九年(1883年)在福州鼓山涌泉寺任住持,为近代禅宗代表人物。② 慈济功德会负责人证严法师是印顺长老的徒弟,而印顺长老与福建佛教关系更为密切,他23岁时依福建古田人圆瑛受具足戒,1931年求法

---

① 　于凌波:《中国近现代宗教人物志》,宗教文化出版社1995年版,第202页。

② 　何绵山:《近代四大高僧与福建佛教》,《法音》2000年1期。

于厦门南普陀闽南佛学院,后又任教于福州鼓山佛学院,于 1932
年任闽南佛学院教师,1948 年厦门南普陀寺举办三坛大戒,被特
聘任尊证师,于 1949 年在厦门南普陀寺成立大觉讲舍。① 1994
年 9 月 6 日,印顺长老回到阔别 45 年之久的南普陀寺,感慨万千,
欣然命笔:"感三宝深恩重来此地,见一片光明喜乐无量。"法鼓山
负责人圣严法师属圆瑛法脉,正如圣严法师于 2002 年 10 月 13 日
访问福州西禅寺时对西禅寺住持赵雄法师所言:"赵雄法师的师傅
是明旸长老,我的师傅是白圣长老,明旸长老和白圣长老的师傅都
是圆瑛法师,所以我和赵雄法师是师兄弟。"圆瑛法师是福建古田
人,出家于福州鼓山涌泉寺,曾于民国 12 年(1923 年)赴台讲经。

五、闽台两地宗教场所之间关系密切

闽台宗教场所关系密切,特别是佛、道两教,闽台两地不仅在
寺观名称、建筑布局等方面相近,而且在香火上是一脉相承的。台
湾许多寺庙是福建寺庙的下院或廨院。如福建仅晋江安海龙山寺
分支衍传的龙山寺在台湾就有 410 多座,其中最主要的有 3 座:台
北万华区的龙山寺,为台北最古老的寺庙,至今其山门外仍立有石
碑,上刻"衍自安海龙山祖寺";鹿港的龙山寺,其规模格局与安海
龙山祖寺几乎一样;被称为台北"三大庙门"的台北艋舺龙山寺,至
今香火依旧鼎盛。② 与福建有关的道教在台湾的道观,更是难以
计数。

六、闽台两地语言上的互通使传教较为便利

以道教为例,福建漳州的三奶派、泉州的徐甲派等从闽南传入

---

① 何绵山:《闽台佛缘》,吕良弼主编《五缘文化力研究》,海峡文艺出版
社 2002 年版,第 179 页。

② 何绵山:《闽台佛教探略》,《现代台湾研究》1996 年 2 期。

台湾后,作法事时都用闽南话,长期从事台湾道教研究的法国汉学家施博乐在《台湾之道教文献》中,将闽南话单列为第十三项"俗文法事"。再以基督教为例,1860年,英国基督教长老会驻厦门宣教师杜嘉德赴台传教,正是因为发现台湾讲闽南话,才向基督教长老会海外宣道部建议将台湾纳入厦门宣教区,由此加强了闽台基督教的联系。由于当时长老会传教士大都在厦门住过,熟悉闽南话,因此在赴台传教上有语言优势。传教士还编写了大量以厦门音为参照的读物以供在台湾传教之用,其中有代表性的如:杜嘉德编的《厦门英汉大辞典》,后经牧师巴克礼和助手杨士养增补为《增补厦门英汉大辞典》。巴克礼在台湾传教近60年,在台湾大力推行厦门话罗马字《旧约》,受到台湾居民欢迎。①

七、在宗教组织从属上关系密切

以天主教为例,1859年,在中断了200年后,天主教再次进入台湾时,将台湾划归福州教区;1883年,福建分为福州、厦门两个教区,台湾教务正式划入厦门教区领导。1895年,台湾虽然被清政府割让给日本,但台湾天主教仍划归福州主教区监管。

八、闽台两地宗教在经济上互相支持

以佛教为例,福建许多佛寺的修建,都得到台湾的支持,如据《重修怡山长庆寺碑》载,200年前的福州怡山西禅寺的修建就是在台湾的资助下得以完成的。福建僧人赴台湾募化建寺,已成为惯例。

---

① 许长安、李乐毅编:《闽南白话字》,语文出版社1992年版,第3~4页。

九、台湾的宗教教育直接受福建影响

以佛教为例,许多在闽地佛学院受过教育的法师赴台湾后大大推动了台湾的僧教育,如曾求学于闽南佛学院的慈航法师赴台后,创建了台湾第一个佛学院——台湾佛学院,被称为台湾僧教育第一人。曾就读闽南佛学院的演培法师赴台后任台湾佛教讲习会教务主任,还讲学于新竹女门学院,并任元亨佛学院院长。曾就读于厦门南普陀养正院的常觉法师赴台后任教于台湾新竹女众佛学院等十余家佛学院,并任过福严佛学院训导主任,负责过晓光佛学院工作。以基督教为例,1876 年,打狗和府城两地传道班合并(即今台南神学院前身),1854 年在厦门受洗的鼓浪屿人卢良即赴台任教,并于 1877 年担任舍监,负责辅导管理神学院学生。1879 年8 月,厦门王世杰也应聘来台,任高级班领读。

十、两岸宗教活动频繁

以基督教为例,闽南长老会常参加台湾长老会活动,如 1912年 10 月 24 日,台湾南北两长老会在新化西门街礼拜堂举行大会,闽南总会会使宛礼文及杨怀德两位牧师参加并致辞。①

第二节　闽台宗教交流

一、闽台宗教交流研究现状

对于闽台宗教交流的研究,台湾方面起步较早,比较有影响的如:1991 年 6 月 23 日,由台湾国际佛学研究中心主办,"陆委会"

---

① 　何绵山:《闽台基督教源流探论》,《福建宗教》2002 年 1 期。

协办的第一届"两岸宗教与文化交流学术研讨会"召开,虽然不是以"闽台"为专题,而是以"两岸"为专题,但由于两岸宗教交流大都是在闽台间进行,所以研讨多以闽台为例。此研讨会有150位学者和有关人士参加,举办多场报告会,如"两岸民间宗教之问题与展望"(主讲人郑志明)、"大陆民间道教之发展与现况看两岸宗教政策"(主讲人赵天恩)、"两岸佛教的互动因缘及其定位与定向"(主讲人游祥洲)、"妈祖信仰在两岸宗教交流中表现的特色"(主讲人张王旬)。此外,还就"两岸宗教政策与宗教交流之问题"、"大陆宗教学术研究之概况与发展"、"现阶段宗教交流现象及衍生相关问题之反省"等进行了专题讨论。第二届"两岸宗教与文化交流学术研讨会"于1991年12月21日召开,由"国际佛学研究中心"和辅仁大学神学院合办,"陆委会"协助,有200多位学者和有关人士参加,共举行10场报告会,即:"两岸宗教文化与当前学术研究"(主讲人冉云华)、"从两岸宗教研究展望台湾佛教艺术研究的未来"(主讲人林保尧)、"冲突与调合——对两岸宗教道教信仰的哲学省思"(主讲人邬昆如)、"谈两岸道教信仰研究之近况"(主讲人张柽)、"从史学研究观点看两岸宗教关系与文化互动的轨迹"(主讲人查时杰)、"两岸宗教文化交流的意义、重要与态度"(主讲人李振英)、"谈海峡两岸宗教交流之前景"(主讲人熊自健)、"从两岸之儒学研究说到中国文化之未来"(主讲人蔡仁厚)、"从佛学研究的角度考察两岸佛教发展之现状"(主讲人释慧严)、"从宗教哲学的观点看两岸宗教文化之异同"(主讲人傅佩荣),时任台湾"陆委会文教处处长"的龚鹏程始终与会参加讨论,会议论文于1992年10月汇编成册,以"两岸宗教现况与展望"为名,由"行政院大陆委员会"策划,灵鹫山般若文教基金会、"国际佛学研究中心"主编,台湾学生书局出版。此书编者蔡瑞霖认为这两次研讨会呈现了三个环节,即"两岸宗教文化交流是台湾现存宗教教育问题的体检表"、"两岸宗教文化交流的政策及其反省,也是台湾朝野关系的调合剂"、"宗教交流是两岸关系的试金石"。① 龚鹏程在为此书所作的序中称:"两岸宗教界本有极为密切之关联,台湾的寺庙,多由大陆分香分灵而来,但也有从台湾分灵至福建者。天主教基督教之教会,也有不少系自大陆撤退来台,两岸一旦可以交流,这些旧关系立刻便再度联系起来,而一些新的关系也在发展。形态繁多,幅度深广,是两岸文化交流中最引人注目项目。"②

　　台湾研究两岸宗教交流有代表性的人物、南华管理学院宗教文化研究中心主任郑志明,曾受台湾"内政部"委托,于 1994 年到 1995 年,以"两岸宗教交流"为课题进行研究,并于 1997 年 6 月由"内政部"授权补助,通过南华管理学院宗教文化研究中心出版了其最终成果《两岸宗教交流之现况与展望》,其内容,正如作者在绪论中所言,包括:(1)两岸宗教政策与宗教现况之问题;(2)大陆宗教学术研究的发展概况;(3)现阶段宗教交流现象及衍生相关问题的反省。③ 全书 439 页,共六章,即:"绪论"、"两岸宗教政策的分析与比较"、"两岸现行宗教的发展与比较"、"两岸当前宗教交流的形式与回应"、"两岸当前宗教交流的困境与未来展望"、"结论",并附有祖国大陆和台湾地区关于宗教和两岸交流的有关法规文件,是目前台湾研究两岸宗教交往的代表性著作。

　　此外,尚有多篇论文虽不是专门研究两岸宗教交往,但也或多或少从不同角度涉及两岸宗教关系,如:陈永生的《海峡两岸宗教关系之比较》(淡江大学历史系编:《中国近代政教关系国际学术研

　　① 灵鹫山般若文教基金会、国际佛学研究中心主编:《两岸宗教现况与展望》,学生书局(台湾)1992 年版,第 367 页。
　　② 灵鹫山般若文教基金会、国际佛学研究中心主编:《两岸宗教现况与展望》,学生书局(台湾)1992 年版,第 1 页。
　　③ 郑志明:《两岸宗教交流之现况与展望》,南华管理学院宗教文化研究中心 1997 年版,第 2 页。

讨会论文集》)、瞿海源的《台湾与中国大陆宗教变迁比较研究》(《宗教与社会变迁》,巨流图书1993年版)等。台湾"陆委会"编辑出版的《两岸交流十年的回顾与前瞻》,其中"宗教交流"篇从台湾官方的角度谈两岸宗教交往中所存在的问题,也可作为参考。限于篇幅,笔者对台湾研究两岸宗教交往的著作不做评析,但值得指出的是,有些作者的结论与实际情况有不一致处,如郑志明在一场"内政部"主办的"跨宗教谈落实心灵净化"座谈会上发言称:"台湾新兴宗教对大陆的影响相当大,各个宗教团体在大陆都有相当大的市场……这些都可以影响到两岸整个情况。"笔者似至少看不到台湾新兴宗教在福建有何影响,其判断显然是不准确的。

　　大陆对两岸宗教特别是闽台宗教交流也做了许多研究,笔者未作梳理,仅以2001年为例,4月24日—25日,中国社会科学院世界宗教研究所在厦门大学台湾研究所召开"台湾宗教研究学术座谈会",将"对两岸宗教和宗教学术交流的意见与建议"列为研讨内容之一。笔者也参与此会,并以"两岸宗教交流的现状和走向"为题发表文章,主要就1987年两岸(重点在福建)宗教交流的情况做了分析,并谈了现阶段两岸宗教交流应注意的问题。同年6月3—4日,福建省台办等单位在福州西湖宾馆举行"中华文化与祖国统一"研讨会,笔者也应邀参加,并在会上发表《关于两岸宗教文化交流若干问题的探讨》之论文,主要谈三个方面问题:(1)两岸宗教文化源流;(2)近十年闽台宗教文化交流回顾;(3)关于两岸宗教文化交流的几点建议。

　　两岸宗教文化交往中有许多急需解决的问题,有待于两岸有关人士进一步研究探讨,随着两岸宗教界交往的不断深入,这种研究探讨也必将随之深入。

二、台湾"解严"以来闽台宗教交往的模式

(一)福建宗教界对台湾宗教界交往的模式

1. 参访考察。特别在交往早期,因彼此都不太了解,这种形式双方都能接受。如 1995 年 12 月,时任福建佛教协会会长的界诠法师应邀访台,对台湾佛教的现状进行考察。1997 年 3 月至 4 月,福建省道教协会会长林舟道长应台湾宜兰三清宫之邀,率 25 人的访问团参访台湾,共参观访问了 30 多个道教宫庙和组织,开福建道教界对台交往先河。1999 年 12 月,泉州市道教协会应台湾玄天上帝弘道协会邀请,组成 20 人的赴台交流团,赴台交流,参访了台湾三清道祖弘道会、台湾中华道教总会等道教团体及各道观宫庙 34 座。1995 年 1 月,福建省基督教协会会长郑玉桂牧师应台湾平信徒传道会会长黄约翰牧师邀请,率 9 人的访问团访问台湾,参访了 30 多个教会和教职工团体、6 所神学院和基督教书院,与台湾教会领袖举行了 3 次大型座谈会,开福建基督教界对台交往先河。1997 年 9 月,郑玉桂牧师应邀率 5 人访问团再访台湾,参观了台湾多家储蓄基金协会和贵格教会、鹿港教会、台北中华福音神学院、台湾基督教之家,郑玉桂牧师还应邀在鹿港证道,题目是"知识和各样的见识多而又多"。

2. 大型活动。这类宗教大型活动,往往是全国宗教界都参加,但以福建为主。如 2001 年 8 月,由中国佛协组团,福建佛教协会会长学诚法师、副会长兼秘书长本性法师、副会长如沙法师等应台湾中台禅寺邀请,赴台湾参加"中台禅寺新建工程落成启用暨佛像升座开光洒净大典"。2002 年 2 月,应台湾佛教界联合邀请,中国佛教协会副主席、福建省佛教协会名誉会长、南普陀寺方丈圣辉法师率团护送西安法门寺佛指舍利赴台湾供奉,参与赴台的有福建佛教协会副会长兼秘书长本性法师及闽南佛学院部分学僧。

3. 法事交流。仅以 1998 年 11 月为例,闽侯雪峰崇圣寺方丈广霖法师与福州怡山西禅寺首座传和法师联袂赴台进行为期一个月的弘法活动。同月,林舟道长应台湾道教总庙三清宫邀请,率 23 人赴台湾参加台北指南宫举办的"罗天大醮",并主持玄帝坛,各种仪式活动从 12 月 2 日持续到 2 月 14 日结束。主事者对各种科仪的熟练运用使台湾道教界人士大饱眼福。

4. 学术交流。如 1998 年 7 月,福建佛教协会副会长、福建佛学院院长学诚法师,福建佛学院女众部副教务长全慧法师,闽南佛学院教务长海如法师与济群法师等应台北法鼓山中华佛学研究所之邀,作为大陆佛教代表团成员前往台湾进行两岸佛学教育交流,学诚法师还作了《两岸佛学教育交流之建议》的发言。与会者参观了法光佛教文化研究所、华严专宗佛学院、桃源县中坜市圆光佛学院、新竹福严佛学院、嘉义县香光尼众佛学院、新竹玄奘大学、台北"中华佛学研究所"等。1999 年 10 月,以中国佛协副会长、南普陀寺方丈圣辉法师为团长的佛教教育代表团一行 20 人赴台参加第二届两岸禅学研讨会,圣辉法师在会上提交了《略论蕅益大师念佛即禅观思想——纪念蕅益大师诞辰 400 周年》论文,代表们还参访了福严佛学院、玄奘大学、圆光寺等 12 个佛教寺院和院校。

5. 神像出巡。这类交流主要是道教。如 1995 年 1 月 7 日,东山县铜陵关帝庙的"关圣帝君"神像赴台进行绕境会香活动,先是在基隆参加"七朝清醮道教大典",随之起驾前往台北、嘉义、台中、台南、高雄、屏东、花莲、宜兰等地出巡,所到之处万人空巷。1997 年春季莆田妈祖金身出巡台湾,所到之处,都举行隆重的接驾、绕境、祀典、送驾仪式,妈祖金身驻跸的宫庙,更是人山人海。之后,妈祖巡台不断,仅 2002 年,就有湄洲妈祖金身 5 月抵金门巡安,泉州天后宫妈祖 7 月抵澎湖巡安,漳州千年金身黑面妈祖 9 月抵台绕境祈福。

（二）台湾宗教界对福建宗教界交往的模式

1. 谒祖寻根。福建佛教和道教有许多分庭在台湾，"解严"后，台湾宗教界人士急于返回祖庭寻根。以佛教为例，台湾基隆月眉山灵泉禅寺开山祖师善慧法师在福州鼓山涌泉寺出家，2000年4月，现任方丈晴虚法师特莅涌泉寺访祖。再以道教为例，因谒祖而前来母殿的人数极多，1987年10月15日，台湾当局宣布自1987年11月2日起，允许多台湾居民经第三地赴大陆探亲，而早在10月25日至11月7日，台湾台中大甲镇澜宫已冲破阻力率先前往湄洲谒祖，迎请湄洲妈祖分身入镇澜宫神龛内接受信众膜拜。从此之后，台中大甲镇澜宫董事会每年都要到妈祖出生地（贤良港天后宫）谒祖进香。2000年7月16日，大甲镇澜宫的妈祖像"大甲妈"800年来第一次驻莆田文献路的文峰天后宫，17日清晨，"大甲妈"起驾到贤良港天后宫祖祠谒祖进香，18日上午在湄洲岛妈祖庙广场举行大型的妈祖祭典。除了重要的庙观，一些原并不引人注意的庙观也逐渐与台湾相应庙观联系上，掀起一波又一波的访祖热。如永泰盘谷乡方壶岩是张圣君信仰的发源地，而张圣君也是台湾宜兰苏澳镇晋安宫所供奉的神灵，是当年闽南人迁居台湾时从家乡分灵而到苏澳的。2000年2月，台湾宜兰县苏澳镇晋安宫一行46人到永泰方壶岩参谒祖庙，并互赠锦旗。再如台南受玄宫奉祀的北极玄天上帝，是300多年前先人由漳州芗城浦头港带至台湾的，2002年4月，台湾台南县道教协会受玄宫谒祖进香团一行51人到漳州芗城区霞浦凤霞宫谒祖进香。

2. 参访交流。这类参访交流，在台湾当局开放赴大陆探亲后就已开始，到了20世纪90年代后更是络绎不绝，进入21世纪后规模愈来愈大。以佛教为例，如2002年10月13—14日，台湾法鼓山圣严法师带领500多人的参观团，参访了福清黄檗寺、福州西禅寺、福州鼓山涌泉寺、闽侯雪峰寺、莆田广化寺、厦门南普陀寺等。基督教方面的参访也很频繁。如1995年2月,礼贤会台北堂顾问徐炳坚牧师访问福州教会,并与福建省基督教两会负责人畅谈两岸教会交流事宜;1995年7·月,台湾基督教代表团一行20人访问福建教会;再如1997年1月,台湾浸信会黄懋升、钟昌贵牧师等4人访问罗源教会;1997年5月,台湾国际传道会赖炳炯牧师访问福建教会。这类访问活动也常与进香等活动结合,如1990年5月,台湾保生大帝庙宇联谊会大陆进香团一行437人到泉州各道观进香参访,并参加了厦门、泉州两地慈济宫保生大帝升化954周年的纪念活动。

3. 庆典活动。由于福建佛教和道教与台湾渊源甚深,因此几乎每个在福建举行的大的庆典,台湾都有人参加。如1996年7月,福州鼓山涌泉寺普法方丈升座庆典,台湾组成以两岸佛教交流委员会主任委员净良法师为团长的台湾佛教界祝贺访问团参加;1999年7月,福州西禅寺赵雄方丈升座庆典,台湾源灵法师、莲海法师等率队参加;2001年10月,漳州南山寺普法方丈升座庆典,台湾月眉山灵泉寺住持晴虚法师、淡水妙觉寺方丈慧岸法师、台北东和禅寺方丈源灵法师、台北佛教护僧协会理事长莲海法师、新店海会寺住持普忍法师、苗栗县法云寺当家达芬法师等参加。一些著名寺院的建筑落成典礼也多有台湾佛教界人士参加。如1994年2月南普陀寺举行禅堂落成庆典,台湾佛教界多人参加;1999年6月,武夷山天心永乐禅寺举行大殿落成典礼,台湾佛教界有300多人参加。再以道教为例,2000年3月,台湾高雄过田仔北极殿大陆参访团一行17人,参加了泉州清源山清源洞裴仙祠、慈航殿和南台岩三清殿开光典礼。

4. 宗教活动。各教派的宗教活动,根据各教特点而不同。1993年5月2日,台湾储蓄互助会一行30人来访,孙鸿沂牧师应邀主持福建神学院早灵修。1994年1月,台湾彭主恩牧师来访,应邀在福建神学院灵修会上证道。1994年3月,台北信德堂戴俊德牧师等 3 人访问福建基督教协会及福建神学院,戴牧师应邀在神学院灵修会上讲道。1995 年 9 月 8 日,台湾基隆教会黄伟牧师在福建神学院领早祷。1997 年 5 月 22 日,台湾国际传道会董事会长赖炳炯牧师应邀在福建神学院主领早祷,讲述自己事奉历程。1998 年 2 月 28 日—3 月 3 日,台湾信义神学院俞继斌院长应邀到铺前堂主日证道。2000 年 10 月 20 日和 23 日上午,台北"基督教之家"访问团章肇鹏长老等在福建神学院主领早灵修。1995 年 4 月 16 日,台湾黄伟牧师在义序堂讲道。

5. 院校交流。福建宗教教育以佛教最有特点,闽南佛学院和福建佛学院在海内外佛教界享有盛誉。台湾僧教育也很兴盛,近些年与福建交流频繁。仅以福建佛学院为例,台湾佛教界多次与之交流,如 1989 年 2 月,台湾圆光寺教务长惠空法师来院讲座,1990 年 4 月,台湾圆光佛学院院长如悟法师、教务长惠空法师及师生共 20 多人来院交流。再以基督教为例,福建神学院多次邀请台湾基督教界人士到神学院演讲交流,如 1994 年 4 月,台湾唐崇平牧师应邀在福建神学院举行"谈教牧经验"讲座。1994 年 11 月 1 日、1995 年 3 月 9 日台湾平信徒传道会黄约翰会长为福建神学院师生演讲。1995 年 7 月、8 月,台湾浸信会神学院训导主任曾敬恩牧师、基隆福音堂陈启能牧师分别访问福建神学院,10 月,台湾"基督之家"寇绍捷长老为福建神学院师生讲授《以弗所书》。1996 年 6 月,台湾寇绍涵、冠绍恩来访,并应邀在福建神学院举办讲座。1997 年 9 月,台湾彭主恩牧师应邀在福建神学院举行讲座。

6. 学术交流。这种学术交流包括专题研讨、座谈、考察等。交流范围,一是在学界,如福建多次召开的有关城隍文化、妈祖文化、吴真人、陈靖姑、清水岩等的研讨会,台湾一般都有人参加。二是在当地与有关人员座谈研讨,如 1990 年 1 月,台湾地区道教领导人亲善访问团一行 34 人抵泉州,与泉州道教界进行了学术交流。2000 年 3 月,台湾中华道教玄天上帝弘道协会参访团到泉州丰泽区东海镇法石村真武庙考察,并就法石真武庙是否为台湾真武信仰的主要传播地,及玄天上帝圣纪,与当地学者座谈研讨。三是台湾有关人员应邀前来交流。如1990年1月,台湾游祥洲居士应邀到闽南佛学院举行讲座。

此外,在台湾召开的"两岸宗教文化交流"学术研讨会上,有人提出两岸宗教交流有6个模式,因大都涉及闽台,故介绍如下:(1)妈祖模式。即台湾信徒群众性地赴莆田妈祖祖庙的进香朝圣,认为这种模式今后将成两岸交流最密切和固定的活动模式。(2)星云模式。即1989年3月,星云法师率"国际佛教促进会演讲弘法探亲团"300余人访问大陆,认为这种活动虽轰动一时,却难持久。(3)惠空模式。台湾圆光佛学院教务长惠空法师默默拓展两岸佛教交流,多次到大陆进行佛教交流,曾在南普陀寺捐5万元人民币给黑龙江依兰佛学院等。认为惠空法师这种拜访高僧、参拜古刹、赞助佛学院的做法为最普遍模式。(4)学术研讨模式。认为这种模式是现阶段两岸宗教政策下最有发展潜力的模式,但目前两岸拓展学术活动的力度还不够。(5)证严模式。证严法师在大陆的慈善救济活动模式,因不传教而广受好评。(6)第三地模式。即在两岸之外第三地展开宗教交流活动。①

三、闽台宗教交往的特点

闽台宗教交流的特点,因地缘、神缘、人缘、语缘、庙缘等原因,有其鲜明的特点:

(一)时间早,人数多,代表性广

1.时间早。早在台湾当局1987年11月开放民众赴大陆探

---

① 灵鹫山般若文教基金会、国际佛学研究中心主编:《两岸宗教现况与展望》,学生书局(台湾)1992年版,第52～57页。

亲前,就有妈祖信众冲破禁令前来莆田湄洲进香。再以 1988 年为例,1 月 19 日,台湾临济寺的盛满法师和瑞源法师访闽;5 月 18 日,台湾台南大仙寺比丘尼参观团一行 29 人访闽;7 月 27 日,台湾高雄弘化寺传孝法师、法成法师等 32 人访闽;11 月 5 日,台湾宽彻法师访闽。再以 1999 年为例,4 月 16 日,台湾宏善法师等 2 人访闽;4 月 26 日,台湾振满法师访闽;5 月 2 日,台湾净良法师访闽。以基督教为例,1995 年 1 月,福建省基督教协会组团访问台湾教会,这是两岸分隔 40 多年后,大陆教会第一个到台湾的正式访问团。

2. 人数多,规模大。如妈祖进香团多时达 2000 余人。据福建省道教协会会长林舟道长统计,福建省道教宫观每年接待台湾各地道教进香朝圣团达 100 团组以上,人数超过二十几万人次,其中莆田妈祖庙、厦门青礁慈济宫、南安诗山郭林庙、惠安青山宫等,每年接待进香朝圣人数都在几万人次以上。① 如 1998 年 1 月,台湾道教总会理事长陈进富和台湾道教积善协会理事长所率台湾道教积善协会参访团就有 200 多人。

3. 代表性广。各代表团都有很广泛的代表性,如 1990 年 1 月 5 日赴泉州参观的"台湾地区道教领导人亲善访问团"一行 34 人中,成员有台湾省道教会、台北道教会、彰化道教会以及玄圣殿、灶君庙、地母庙、金刚宫、古公三王庙、瑶池金母庙、池府千岁庙、三清道祖庙、天上圣母庙、广泽尊王庙等台湾道教团体、庙观负责人。

(二)交流形式多样

除了前文已总结出来的以上几种形式外,各种教派还有自己

---

① 林舟:《一脉相承　同出一辙——闽台道教交流刍议》,《福建宗教》1999 年 2 期。

独特的交流形式。仅以佛教为例:

1. 居士斋供福建僧人。笔者在台湾走访时,得知台北市护僧协会曾多次到福建福鼎等地供僧(即送钱给僧人)。笔者问及钱从何来,答曰:"90 年代初期,年年开斋僧大会,很多人参加,约有 1～5 万多人,每人交 6000 元,钱花不完。护僧协会将花剩的钱中取少量派人送到福建供僧。"

2. 资助福建僧教育。如 1995 年 5 月 20 日,南普陀方丈妙湛长老与台湾香光尼寺悟因法师商谈建修闽南佛学院女众部事,得到悟因法师资助,盖起了紫竹林女众部。笔者在台湾走访悟因法师,问及经过因缘时,悟因法师答曰:"福建的女众很聪明好学,应该给她们提供一个安静的学习场地。"台湾大学教授傅佩荣认为福建宗教界在接受台湾经济资助方面有独特优势,他说:"福建沿海地区与台湾有亲近的地缘关系,许多百姓在血缘上亦有牵连,甚至许多神明也可以互相溯源,因此在经济支援宗教活动方面成效卓著。譬如,湄洲妈祖庙在开放探亲一年左右,来自台湾的朝圣客共捐献了七百五十万元人民币。"①

3. 资助福建寺院修建。如武夷山天心永乐禅寺,即为台湾法师资助修建的。在台湾享有盛誉的广钦老和尚,因出身于福建泉州承天寺,他在台湾的弟子自 1989 年起陆续到泉州资助修建寺院,并设立纪念堂。

4. 交流从事慈善活动经验。如台湾慈济功德会王瑞正执行长一行走访南普陀寺慈善事业基金会,互相交流经验。

5. 闭关参修。如 1990 年 3 月 15 日,台湾首界法师在南普陀寺后山阿兰若处闭关修行。

---

① 灵鹫山般若文教基金会、国际佛学研究中心主编:《两岸宗教现况与展望》,学生书局(台湾)1992 年版,第 81 页。

6. 佛教文物展出。如 1995 年 8 月,福建佛教协会副会长陈珍珍居士等应台湾有关方面邀请,携带弘一大师的墨宝、遗物到台湾展出,用实物向台湾佛教界展示弘一大师严持戒律的风范和书法上所达到的恬淡飘逸的高深境界。

7. 第三地交流。闽台佛教与东南亚关系密切,东南亚国家佛教界举行法事活动时,闽台两地皆有法师参加,相谈甚洽。此外,一些国际性会议,两地亦常有法师参加,如 2000 年 8 月,中国佛教协会副会长、南普陀寺方丈圣辉法师出席在美国召开的联合国千年大会,会上,遇到台湾法鼓山的圣严法师,圣严法师讲自己是从台湾来的中国人,两位佛教界著名人物在第三地相见。

8. 以朝拜进香为内容的宗教交流与学术研讨会。以道教为例,往往定期在祖庙开学术研讨会,邀请在台的相应分庙代表参加,一方面朝拜进香,一方面进行学术交流。这类活动规模大,场面隆重,参与人数多,涉及面广,研讨内容丰富。有代表性的如泉州富美宫(信仰王爷)、湄洲妈祖庙(信仰妈祖)、泉州通淮关帝庙、东山铜陵关帝庙(信仰关帝)、龙海白礁慈济宫、厦门青礁慈济宫(信仰保生大帝)、安溪清水岩(信仰清水祖师)、古田临水宫(信仰陈靖姑)等,常常专家学者也被邀请参与研讨,有时还印发论文集。因会后一般都有信徒慷慨解囊资助祖庙,所以这类交流有愈办愈烈之势。再以佛教为例,如驻锡闽南 14 年的弘一大师研讨会常在泉州等地召开,台湾有关信众一方面来到弘一大师曾弘法过的地方膜拜,另一方面也撰写论文参与研讨。

(三)交流呈不平衡性

1. 人数上的不平衡。闽台交流人数不成比例,悬殊太大。目前台湾人士要来大陆很简单,没有任何障碍,所以台湾对福建的宗教交流,有些是以旅游观光者身份进行朝山的,通过旅行社组团,有时人数多达 500 余人,有时个人与三五好友结队而来。但福建人士要去台湾,除了探亲或学术交流外,不能通过旅行社组团,以个人身份前去即使是学术交流,也要受台湾方面审核。如 1992 年3 月,台南县学甲慈济宫向台有关部门申请福建晋江宝泉庵董事长蔡芳要等来台,台有关部门经审核认定其现职为渔民或无业,不符合"专业人士"标准,后经多方协调后才批准。① 对此,《香港佛教》曾发文评论:"台湾佛教徒组团朝礼'四大名山'的人,越来越多了,可是不少大陆佛教徒欲组团到台湾朝礼佛教胜地,却不能如愿以偿,如此看来,是否有点不公平?"②

2. 因台湾当局种种限制而交往不深。台湾人士到福建考察交流,在时间上不受限制,只要经济允许,跑多长时间祖国大陆并不干涉。而福建应邀赴台交流人员,时间受台湾发出的入台证限制,一般开完会后就要返回,顶多考察游览一些风景名胜,能真正深入宗教场所进行交流活动的不多,全景式全方位对台湾宗教了解考察得不够。

3. 因种种原因,交流面不广。目前五大宗教交流中,频繁的是佛教、道教、基督教,而天主教、伊斯兰教则很少,显得不平衡。

(四)用闽南话交流让台湾信徒亲上加亲

如泉州赴台进行道教交流的人员,在台用闽南话进行法事活动时,因语言相通,观看者甚多,有亲切感。

---

① 郑志明:《两岸宗教交流之现况与展望》,南华管理学院宗教文化研究中心 1997 年版,第 267 页。

② 《香港佛教》总第 344 期。

四、闽台宗教交往所产生的影响

（一）打破台湾当局阻挠"三通"、推行"戒急用忍"等限制，屡屡率先冲破禁区，打破僵局，对两岸交流产生了积极推进作用

如 1987 年 10 月 25 日，是妈祖羽化千年成道的纪念日，莆田湄洲祖庙向台湾发函邀请共襄盛举，但由于当时台湾尚未正式开放对大陆探亲政策，前来大陆属"违法"。但镇澜宫董事决定前来参加，私下协议事成由庙方提供经费，事败由同行各人自掏腰包，17 名董监事毅然冲破阻碍，取道日本、上海、福州、泉州于 10 月 25 日到湄洲进香，完成台湾当局开放探亲前首度由庙方举办回湄洲进香的创举，台湾当局出于无奈也未作任何处罚。旋即台湾当局公开作出允许探亲决定。[①]"千岛湖"事件后，两岸交流一度陷于停顿，莆田举办的妈祖文化节，吸引了大批台胞，打破僵局的又是妈祖。1994 年 10 月，先后有台中县乐成宫朝圣团 200 多名信徒和新港奉天宫董事长卢明森先生与 49 位董监事到莆田湄洲妈祖圣地朝拜，这是"千岛湖"事件后台湾人民回大陆的第一个高潮。1995 年 1 月中旬，福建省东山县铜陵关帝君神像绕境基隆，又开首宗两岸海上接驳神像的例子。[②]

（二）增加了台胞对祖国大陆的认同感，加强了中华文化的凝聚力

1998 年 7 月 7 日，台湾法鼓山负责人圣严法师在"海峡两岸佛学教育交流座谈会"上说："中国是佛教的第二母国，台湾佛教与

---

① 灵鹫山般若文教基金会、国际佛学研究中心主编：《两岸宗教现况与展望》，学生书局（台湾）1992 年版，第 284 页。

② 《中国时报》（台湾）1995 年 1 月 16 日。

大陆佛教不仅是同根,更是同体,不可分割。"①1997年3月赴台交流的泉州道教文化访问团在与台湾各宫和道教组织座谈时,畅谈泉台之间的血缘、文缘、神缘的密切关系,介绍了政府宗教信仰自由的政策,受到台胞们的欢迎。台湾道教总会理事长陈进富多次表示:"泉州与台湾语言相通,习俗相似,血缘、神缘密切,台湾与祖国大陆进行道教文化交流,当先一步,必是同泉州交往。"陈进富多次讲"要以本土化的道教统一中国"。台湾道教总会秘书长张栓动情地对来自泉州的代表团说:"我同大陆情同手足,道教是中国的宗教,我希望用道教统一中国。早日统一。"②用道教统一中国固不可取,但也传递出台湾道教界维护祖国统一的心声。台湾宜兰苏澳镇晋安宫管委会主任石茂雄在赴永泰方壶岩张圣君母殿谒祖进香后,充满感情地说:"我们希望今后加强联系,促进往来,对传统文化有进一步的认同。张圣君信仰文化,就是我们民众之间加强往来和文化交流的一个重要基础。"③

(三)消除了误解,培养了互信,加深了台湾同胞对祖国的热爱

由于长期封闭,台湾宗教界对祖国大陆的一些宗教政策不甚了解,通过交往,耳闻目睹,有了感性认识。如台北"基督教之家"的寇绍捷通过访问福建基督教协会,为祖国的繁荣稳定感到高兴,对教会的发展感到惊讶,坦言过去所看到听到的,与此行所看到听到的有差别,许多情况是海外媒体所误导的结果。通过交往,不但

①　全慧:《大陆代表团赴台湾参加两岸佛学教育交流座谈会》,《福建佛教》1998年第3期。
②　柯建瑞:《泉州道教赴台交流访问纪实》,《福建道教》(福建省道教协会成立纪念专刊)。
③　竹叶、识途:《台湾宜兰县苏澳镇晋安宫赴永泰方壶岩张圣君母殿谒祖进香》,《福建道教》2000年第2期。

增进彼此友谊,也可使台湾教界人士将祖国教会的真正情况,作为回去宣传见证的第一手材料。1995年4月,福建省天主教两会同意台湾章一士神父在其家乡光泽教堂同韩克允神父共祭,令章神父感动不已,他说:"自1985年以来我回乡探亲近20次,但在家乡圣堂做一次弥撒的愿望始终未能实现。想不到省两会一出面就解决了,看来两会的确是帮教会做事的。"

(四)促进了福建宗教界的公益事业

台湾慈济功德会创办者证严法师的师傅印顺法师在南普陀寺参观时,得知妙湛法师创办了全国首家慈善机构——南普陀寺慈善基金会时,感动地说:"慈善事业,能福利人群,开创祥和的人生。我的徒弟证严法师就致力于这件事业。万事开头难,这事业要大家发心和努力。"①台湾开证法师亦赞此举,认为"妙老多住世一天,众生将蒙受更大利益。"与妙湛法师相约为祖国的统一、人类祥和、世界和平而努力。② 台湾国际传道会董事长赖炳炯牧师1997年5月在访问福建神学院后,以极大兴趣驱车前往岭头老人院参观老人公寓和一些配套设施,感到满意,并表示将继续为老人院祷告,在台岛宣传岭头老人院。

(五)激发了台湾同胞建设家乡的热情

闽台宗教交往引来了一些热心家乡公益事业的台胞,他们慷慨解囊,兴建学校、公路、桥梁等,有的还回乡投资办企业。如台湾桃源袁金水先生为德化石壶主公祖庭捐资170万元建公路、修庙

---

① 厦门市南普陀寺慈善事业基金会编:《慈善》,香港中国商务出版社1995年版,第9页。

② 厦门市南普陀寺慈善事业基金会编:《慈善》,香港中国商务出版社1995年版,第13页。

宇。南安诗山郭林庙在与台湾进香团的交往中牵线搭桥,引资兴办雨伞厂,创造了良好的社会效益和经济效益。台湾道教总庙三清宫知晓泉州道协即将复建有 1700 多年历史的道教古迹元妙观时,慷慨募捐人民币 50 万元。①

（六）提升了宗教文化的品质,增强了宗教文化的传承

闽台宗教在历史上有着深远的渊源,相隔几十年后,整合重续,正如郑志明所言,"对台湾方面而言,到大陆进行谒拜、进香、迎神的意义,不只是一般祖庙情结的文化寻根梦而已,同时也加强了信仰仪式的文化传承,对于台湾日益功利化与庸俗化的社会风气,有新的调整作用。"②福建宗教界人士赴台进行的宗教仪礼活动格外令人瞩目。如 1997 年 3 月,泉州道教文化交流访问团抵台时,曾在多个宫观参与道场法事,进行道教科仪文化交流,大批信众围观交流,赞叹科仪如法、严谨。1998 年 7 月 28—30 日,以台湾道教总庙三清宫副主委黄姓煌为团长的台湾道教总庙三清宫福建文化交流访问团一行 78 人到泉州元妙观参访,并参加"六月初七天门开"道教活动,进行科仪文化交流,这是一次泉、台道教界进一步切磋道教科仪的盛会。最引人关注的闽台科仪交流是 1995 年 11 月 20 日—12 月 23 日,福建省道教协会在台北指南宫主持玄帝坛,成为醮会主角。特别是 12 月 14 日傍晚的"炼度"科仪,是为亡魂"施食舍"、"追荐"超度升天的法事,泉州访问团所行科仪正弦令许多台湾道教界人士、研究工作者大开眼界,认为访问团所行法事是传统的、原汁原味的,纷纷前来抢镜头。有的学者、道士在醮事

① 林舟:《一脉相承　同出一辙——闽台道教交流刍议》,《福建宗教》1999 年第 2 期。

② 郑志明:《两岸宗教交流之现况与展望》,南华管理学院宗教文化研究中心 1997 年版,第 294 页。

期间到坛住宿,与访问团成员相互切磋道教科仪,探讨法事,要求提供科仪资料。① 台湾道教学院的李丰隆将整个醮事过程录了像,以作参考研究。与此同时,泉州道教界人士到各坛观摩、参香,了解同道的科式仪式,与各地道教界人士广为交流。

(七)影响大,接触广,层次高

如福建省基督教协会访问团是大陆第一个到台湾正式访问的基督教团体,通过在台访问,不仅消除了种种隔阂和误解,还拜访了"海基会",并与焦仁和秘书长、李庆平副秘书长等会面,还多次接受《中央日报》、《联合报》、《金门日报》等台湾报社和"美国之音"记者的采访,同时在主日分赴台北、基隆8个教堂证道。访问团以自己的实际行动,展示了祖国大陆宗教人士的形象,打消了台湾宗教界人士原有的疑虑,取得良好效果。返回祖国大陆后,也在新闻界产生轰动效应,"海峡之声"电台、东南电视台、《港台信息报》先后专题采访了代表团团长郑玉桂。福州电视台连续两次播放了严祺先生的访台纪行,《天风》刊登了林志华牧师的《在对岸作客》,《福建统一战线》、《莆田政协报》等也都刊登团员写的访台文章,扩大了访台的影响。

五、闽台宗教交往中应注意的若干问题

(一)把握闽台宗教的差异,在非原则问题上求大同存小异,因势利导,进一步通过宗教交往推动两岸关系的发展

应该承认,闽台宗教虽在历史上有着天然的紧密联系,但也因两岸相隔几十年而存在差异;同时也应该看到,这种差异随着交往

---

① 福建省道教协会:《福建省道教协会赴台交流参访》,《福建道教》1999年第1期。

的进一步深入、随着时间的推移、随着种种因素的变化,正在不断缩小。总之,既要看到闽台宗教之间的差异,也不能因差异而畏首不前。在 20 世纪 90 年代初,台湾有关方面对两岸宗教差异进行过专门研究,主要围绕现阶段两岸宗教现状的差异、两岸宗教政策的差异、两岸宗教理念的差异等方面进行讨论。在研讨中所提出的一些观点,一时似在台湾影响甚大,如认为祖国大陆佛寺中的僧尼没有专门从事法事活动,而是从事旅游业、种田、做工等生产事业。[①] 这是因为不了解祖国大陆情况。祖国大陆许多寺院为县、省以及国家文物保护单位,是寺产,但同时也是旅游点,僧人参与管理正是落实宗教政策的体现。而台湾僧人收入可从做法会、寺内寄骨塔寄骨、信徒随喜捐赠、举办各类禅习班和夏令营等途径获得。大陆僧人不可能仅靠信徒供养,从事种田做工等劳动以自供,是非常正常的。

(二)做好台湾宗教界到福建寻根访祖的工作,并以此为契机,积极推动以寻根为目的的宗教交往

由于台湾宗教与福建关系极为密切,台湾宗教界与福建交往的一个主要目的是寻根访祖。台湾妈祖信仰的几个大宫庙,如云林县北港朝天宫与台中县大甲镇澜宫二者之间有主属之关系,大甲镇澜宫过去要到北港朝天宫进香,队伍旗帜上写"北港谒祖"、"北港进香",大甲人到北港进香时似乎是回娘家,一般要住一天一夜,北港人热情招待大甲人,免费提供吃住,二者之间似乎是母女关系。后因种种原因(如北港人以娘家人自居的态度让大甲人受

[①]　灵鹫山般若文教基金会、国际佛学研究中心主编:《两岸宗教现况与展望》,学生书局(台湾)1992 年版,第 145 页。

不了,文献上又查清大甲妈祖庙确实不是北港妈祖庙的分灵)①,
大甲镇澜宫决定即使台湾未开放探亲,也要直接到福建莆田湄洲
祖庙进香。为示其正统地位,无论如何要完成两个仪式:第一,将
镇澜宫中的妈祖像带回湄洲祖庙过夜以明确是回祖庙娘家,并于
第二天让镇澜宫妈祖在莆田湄洲祖庙香炉上过火;第二,迎请一尊
湄洲妈祖的分身,及一个古香炉、一个香火袋、一副神杯及一颗玉
印回镇澜宫。这些台湾信徒谒祖的要求得到满足后,其影响是十
分深远的。因为镇澜宫成功从湄洲谒祖后,名正言顺地成为最直
接从祖庙分灵的直系妈祖庙,其地位在台湾不断提高,信徒日众。
受"正统才有灵"的影响,台湾各祖庙也纷纷回莆田湄洲谒祖,以示
直接源于湄洲,密切了闽台关系,增加了对祖地的认同感。台湾研
究这一现象的学者指出:"各妈祖庙纷纷表示源自湄洲祖庙则为传
统亲属观的反映。一个妈祖庙如同一个人,辈分上越能往上溯源
则其在亲属中地位越高。唯一差异是一个人的出生排行是铁一般
的事实,不容许创造历史,而在妈祖信仰上,一个庙的'排行'却可
以藉回娘家或谒祖仪式来追认或强调其在'亲属'中的地位。"②这
类现象在道教地方神信仰如陈靖姑、吴真人、陈元光等信仰中极为
普遍。笔者在走访台湾许多与福建有关的寺庙时,主事都会兴
致勃勃地谈及到福建谒祖时的情景,特别是福建祖地对他们的
认可使他们由衷感到高兴,有一种归属感。据说福建道教协会
将与台湾有关道观联合出一本画册,理清台湾各道教宫观与福
建的源流关系,让台湾各道教宫观与祖地福建接上血脉,这无疑
是一件值得倡导的好事。但福建佛教界目前在这方面似还没有

---

①　灵鹫山般若文教基金会、国际佛学研究中心主编:《两岸宗教现况与
展望》,学生书局(台湾)1992年版,第284页。

②　灵鹫山般若文教基金会、国际佛学研究中心主编:《两岸宗教现况与
展望》,学生书局(台湾)1992年版,第286页。

大的进展。如台湾各大寺庙与涌泉寺有法脉关系,台湾佛教界来访,要求理清闽台佛教法脉,目前还未引起应有的重视,以致使台湾来福建谒祖接法脉进香火的信众不太满意。与此同时,台湾佛寺中一些年轻法师的祖庭观念逐渐淡薄,笔者曾到与福建涌泉寺法脉极为密切的台湾基隆灵泉寺考察,询及从事寺务的年轻法师,已全然不知该寺与泉涌寺之关系,当笔者与他叙谈时,他极感兴趣,恳切要求笔者提供这方面的书籍文献。笔者一次到宜兰一偏静寺院——天成寺考察,笔者凭感觉认为此寺与福建有法脉关系,但寺中年轻法师不信,后询问寺中老法师(已病,无法出来),又查该寺的沿革史,始知确与福建法脉相连。年轻法师很高兴,打开图书馆,称凡笔者需要的书尽可拿走。宗教是极为重视法脉传承的,理清闽台两地宗教的法脉传承,有利于接通法脉,推动两岸交流。

(三)要与时俱进地认识并解决闽台宗教交往中的问题

事物是在不断发展的,既要不断总结经验,也要根据新情况解决新问题。闽台宗教交往可分为五个阶段:第一阶段是 20 世纪 80 年代末台湾开放民众赴大陆探亲后,台湾宗教界人士利用探亲、访友名义,以个人身份到福建,媒体不做报道,悄然进行,以参访为主,初步接触。第二阶段是 20 世纪 90 年代前期,随着交往深入,参访人士开始关注福建宗教界一些具体事物;参访者在评介大陆宗教界时,往往以福建为例,如认为:"大陆佛学教育,现在面临三个问题,第一个问题是师资非常困难,第二个问题是教材很困难,第三个是,他们办学的经费没有来源。譬如,在福建泉州,曾经办了一个女众的佛学院,借用在一个庙里面,后来这个庙没钱了,它便成了庙里的一个负担了。"①台湾有关人士还认为:"尤其是我们台湾庙宇去福建进香的情形,我们几乎已经搜集了这边各种的神到大陆去寻根谒祖;相对的,他们那边也会提到他们的神将来也能来,两岸的神作交流,在此也很明显地碰到了这个问题。到底我们这里有多少人去,去了什么地方,捐了多少款项、款项是否回馈到我们信徒身上,这也是相当棘手的问题。"②因这段时间台湾经济飞速发展使信众腰包鼓胀,综观这一时期,台湾出现一种颇有代表性的观点:台湾有钱,但没地方,福建宗教界缺钱,可通过资助钱的方式交流,如在赴湄洲祖庙时大量投入进香钱等。第三阶段是20世纪90年代中期,因前一个时期台湾个别违反我国法令的宗教活动在福建被取缔(如台湾一贯道在厦门私自设坛被取缔),我国于1994年1月31日公布施行《中华人民共和国境内外国人宗教活动管理规定》(《规定》中第21条为:"侨居国外的中国公民在中国境内,台湾居民在大陆,香港、澳门居民在内地进行宗教活动,参照本规定执行。"),闽台宗教交往进入有序阶段,但主要还是通过宗教旅游,以拜神方式进行。第四阶段是20世纪90年代中后期,随着各方面实力的提升,福建宗教界高素质人才不足的现象得以大大缓解,闽台两地宗教界交流更加频繁,交流项目也日益拓展,如从过去单一的拜神,扩展到宗教院校、宗教仪式、道场法会等。特别是福建的闽南佛学院、福建佛学院等院校的实力让台湾佛教界乐于前来交流,许多在台湾有着众多分院的祖庭的面貌发生了新的变化,也进一步促进了台湾宗教界交流的积极性。第五阶段即21世纪初,由于台湾经济不景气,台湾宗教界过去以进香

---

　　①　灵鹫山般若文教基金会、国际佛学研究中心主编:《两岸宗教现况与展望》,学生书局(台湾)1992年版,第304页。

　　②　灵鹫山般若文教基金会、国际佛学研究中心主编:《两岸宗教现况与展望》,学生书局(台湾)1992年版,第314页。

来向祖庙大规模捐款的形式开始减缓,信众的进香活动从过去以个人为主逐渐向以组团朝拜为主发展。因此,应根据各个不同阶段的特点来制定相对应的交往方式,如根据现阶段,再希望台湾信众大规模捐款投资盖祖庙有些困难(台湾现在流传这么三句话:"过去去大陆,说是去投资;现在去大陆,说是去旅游;将来去大陆,说是去打工。")。

(四)既要看到闽台宗教交往中寻根谒祖接通法脉的主流因素,也要注意到隐藏在交往中的暗礁和支流,时时保持清醒头脑,把握交往的主动权

据台湾召开的"两岸宗教文化交流学术研讨会"所研讨的内容、台湾"内政部"委托研究的"两岸宗教交流之现况与展望"课题所报告的内容,对两岸宗教交往的目的和意义,台湾方面认为无非是两个方面,一方面有利于接通台湾与大陆在宗教法脉上的关系,满足台湾同胞的文化寻根情结,同时也借进香(特别是对福建)将台湾的神明正统化,可达到香火鼎盛的宗教目的。另一方面,认为可借此对大陆宗教界产生影响,在促进大陆政治变化中扮演重要角色。对此,我们必须保持清醒头脑,一切根据国家有关法律条文,既推进闽台宗教在接通法脉上的交往,又要警觉防止台湾宗教界的政治渗透,让闽台宗教交往在健康的渠道中进行。

宗教在台湾政治社会中占有极为重要的地位,众多的宗教信徒让任何一个台湾政要都不敢掉以轻心,据台湾"内政部"资助的课题"两岸宗教交流之现况与展望"的研究结果显示,宗教在两岸交往中,是最为频繁的一种文化交往。任何一个真正的宗教信徒,都尊重并承认其法脉的传承。台湾宗教(特别是佛、道两教)主要法脉来自福建,这是谁也无法改变或回避的事实。福建宗教因此特殊的因缘,理所当然地要在两岸宗教交往中扮演重要角色,在推进两岸关系中发挥重要作用。笔者2002年7月29日访问台湾四

大道场之一的中台禅寺时,开山长老惟觉老和尚称:"三通未通,宗教先通;宗教未通,佛教先通;佛教未通,中台先通;中台未通,心灵先通。"并称"不看僧面看佛面",同祖同宗,一脉相承的两岸信众有什么理由不通呢? 只要两岸交往能不断深入和拓展,闽台宗教交往的意义必将日益凸现,并一定会取得卓著成效。

第四章　闽台民俗

第一节　闽台岁时佳节

一、春节

　　春节,俗称过年,是闽台人民最隆重盛大的节日,保留的古代遗风也最为浓郁。闽台两地过年是从农历十二月十六"打尾牙"开始的。"打尾牙",是闽台方言,意为当年最后一次打牙祭。古代商品货易采用以物易物的形式,称为"互市",唐代写"市"似"牙",遂径写为"牙"。唐宋以后称做生意的商行为"牙行",称中介人为"牙侩"、"牙保"、"牙子",称初二、十六以酒肉款待店员为"牙祭"。闽台方言称正月初二的牙祭为"头牙",腊月十六的最后一次牙祭为"尾牙"。"打尾牙"是一年中最后一次打牙祭,便格外隆重。这一天黄昏,闽台两地各家各户都摆出香案,陈列鸡鸭肉,点燃香烛、冥币,祭祀土地公。这一习俗尤为经商开店的人所重。这一天,闽台两地街市上各家商店门口都香烟缭绕,店主向土地公叩头作揖,祈求财运亨通。晚上,老板、经理要宴请伙计朋友,欢庆一年的劳动业绩,以示酬谢,并祝愿来年有更大的成果。从"打尾牙"开始,便进入年关,人们开始准备过年了。

祭灶,即农历腊月二十四日祭祀灶神,简称"祭灶"。祭灶的习俗主要是拂尘、送灶。拂尘就是祭灶这天要打扫房屋院落,洗涤用具,尤其是厨房,从灶台到锅碗瓢盆、桌椅门窗,都要擦拭得干干净净。卫生搞完后,黄昏时分,便开始送灶。此时各家各户陈列供品,点燃香烛,燃放鞭炮,以送灶神上天。所谓送灶神上天,是把灶台上方贴的旧灶神像揭下来,连同从街上买来的画有靴、帽、衣甲、刀、箭和马匹的"甲马"一起烧掉,意为备好行装坐骑,送灶神上天述职,希望灶神能"上天言好事,下地降吉祥"。在福建,供灶神的祭品,除鸡、鸭、鱼、肉等佳肴外,其中必不可少的是饴糖或糖饼。据说糖可以黏住灶神的嘴,以防他在玉帝面前说坏话,而是从口甜到心,好话连篇。台湾祭灶习俗与福建基本相同,但没有献饴糖黏灶神口的习俗。

除夕,即腊月三十日(小年为二十九日)夜,旧年至此而除,故称为"除夕",又叫"除夜"、"大年夜"。闽台方言称为"年兜","年兜"即年底之意。除夕这天,外出的人,除非万不得已,都要回家团圆。除夕之前,家家必须贴上春联、年画。春联用毛笔书写在红纸上,对仗工整、平仄和谐,内容多为预祝来年平安吉祥、幸福美满的语句。年画多为寓意花好月圆、人寿年丰之类的吉祥图案以及门神、财神、捉鬼的钟馗、持刀的关公等的画像,借以表达祈求平安的美好愿望。黄昏时分,家家贴上新灶神像,算是接回灶神。接着,便是辞岁,即祭祀祖先和天地众神。在住宅正厅祖先灵位前和厅口各摆设一套供品,然后点烛、焚香、烧金(闽南话,即烧冥币),燃放鞭炮,由家长带领家人,向祖先和天地众神三拜九叩,祈福消灾,预祝来年平安幸福。供品除猪、牛、羊肉及各种果品外,必不可少的是年糕,以象征"年年高升"。入夜,人们在门外用柴草燃起火堆,大人、小孩在熊熊的火焰上方跳来跳去,谓之"跳火囤",以攘除邪秽,驱逐恶鬼。是夜,最重要的一件事是全家团聚吃年夜饭,闽台方言称为"围炉"。年夜饭一般都极为丰盛,但不能全部吃完,要留待来年再吃。菜肴中必不可少的是鸡、韭、鱼、肉丸、鱼丸等,都有寓意。闽台方言"鸡"与"家"谐音,取全家"食鸡起家,展翅高飞"之意;韭和鱼象征"天长地久"、"年年有余";鱼丸、肉丸,则意味着"合家团圆"。除夕晚上,大人要给小孩"压岁钱"供过年零用买糖果,叫作"过好新年,口袋有钱"。"压岁钱"古称"压祟钱",有"镇压鬼祟"之意,以祝愿小孩吉祥安康。后因"岁"、"祟"音近,又是岁末给小孩的,就叫"压岁钱"。此外,家里还要准备几根甘蔗,贴上红纸,给小孩吃,意在祝福小孩来年生活甜美、节节拔高。除夕晚上,年轻人通宵不睡,叫"守岁",希望可以健康长寿。

开春,正月初一叫"开春",也叫"开正"。除夕夜零点开始,各家开启大门,点燃香烛,燃放鞭炮,表示新的一年开始,祈求和顺吉利。此时,各家各户灯火通明,香烟缭绕,爆竹声不绝于耳,热闹非凡。开正之后,全家人穿戴一新"祀神祈年",即祭祀祖先和天地众神,祈求新的一年中合家平安,万事如意。

初一人们要早起开门,希望能开门大吉,纳福迎祥。这天人们不扫地,不洗衣,不吃稀饭;要"甜一甜",即喝糖茶,或吃糖饼之类的甜食,希望新的一年日子过得更甜美;要吃线面,祈求健康长寿。吃东西时,一般不吃完,要留一点在碗里,以示年年有余。

春节的一个重要活动是拜年,又称"拜正"、"贺正"、"贺春"。拜年活动一般从初一延续到初五。初一祭祖之后,晚辈给长辈行跪拜礼,要说"拜年"、"长寿"之类的话。长辈受礼后,要给"红包",即压岁钱。在家拜年后,一般同族的男子要到祠堂祖庙聚会,论资排辈,依次拜年,类似于现在的团拜。初二,已婚妇女要回娘家做客,拜祭祖宗。一般丈夫也要同行,故又称初二为"女婿日"。初一至初五期间,街头巷尾亲友熟人相见,彼此都非常客气亲热,打躬作揖,说些"恭喜发财"之类的吉祥话。拜年习俗现仍然十分盛行,但不再行跪拜礼,而代之以鞠躬或握手;时间也不限于初一到初五,年前拜年,谓之"拜早年",初五以后拜年,谓之"拜晚年"。

二、元宵节

正月十五是元宵节，又称"上元节"、"灯节"。在闽台两地，人们把元宵节视为春节的最后一部分，依道教的说法是"天官诞辰"，亦是"天官赐福日"，所以民间节庆活动尤为隆重。

元宵节庆习俗全国各地大同小异，但闽台两地的节庆活动更为热闹，更有情趣。是夜，家家悬挂红灯，处处灯火辉煌，尤其是人烟密集的城镇、街市，形态各异、名目繁多的灯排列成行，争奇斗艳，异彩纷呈，照耀如同白昼。一些寺庙和公共活动场所还举行灯会或猜灯谜的活动。灯下，人流如潮，三五成群，结伴而游，指点赏玩，欢声笑语四处飞扬，呈现出一派喜气洋洋的景象。

闽南、台湾还有元宵送灯、钻灯、偷菜的习俗，这些是其他地方罕见的，饶有情趣。

闽台方言"灯"与"丁"读音相同。灯能照亮前程，且又谐音"丁"，为男子之兆，为图个好彩头，故有送灯、添灯之俗，以求"送丁"、"添丁"。台湾和闽南一带，凡有新嫁女的人家，应在元宵节前给女婿家送一红一白的莲花灯，挂在房中。如果莲花灯被烛火烧了，称"出灯"。烧的是红灯，预示生女；烧的是白灯，则兆示生男。此外，还有"钻灯脚"的习俗，即青年男女在元宵节期间到街上灯棚下钻来钻去。已婚未孕的妇女是为了祈子，而未婚的青年男女则是为了求婚配。封建时代青年男女平时无缘谋面，元宵赏灯，正是会面的好机会，故在灯下钻来钻去，借机察看对方的相貌，代替相亲，以求婚配。元宵是古代的爱情节，青年男女借观灯而相会的习俗源远流长。闽台高甲戏《陈三五娘》中的陈三和五娘，就是在元宵赏灯中一见钟情的。

台湾、厦门的未婚女子及其母亲，有在元宵节晚上到邻近菜园偷菜的习俗。偷菜被人诟骂，认为"异日必得佳婿"。台湾有俗话说："偷得一根葱，嫁个好老公；偷得一根菜，选个好女婿。"菜园主人成人之美,往往主动放开菜园,任人去偷。

元宵节应时食品主要是元宵丸。元宵丸有两种,一种是实心的,一种是带馅的,除煮食外,还可油炸蒸食。元宵节吃元宵丸起源于宋代,意在祝一家人和睦团圆、生活甜蜜,并借以表达在新的一年里幸福康乐的心愿。闽南人又称元宵丸为"定心丸",意味着吃了元宵丸,年就过完,可以安心去工作了。

春节期间的大众娱乐活动,是"闹社火",在闽台方言中称"踩街"。在"打尾牙"之后,各村社即着手准备操练,主要内容是舞龙、舞狮、踩高跷、划旱船等。我国自古就以为狮是吉祥的象征,龙是掌管降雨的神灵,春节期间舞龙、舞狮,可以保佑新年风调雨顺、五谷丰登、太平康乐、诸事顺心。各村社的"社火"准备好之后,初一便开始上街,至十五达到高潮。所以,元宵看舞龙、舞狮,踩高跷,也是节庆活动的内容之一。

三、清明节

清明节的主要活动是扫墓祀祖。扫墓的时间,闽台各地互有差异,一般是在清明前后数日。在台湾,泉州移民多在清明前择日扫墓,而漳州移民则在清明日扫墓。扫墓的程序,一般是先清理墓边杂草,并给墓头添土;接着在墓上"压纸",并在墓前摆放供品,点燃香烛,全家拜祭;最后是燃放鞭炮,焚烧纸钱,将供品弄成小块,撒在墓的四周。祭扫完毕,全家在墓地聚餐,分食供品。台湾同胞祖墓多在福建,在日本帝国主义统治时期,很多人冲破重重阻力,于清明时节回祖国大陆祭扫祖墓,现在每年仍有很多人回来扫墓,表现出深挚的故土情结和爱国情怀。

四、端午节

农历五月初五为端午节,又称"端阳节"、"重五节"。

端午节的主要节庆活动有划龙舟、包粽子、佩香袋、挂艾叶与菖蒲、饮雄黄酒、系"长命缕"等。端午节佩香袋,原意是表示屈原的品德、节操如馨香溢世,流芳千古。门口挂艾叶、菖蒲,饮雄黄酒,是为了避邪驱虫。系"长命缕"是将五色丝线捻成花绳,系在小孩手腕上,以祈求小孩无病无灾,健康成长。

端午节时,台湾、闽南一带龙舟竞渡最为盛行,竞赛形式如出一辙。闽南一带每年都有规模很大的赛事,参赛者除本地的之外,还有来自邻近县区的龙舟。龙舟以好木料制成龙形,绘上鳞纹,涂以油漆,金碧辉煌。每艘龙舟坐16位熟悉水性、臂力过人的选手。竞渡终点停泊"标船",以鸭子为标。竞赛开始,一艘艘龙舟如箭离弦,飞速破浪前进,岸上观战者敲锣打鼓,鼓掌喝彩。龙舟到达终点时,"标船"把鸭子投入水中。龙舟上的健儿纷纷跳往水中追捉,观众呐喊助威,极为热闹。

包粽子是端午节的又一大习俗。闽台各地粽子品种多样,其中泉州的肉粽远近闻名,现已成为日常风味小吃。

五、中秋节

八月十五是中秋节。中秋的特点是"圆",天上月圆,人间团圆,所以又称"团圆节"。

赏月、吃月饼、拜"月里娘娘",是闽台中秋节的主要习俗。闽南、台湾民众习称月亮为"月娘妈",对月十分崇拜,旧时到了中秋节这天晚上,几乎家家户户都有要到月光照到的地方,摆上桌几、时令果品,敬奉"月娘妈"。这种敬月习俗表达了海峡两岸同胞对美好生活的希冀和寄托。

吃芋头是中秋节闽南、台湾人的传统食俗。这习俗与沿海抗倭斗争有关。明末抗倭名将戚继光,在福建沿海屡败倭寇,功劳卓著,名传海内外。据说有一次,戚家军受到倭寇的袭击,退到山头,断了军粮,情况危急,戚继光动员士兵吃野草充饥,以待援军。当时有的士兵挖到野芋头,大家煮着吃,解决了临时的缺粮问题。后来将士们趁倭寇不备冲杀出去,大败敌人。此时正值中秋佳节,后来,中秋节吃芋头成了习俗,从大陆传入台地,一直保留下来。人们对芋头有着特殊感情,并且拟人化地把芋头分为芋母、芋子、芋孙,作为一种亲情的象征。于是,家家户户购芋头,做芋饼,煮芋饭,蒸芋粿,烹芋汤,捣芋泥,炸芋枣……简直可以拼成一桌芋头全席,这也可资说明,闽南人、台湾人近乎到了没有芋头不成节的地步。台湾高山族雅闽人对芋头更是崇拜至极。中秋节期间,如果新船下水,必须把自家种的芋头搬上新船压舱,视芋为"鱼"、为"余",剪彩仪式后再把芋头从船舱上搬下来分赠亲友近邻,借此作为一种迎接丰收的兆头。闽南、台湾民谣中也有不少唱到芋头的,有一首脍炙人口的《天乌乌,要下雨》就唱道:"天乌乌要下雨,阿公扛锄头去掘芋……"

中秋节食月饼之俗,全国各地大致相同,但围绕吃月饼展开的节俗当属闽南、台湾的"戏状元饼"最独特有趣。"春去秋还几月圆,中秋又见月如盘",中秋夜月确实令人陶醉。此时,海峡两岸"一轮皎洁当空照,万里无云夜清气",人们一边赏月,一边在月光下玩起"戏饼"游戏。戏饼用的"会饼"由级别、大小不一的63块月饼组成,分为6种,模仿古代科举制四级考试,设状元饼1块、探花饼2块、榜眼饼4块、进士饼8块、举人饼16块、秀才饼32块。这种戏饼专用的"会饼"中秋节前在闽南、台湾许多饼店均大量制作。参加戏饼人数五六人为宜。开始时,取6个骰子放在大海碗里,轮流掷骰子,谁戏到约定俗成的点数就可得到相应级别的月饼。4颗骰子全红且都4点为四红,因点数不同,依次有三红、二红。四红者得状元饼,依此类推。如果一掷而出现五红,则可囊括状元、榜眼、探花各饼,即使是被人赢得的饼也可以夺回来。当然,这种局面是很少出现的。若非出现红色而有4颗骰子相同者,谓之"四进";五骰相同称之为"五子登科";六骰相同者叫作"六合同春";六骰点数从1至6顺连,谓之"六六大顺"。这些均可比照当场"戏

(赛)饼"情况而得大奖。中秋戏饼在闽南、台湾历史悠久,据《台湾府志》载:"是夜,士子递为宴饮赏月,制大面饼,名为中秋饼,朱书'元'字,掷四红夺之,取秋闱夺元之兆。"台湾学者林再复在《闽南人》中写道:"(中秋节)闽南比较特殊的风俗是掷状元饼。"并对戏饼之法作了较详细的记述。《福建风物志》中也记载:"在厦门、漳州、泉州一带,金门一带,中秋节有'夺状元饼'习俗。"中秋戏饼象征古代四级科举考试。古代府级考试及第的童生称秀才;乡试(省级)考中者称举人;在京师礼部会试及第者称贡生;由皇帝亲自主持的殿试及第者称进士,其中又分三甲:一甲三名,即状元、榜眼、探花,俗称三鼎甲或三及第;二甲名额较多,三甲就更多了。那么,为何一套会饼63块呢?这是根据"三多九如"而来的,三和九是我国民间的吉利数。这种雅俗共赏、老少皆宜、寓教于乐的活动,相传是从古代军营的活动演化而来的。300多年前郑成功在闽南操练水师,郑的部将洪旭为了宽释士兵将士远离乡井想家思亲之情,激励鼓舞士气,利于驱逐荷兰殖民者收复台湾,构想出这一游戏,并买来大量月饼让官兵同乐。戏饼属佳节犒赏战士有吃有玩的游戏,不存在赌博之嫌。后来这一节日游戏随郑成功收复台湾而进入台岛。1683年,清朝统一台湾后,中秋戏饼再掀高潮,乾隆年间,布政使钱琦的《竹枝词》这样写道:"玉宇寒光净碧空,有人觅醉桂堂东。研朱滴露书元字,奇取呼庐一掷中。"如今,厦门鼓浪屿著名的日光岩旅游景区里,就有当年郑成功将士中秋节戏饼同乐的群体雕塑。"戏状元饼"纯属轻松愉快的游戏。如果有谁幸运得中"状元",双手捧着诱人食欲、蕴含吉兆的"状元饼",一帮好友相拥回家,其情景丝毫不逊于古时中状元荣归故里的派头,亲朋好友往往高兴得放鞭炮庆贺!

　　闽台中秋节流行的比较有趣的活动,除了大家熟悉的"戏状元饼"外,还有"犁石"、"偷俗"等。"犁石"比赛是福鼎、霞浦一带民众在中秋节夜晚的游戏,参加者多是青少年。"犁石"比赛也叫曳石,玩法有两种,一种是用绳子捆着大石头,两个或几个人拉着赛跑。另一种是由一人脚踩在一块大石上,另一人扶着他,推着人"滑石而跑",大石头在鹅卵石的路上滑动,发出隆隆之声,令人感到一种热烈气氛。传说"犁石"比赛是当年抗倭名将戚继光首创的。明末倭寇侵扰福建沿海,一时沿海各地紧张起来,当时福宁府兵力很少,难以与正面敌人交锋,但又不能放手让敌人进城破坏。为此,戚继光发动和组织大批民众在城里四门通道上曳石助威。中秋节夜里,倭寇窜到福宁府,欲行抢掠,只听到隆隆之声,生怕戚家军有埋伏,不敢久留,惊慌而逃。眼看敌人上当,戚家军发兵追杀,把来犯的倭寇打得落花流水,取得了抗倭斗争的一场大胜利。后来人们把"犁石"比赛作为中秋节夜晚的一项独特的体育活动,用以纪念戚家军的勇敢和机智,时久成俗,为青少年所喜爱。"偷俗"里的"偷"字,使人们想到"偷鸡摸狗"、"偷盗抢劫"等等。其实,"偷俗"指的是中秋节夜晚"偷"柚子。柚子俗名叫抛,在福鼎也称"墙头果"。俗谓"墙头果子,打人牙齿",就是说人人都想吃墙头果。每当中秋节夜晚,总有些年轻人到邻居房前屋后偷摘柚子,即使主人看见了,也从不说个不字,更不相骂,而是笑笑,有的主人还提醒"偷"者:小心点,不要跌倒了。除了"偷"柚子,还有人"偷"南瓜,也不叫"偷",而是美其名曰"抱南瓜。"这种偷"柚子"、"抱南瓜"的习俗不知始于何时,一直是人们认为理所当然的一种讨吉利活动。这实际上是民间一种"讨彩头"的习俗,并非真偷,主人多有成全别人美事之心,所以多不计较。这样,这种"偷"俗便一直流传下来。中秋节在闽台两地同胞心目中是继除夕、元宵节之后的又一"团圆节"。常言道:水是桑梓甜,月是故乡明。许多家小在祖国大陆的台胞,他们或对月思乡,或借助电话对亲人致以节日的问候。以往,两岸亲人因台湾当局设置的人为藩篱所阻,半个世纪仍未能见上一面。因此,闽南民间便产生了一首以月寄相思的歌谣:"十五月儿圆又圆,望月望得目眯眯。台湾亲人回返,老身望月月空圆……"除上述的节日外,闽台岁时佳节还有拗九节、七夕、中元节、重阳节、冬至节等。

第二节 闽台婚俗习惯

古人把婚姻视为"人伦之始",把婚礼当作诸礼之本,作为家亲国正的大事来对待,其礼俗自然是非常繁复而隆重的,早在周代就已确立了婚嫁程序中的"六礼",即纳彩(送礼求婚)、问名(询问姓名和生辰)、纳青(送礼订婚)、纳征(送聘礼)、请期(议定婚期)、亲迎(新郎亲自迎娶),设有一整套繁文缛节。明清以后,福建婚嫁风俗虽有变化,不尽相同,但仍旧习难改,总体上仍取六礼之意,从议婚到成婚,通常要经过提亲、合婚、相亲、定亲、送聘、送日子、送嫁、迎亲、婚礼、归宁等程序。台湾婚嫁习俗源自福建,虽略有差异,但大体相同。

一、提亲、合婚

中国古代媒人有官媒、私媒两种,以私媒为多见。在民间,子女到了适婚之龄,做父母的就得着手托媒人牵线搭桥,从中撮合,为他们提亲择偶。

说媒过程,通常先由男家请媒人到自认为中意的女家提亲,女方家长若无异议,便会应媒人所求,开具女儿的生辰八字,即出生的年月日时,俗称"开庚帖",或称"开生庚"、"开生月"、"出婚头"、"起帖"等。女方庚帖由媒人带回男家,进行合婚。合婚也称"合八字",即请算命先生或是内行的人对男女双方的生辰八字进行"合算",看是否相合,有无相冲相克。八字相合与否,主要根据五行和生肖。生肖禁忌流行甚广,像"白马畏青牛"、"猪猴不到头"、"两虎不同山"、"龙虎两相斗"等说法在许多地方都有。合婚之举纯属迷信,但却事关婚姻的成败。那些生肖"不佳",或所谓年月日时相冲,或八字带有凶煞的女子,往往要把岁数重新安排,虚报生肖属相,如属虎者,上半年出生的就改虎为牛,下半年出生的便虚报成兔,目的在于应付合婚,同时也为了能改变自己"不好的命运"。合婚主要为势家豪门所看重,一般贫寒人家则多是虚应故事,有时明知女方家虚报属相,也佯装不知。

二、相亲、定亲

如果生辰八字没有什么"相克相冲"的话,接着便是"相亲"。相亲可由双方亲人代行,也可在媒人介绍的基础上,男女双方通过会面、走访互相审视人品,察看家庭情况,俗称"看新人"及"看厝"、"看人家"。

男女相亲如果一方不满意,事情就到此为止;如果双方大体满意,就举行"定亲"之礼,以缔结婚约,确定联姻,即所谓"订(定)婚",又称"订盟"、"送定"、"小聘"、"过小礼"等。定亲时,男方给女方送聘礼。礼物一般有金戒指、丝绸、石榴花等,都各有寓意。

定亲之后还有"定聘",叫"大聘",比小聘更隆重,礼物更丰盛。定聘时,男方送的礼物叫"聘礼",也称"聘财"、"彩礼"、"财礼"。在封建时代,"男女非受币不交不亲",聘礼被当作构成婚姻关系的首要条件。聘礼有实物,也有写在红纸礼单上的礼物名称,他日补上。近年来,聘礼花样减少,聘金却增加了。福建的个别地方,聘金高达数万到数十万。台湾一些地方,也是如此。聘金多寡,视女子自身的条件及家庭状况而定。女方索要聘金的目的各有不同:或借机敛财,或炫耀阔气,用聘金置办嫁妆,由新娘再带到夫家。有的女方以汽车、套房为嫁妆,其价值远超出聘金不少,而男方为筹措聘金而债台高筑,或是女方因聘金少而解除婚约的情况,也不为少见。不管从什么角度看,行聘礼都是一种陈规陋习,无助于培养青年人的自立能力。

三、送聘

男方由媒人陪同,送婚书、聘金等到女家,女家则将婚书交给媒人,这才算正式订婚。订婚后,女方请吃订婚宴。吃完后,男方的亲戚应抹抹嘴自己悄悄离去,而女方也应故作不知情地照旧谈天,忌讳说"送"、"顺走"或者"再见",否则不吉利。因为闽台的"送"、"走"常表示死亡、丧事,而"再见"又会令人想起"再见到一次",恐怕引出"再婚"的霉头。

四、送日子

从定聘到完婚一般要经过两三年时间。到了准备完娶成婚的时候,男方就预先择定迎娶的吉日佳期(按阴历算),用红纸帖写好,备上礼品,由媒人送至女家,谓之"送日子",亦称"送日"。闽台民间举行婚礼,通常大都忌在四月、五月、六月、七月、九月这几个月内举行。因为四月的"四"字与"死"字同音;而五月的"五"字与"无"字同音,这个月结婚有不生育之虞;六月是一年之半,如在这个月结婚,就有"半年新娘"之称,担心不能白头偕老;七月是民俗中的"鬼月",如在这个月结婚,就如娶到"鬼新娘";而九月的"九"字与"狗"同音,因而也尽量避之,以免有"狗新娘"之称。

五、送嫁

"送日子"之后,嫁女之家,必须于佳期前夕备好妆奁,也称嫁妆,以供女子陪嫁带往男家。嫁妆厚薄因家庭贫富而别,但马桶、澡盆、灯等几样东西不论贫富都是必不可少的。马桶俗称"子孙桶"、"花盆",澡盆俗称"祖先盆"、"脚桶","灯"和"丁"谐音,象征早生贵子、人丁兴旺。

临行娘家要送雏鸡一对,俗称"引路鸡"。这一对鸡必须健壮无病,是即将下蛋的母鸡和刚会打鸣的公鸡。到了出嫁这天,父母扯两条九尺长的红绳，一头绑住母鸡的脚，一头捆住公鸡的脚，然后放在一个大的新饭篮中，由女傧相像护送贵宾似的带到新郎家。进门后则称"公婆鸡"，或"夫妻鸡"。用意是预祝新婚夫妻和睦相处，恩爱到老。而那九尺红绳则隐喻"长久（九）"之意。当新娘入洞房后，媒人或大姑大嫂赶紧上前松绑，将"公婆鸡"放到婚床底下，此时，围观者就像看精彩节目一样兴奋无比地看着，是公鸡先出来呢，还是母鸡先露面。为了诱鸡出来，习惯在床前撒一把米，如果公鸡先出来则满场喝彩：这预示着头胎生男孩。倘若母鸡先行一步，人们自然也有吉语："先生阿姐再招弟。"大家在这种欢乐吉祥的气氛中把婚礼推向高潮，可见这对鸡在婚礼中起了民俗演员的作用。因此，对这种鸡无论如何是要养好护好的，甚至自然死亡后，主人要"厚葬"入土。关于送鸡，还有种说法是，怕女儿忘了娘家，让鸡给女儿带路。此外，女儿出嫁时，娘家还要另送带叶的红甘蔗两支，带回男家种植，以求子孙繁茂等等。

　　女家在婚前置备酒席，宴请亲友，谓"出嫁酒"，也称"送嫁酒"、"嫁女酒"、"起嫁酒"、"出门酒"等等。女方办"出嫁酒"，男方家长不能出席。

　　女方办完"出嫁酒"，男方即来迎娶新娘。古代是在黄昏以后，由新郎以礼迎娶新娘，谓之"亲迎"。近代，这一习俗已被打破，迎娶时辰由男方根据路程的远近，或据皇历上的宜忌规定以及婚宴开席的时间等情况而定。

　　新娘出嫁那天，要梳洗打扮一番，其中重要的一项是"挽面"，也叫"开脸"。在闽南以及台湾，有女人"挽面"的习俗。方言"挽"乃拔的意思，"挽面"就是一种利用纱线拔除脸上汗毛的古老美容方法。在民间，待字闺中的姑娘一般是不修脸的，而当相亲合意，要出嫁的前夕，新娘要洗发、梳妆，而且要修面，因此姑娘头一次"挽面"是在出嫁之前，也叫"开面"。"挽面"过后，就请乡里的"福人"（四世同堂、儿女齐全的中老年妇女）来梳妆。对准新娘脸部的修饰一般是绞汗毛、细眉毛、齐鬓角、涂胭脂,而经过"挽面"后,就意味着"转正"为大人了。闽南籍台湾著名学者林再复在其所著《闽南人》一书中也提到婚俗中的挽脸:"婚前数日,准新娘要请福命妇人用红纱挽面将脸上细毛拔除,谓'换新脸',也就是脱胎换骨变成新人了。"一般家庭在过年、清明、端午等节日前"挽面",大家习以为常。在台湾,还流行着一道用闽南方言制作的谜语:"四目相看,四脚相撞。一个咬牙根,一个面皮痛。"这道谜的谜底便是"挽面"。"挽面"是一种成本相当低的美容护肤妙方,只需一盒粉和一条棉纱线即可。旧时贵族、富户的小姐们每隔一两个月就要"挽面"一次,一般人家妇女在盛大传统节日前,姐妹们喜欢聚集在明亮场所,一对一地轮流"挽面",似乎是要让节日的气氛首先从脸上显露出来。民俗中也有"挽面"这一传统节目,服丧人家"做七"时,仍保持着请吊唁者、送葬客"男剃头,女挽面"的古俗,对所有参加治丧、送葬的妇女每人都发给挽脸费,七日后必须"挽面"一次。产妇在满月时也习惯挽一次脸,寓意脸庞如满月般美丽皎洁。可以想象,"挽面"这种古老的美容法纯粹靠拔,其感觉并不好受。但是,对准新娘而言,"挽面"时有点痛感才会"有人缘,得人疼",她们乐意让这种古老的美容风俗长盛不衰。如果人们有机会到闽台乡间走一走,不时可欣赏到"挽面"这一传统保留节目。许多"老外"目睹巧妇手法娴熟灵活,把剃刀有时也不易刮净的面部绒毛用一根平凡的纱线绞得一干二净,无不感到惊奇,称之为"东方奇观"。

　　新娘出嫁之前,有哭嫁的习俗。出嫁那天,要向祖宗牌位拜别,又要与父母分别,自有依依不舍之情,不免要啼哭一场。闽南有句俗语"哭好命",认为新娘出阁不哭泣,娘家会"衰败"。新娘哭嫁时,其母以及家族中的女眷、往日的女伴也要陪哭。母亲的哭声由衷而发,而女眷、女伴的陪哭,半是触景生情,半是出于礼俗上的需要。新娘哭嫁时,母亲照例要说些教养不好之类的话头。新娘哭别上轿后,要从窗中扔出一把扇子,表示把昔日的小姐脾气留在娘家,以取得公婆的喜欢;或说是闽台方言"扇"与"姓"同音,丢下扇子表示出嫁后不改姓。成婚当日,也有不少独特习俗:如新娘上花轿时,女家要泼一碗水在轿上,以示女儿嫁出如"泼出去的水",企求婚姻美满,不会发生休弃之事;轿旁系一棵带根叶的青竹(俗称"踏脚青"),以求女儿嫁到婆家后全家福气安泰,并表示新娘是初嫁而非再嫁;花轿后面还需挂一米筛,据说可"避邪招福";如路遇其他花轿,双方媒人以人造花互赠,据说这样可以避免"喜冲喜"的不吉之兆。

六、迎亲

花轿到了男方家还有许多讲究。如"过米筛",即新娘下轿后,由一妇人一手牵新娘,一手举米筛罩在新娘头顶上方,现多改用雨伞,以示新郎压服新娘,以免日后"惧内";"踩破瓦",即新娘入门,要用力踏破男家预先放置的一片新瓦,以示"破邪"(闽南话"破邪"与"破瓦"音相近);"过火盆",即跨过一盛有炭火的火盆,以示"吉祥"、日子越过越红火之意。做过这许多功课之后,才是拜天地高堂。

七、婚礼

男方迎进新娘后,便举行隆重的婚礼。其中最隆重的仪式是"拜堂"。"拜堂"是一拜天地,二拜祖宗,三拜公婆,最后是夫妻对拜。拜堂时,司仪要念些吉利的诗句,说些吉利的话语。拜堂之后,新郎新娘进入洞房,先双双并坐床沿,俗称"坐床"、"坐富贵";然后新郎揭去遮盖于新娘头部的红巾,曰"揭盖头"、"掀巾";最后是新郎新娘行"合卺"之礼,即共饮"合欢酒"、"交杯酒",以表示亲热。洞房花烛之夜,新娘不能进厨房取水沐浴,须由女童代为取水;并选一生肖属龙或蛇的男童,在喜床上打滚,祝新婚夫妇早生贵子;上床时,新郎要把自己的鞋放在新娘踩不到的地方,衣衫也要放在新娘的衣服上边,否则据说万一不幸鞋被新娘踩到或衣服放得不对,新郎会一辈子怕老婆云云,名堂甚多。至此,婚礼就算完成。

婚礼之后,还有一项热闹的节目叫"闹洞房"。

闹洞房,一般要持续三个晚上,而闽南一带山区有的则持续七天。全国各地都有"新婚三日无大小"的说法,邻里亲友不拘年辈大小,晚上都可在洞房内嬉戏、嘲谑新婚夫妻。闹房是远古氏族群婚的遗风,娘家人绝对不能参与闹房便是很好的证明。闹洞房主要是以新娘为逗趣对象,故又称"看新娘"、"吵新娘"。闹洞房时,闹房的人一般都想方设法,巧立名目,策划种种节目,让新郎、新娘表演,而且无论出什么难题,新郎、新娘都要去完成,且不能生气。福建一些山区,闹洞房时,偶有一些粗鲁、庸俗、侮辱新娘的举动,台湾闹洞房则文明得多。台湾闹洞房也用刁钻的节目为难新郎、新娘,但说的话却文雅吉祥,很有讲究。所以,不会背诵一些古诗句和说一些贺新婚的吉利话的人,是不敢去闹洞房的。闹房习俗为婚礼增添了许多热闹的气氛,其中一些不文明的因素却是应杜绝的。

八、归宁

新娘出嫁后数日内由新郎陪同第一次回娘家,俗称"归宁"。当日,新婚夫妇须由娘家弟妹前来迎接;须在日落前返回男家,据说这样才能有望生男孩。

以上是男女初婚的习俗,若是男子"再娶",女子"改嫁",礼俗就又有不同,又有许多讲究。一般而言,再婚的仪礼比初婚要简单一些,尤其是女子。此外,举凡在我国其他地方所能见到的原始、落后的一些婚姻形式,诸如童养婚、招赘婚、服役婚、交换婚、尽孝娶、招夫、纳妾、转房婚、指腹婚、抢亲婚、转嫁婚、租典婚、冲喜婚、冥婚等在台湾和福建也曾流行。惠安东部一带,还流行女子婚后长住娘家,直至生子后再到夫家居住的奇特婚俗。总而言之,这些婚姻形式各有其不同的礼俗,此不赘述。

除了以上所述的之外,闽台地区还有很多有意思的婚俗,其中茶礼最具特色,值得一提。在我国,茶与婚姻有着密切联系,早在明朝时就有"订亲茶"的记载。清代人福格在《听雨丛谈》卷八中说:"今婚礼行聘,以茶叶为币,满汉之俗皆然,且非正室不用。"可见茶在婚姻中是很严肃的"合同"。然而,与茶有关的婚俗,最有趣的当推闽南和台湾,这些地区饮茶之风盛行,许多地方男女订婚也习以茶礼,这种古老的遗风至今犹存。婚姻礼仪总称为"三茶天礼"。"三茶"即订婚时的"下茶",结婚时的"定茶",同房合欢见面时的"合茶"。在封建社会,"父母之命、媒妁之言"不可违拗,男方随同媒婆或父母到女方家提亲、相亲,女方的父母就习惯叫待字闺中的千金端茶待客,茶杯斟满后,依辈分次序分送到男方来客手中,由此拉开了"相亲"序幕。男方家人乘机审察姑娘的相貌、言行、举止,姑娘也暗将未来夫君打量了一番。当男到女家"送定"(定亲)时,由待嫁女端甜茶(闽台民间叫"金枣茶")请男方来客品尝。喝完甜茶,男方来客就用红纸包双数钱币回礼,这一礼物叫"压茶瓶"。到了娶亲这一天,男方的迎娶队伍来到女家,女家就要请吃"鸡蛋茶"(甜茶内置一个脱壳煮糖的鸡蛋)。男方婚宴后,新郎、新娘在媒婆或家人的陪伴下,捧上放有蜜饯、甜冬瓜条等"茶配"的茶盘,敬请来客,此礼叫"吃新娘茶"。来客吃完"新娘茶"要包红包置于茶杯为回礼。有时客人故意不接"新娘茶",以致相互推让,闹洞房的喜剧就在"茶礼"中拉开帷幕。结婚成亲的第二天,新婚夫妇合捧"金枣茶"(每一小杯加两粒蜜金枣),顿首跪拜诸位长辈,随即将茶敬献,这就是闽南、台湾民间著名的"拜茶",也是茶礼在婚事中的高潮。倘若远离故乡的亲属长辈不能前往参加婚礼,新郎家就用红纸包茶叶,连同金枣一并寄上。为何闽台民间时兴茶礼？因为在闽南、台湾，茶树是缔结同心、至死不移的象征。据郎英的《七修类稿》和陈跃文的《天中记》载："凡种茶树必下子，移植则不复生，故旧聘妇必以茶为礼，义固有所取也。"闽台的"茶礼"婚俗，不啻为宝贵的民俗文化。

　　闽台婚姻礼俗多姿多彩，它既保留了古代氏族社会婚姻制度的一些遗风，又掺杂了后世封建迷信的一些色彩，以及现代文明的一些表征，是蒙昧与文明、落后与进步的混合体，既蕴含着理性的精华，也有许多非理性的糟粕。婚姻礼俗中的一整套礼节，是人们对婚姻郑重其事的表现，有助于婚姻和家庭的稳定；而大事铺张，浪费人力和物力，则有害而无益。至于一些避忌习俗，多是封建迷信，没有道理可言。

第五章　闽台民间信仰与禁忌

第一节　闽台民间信仰

民间信仰,它是一种既直接继承了原始宗教的许多特征,又深受人为宗教影响的民间普通信仰,民俗色彩特别浓厚。中国古代的民间信仰源于原始宗教,保留有许多原始痕迹,如动物、植物崇拜等,同时又打上阶级社会的烙印,如神有等级等等,还受到了佛、道、儒的影响。尽管如此,民间信仰有许多方面毕竟不同于人为宗教,其无固定信仰对象、无统一教主、无严格的教理教义、无完整的经典、无清规戒律、无固定仪礼模式、无系统组织、无固定神职人员,植根于传统文化和民俗之中,具有活动空间大影响范围广的特点,信仰者从功利出发,表现出多神崇拜的现象。

福建民间信仰起源于秦汉以前的原始宗教和巫术,包括灵魂不死、万物有灵、图腾崇拜、祖先崇拜等为主要内容的宗教信仰。三国至唐中期,北方的民间信仰开始传入并有了初步发展,古老的闽越族信仰随着闽越人躲进深山而保留了下来,对蛇、龟等动物的自然崇拜如今还残存在福建民间。唐末至宋元时期,福建民间信仰迅速发展并本土化。至今仍在福建流传的众多地方神都是在这个时期塑造出来的,如妈祖、临水夫人、保生大帝、清水祖师等。北方传入的民间信仰也进一步与福建的人文、地理相适应,发生了变异,逐渐本土化,如关帝原先只是作为忠勇的化身受到崇拜,随着宋元时期福建商业的繁荣和海外贸易的发达,关帝则被视为财神和海上保护神。明清至民国,佛教和道教在福建逐渐衰弱,民间信仰却日渐兴盛,并且开始对外传播。唐宋时期创造出来的神灵在明清获得进一步发展,有些神灵拥有数百座宫庙,信徒人数众多。佛教、道教逐渐世俗化,并向民间信仰渗透,使得民间信仰无论在宗教水平方面还是宗教仪式完整性上都超过上一个时期。妈祖信仰、鬼魂信仰、土地公信仰等,就明显带有道教色彩,三平祖师、定光古佛、清水祖师带有佛教的彩色,但又不能与严格意义上的宗教等同起来。民间信仰也逐渐和儒家的传统思想结合,发展完善了福建民间宗族制度。台湾民间信仰便是在这个时期随福建移民的迁移而传进台湾的。福建移民不仅奉祀迁去地方的神灵,同时也带入一些全国性的神明,如观音、玉皇大帝、城隍、土地等。台湾岛内神祇繁多,庙宫林立,号称"神明三百,庙宇逾万"。

　　闽台民间供奉的神祇来源复杂,有的来自民间传说,如妈祖、临水夫人和王爷,有的来源于历史人物,如关帝、开漳圣王和保生大帝,有的是从北方流传来的,如城隍、土地。闽台之所以有这样多的民间神祇,与这里特定的自然地理条件和社会历史条件有着密切的关系。从自然地理条件来看,福建和台湾气候炎热,自古便是瘴疠之地,疾病瘟疫繁多,山崩海啸、旱灾洪水等自然灾害频发,致使人们不得不求助于各种神灵的保佑。由于地理条件复杂,山海阻隔,交通闭塞,往往一山一水之隔,便"鸡犬之声相闻,老死不相往来",形成较为封闭的社会,极易产生地方性的神祇,如妈祖早期流传在莆田地区,清水祖师起源于安溪地区,三山国王主要是客家人奉祀的神祇。从社会历史条件看,闽台都属于移民社会,福建人大多是从北方移民而来的,台湾人主要从福建移民过去,至今闽台很多人家的门口都还悬挂着诸如"紫云衍派"、"江夏传芳"之类的匾额。移民社会一方面从各自祖居地带来了各自的神祇,另外一方面又融合了当地原有的信仰,还有各地的神祇之间的互相融合。福建的民间信仰不仅有本地的神祇,也有从中原来的,还受到古老闽越族原始宗教的影响。在台湾,一个庙供着多个神祇则是很普遍的事情。闽台共同信仰的主要神祇有妈祖、临水夫人、保生大帝、关帝、王爷、土地、城隍、清水祖师等。

一、妈祖

妈祖原名林默,又称林默娘,莆田县湄洲人,传说她生于宋太祖建隆元年(960 年)农历三月廿三,逝于宋太宗雍熙四年(987 年)农历九月初九,是我国东南沿海著名的海上保护神。南宋廖鹏飞撰写的《圣墩祖庙重修顺济庙记》,被认为是目前有关妈祖资料中最早的一篇,文载:"……姓林氏,湄洲屿人。初,以巫祝为事,能预知人祸福,既殁,众为立庙于本屿。"相传她从出生到满月都不啼不哭,所以取名"默娘"。林默娘"幼而聪颖,不类诸女。甫八岁,从塾师训读,悉解文意。十余岁,喜静几焚香,颂经礼佛"。在民间传说中,林默娘秉性聪颖,善观天象,能救人济世,降妖除怪,拯救海难。升天后有随从千里眼、顺风耳,能救人于千里之外,因此被渔民视为航海保护神。自宋徽宗宣和五年(1123 年)下诏,特赐宁海圣墩庙,号为"顺济"以后,两宋间多次敕封。其封号,南宋光宗时由"夫人"晋爵为"妃",元世祖时又晋爵为"天妃",清康熙时再晋爵为"天后"。至清嘉庆年间,妈祖的封号已经累积到 28 字。妈祖的主要神迹是救济海上遇难之生民。

妈祖作为民间的海上女神,历史上又受到封建王朝的青睐,推波助澜,妈祖信仰不仅在东南沿海广为流传,而且被带往世界各地。根据不完全统计,妈祖庙遍及世界 20 多个国家和地区,多达1700 多座。福建莆田湄洲妈祖庙被视为祖庙,泉州天后宫、漳州天后宫和武夷山天上宫都十分有名。台湾妈祖庙之多居全国之冠,岛内有庙 800 多座,信众约占台湾人口的三分之一。澎湖马公古庙天后宫是台湾最古老的妈祖庙;云林北港朝天宫,被视为全台湾妈祖庙的祖庙,也是香火最为旺盛的妈祖庙;鹿港兴化妈祖天后宫供奉着台湾唯一的由湄洲而来的妈祖神像;而台南大天后宫为台湾最早的官方妈祖庙,为康熙二十二年(1683 年)施琅奏请修建的。台湾妈祖大多数是由祖国大陆妈祖庙分灵而来的。从湄洲祖庙分灵而来台湾的妈祖称为"湄洲妈",信徒最多;从泉州分来的称"温陵妈";从同安分来的称"银同妈"。

　　每年妈祖的诞辰和忌辰,各地信徒都要到妈祖庙祭祀,有些还愿的信徒不远千里赶到湄洲祖庙进香以示虔诚,这几年台湾的香客不断增长。湄洲岛附近居民至今保留的一些民俗还与妈祖有关。湄洲岛渔民每逢三月二十三日的前后,不下海捕鱼或垂钓以示对妈祖的纪念。因相传妈祖穿朱服,故湄洲岛妇女过去常穿一条上半截为红色的外裤,以保平安。湄洲岛妇女所梳之帆船形发型传说也是妈祖生前所梳的。此外凡出海的船只三角旗上都绣着"天上圣母"四字,借以避邪。台湾岛内的妈祖进香活动,以大甲妈祖规模最大。每年农历三月妈祖诞辰前,大甲妈祖进行绕境进香活动,数万信众徒步八天七夜,来回 300 公里,所到之处,万众欢迎,有"三月疯妈祖"之说。最隆重的妈祖祭祀活动是信徒每年一次的回福建湄洲岛的"割香"活动。届时,全台湾的妈祖信徒云集北港,推选出上千人的进香团,奉妈祖金身乘船横渡台湾海峡到湄洲进香,盛况空前。1920 年前后,日本殖民统治者下令断绝海峡两岸海上交通,妈祖信徒才不得不改在北港遥祭。台湾光复后不久,海峡两岸又进入军事对峙时期,这一进香活动未能恢复。直到20 世纪 90 年代末,台湾民众才突破台湾当局的限制,开始了到福建湄洲岛的进香活动。1997 年春季,湄洲祖庙妈祖神像巡游台湾18 个市、县,驻跸 35 座宫庙,受到台湾 1000 多万人的朝拜,更是盛况空前。

二、临水夫人

临水夫人本名陈靖姑,唐代福州下渡人。传说生于唐大历元年(766年)正月十五日,卒于唐贞元六年(790年)七月二十八日,她的主要职能是"扶胎救产,保赤佑童"。有关陈靖姑最早的文献记载是明洪武年间(1368—1398年)古田人张以宁撰的《临水顺懿庙记》:"古田东去邑三十里,其地曰临州,庙曰顺懿,其神姓陈氏,肇基于唐,赐敕额于宋,封顺懿夫人。"可见临水夫人崇拜从唐代后期开始,宋代得到政府承认。据传陈靖姑自幼聪颖明慧,贤淑端庄,生于巫术世家,其兄陈守元有道术,13岁受闾山道法,3年学成,18岁嫁刘杞为妻。24岁福建大旱,陈靖姑为民祈雨,因古人认为有孕之身不洁,故奋然脱胎。虽然求得大雨,但是遭到白蛇精和长坑鬼的暗算,最后精疲力竭而死,死时立誓:"吾死必为神,救人产难。"福州一带多称为临水奶、房里奶、助国夫人、天仙圣母等。

临水夫人祖庙位于福建古田县。配殿中奉有三十六婆姐的塑像,传为临水夫人斩白蛇后闽王所赐之三十六宫女。三十六宫女俗称三十六宫夫人,或三十六婆者(后人称婆姐),专负责保婴佑童之工作。台湾专祀临水夫人的庙有台南临水夫人庙、高雄的注生宫、屏东的永福堂等,其中台南市建业街的临水夫人妈庙最为著名。庙中还旁祀着注生娘娘与花公花婆,花公花婆管的是生男生女,但决定权在注生娘娘手中,在庙内,求得白花代表生男,求得红花则为生女。此外还有大圣爷公,也就是孙悟空,他的任务是帮忙看顾调皮的小孩。台湾的临水夫人庙没有庙宇的庄严和神圣,更像一个温馨的大家庭。

闽台有很多旧俗与临水夫人有关。妇女已婚未孕,要去临水夫人庙里祭祀祈子;妇女临产前,要到临水夫人庙请小神像供在产房,以求顺产;婴儿降生,"洗三旦",须煮糯米饭奉祭临水夫人;以后小孩受凉、生病,都要到临水夫人庙烧香祭拜,以祈平安,直到过了16岁。由于临水夫人18岁出嫁,24岁去世,因此女性忌讳18岁与24岁结婚,以示对夫人的尊敬。民间在祭拜临水夫人陈靖姑时,一律只供鸡,不供鸭。因为据说陈靖姑在乘席祈雨之际,曾被白蛇精拖下水,忽然有三只鸭子从天而降,衔起席子的三个角,把陈靖姑从水里救起,鸡则袖手旁观,所以供鸡以示惩戒。每年临水夫人诞辰和忌辰,台湾依旧保留盛大祭祀和巡游活动,至今台南16岁成年礼的民俗活动每年都在临水宫举办。台湾临水宫内也保留了一些独特的法事。如"移花换斗"就是为想生男或生女的妇人换个性别的法事,不过,这个法事必须用在多胎生男或生女,想求得另一性别时才能使用。而"栽花换斗"则是为求子的不孕妇人所做的法事。此外还有"过囝仔关",若孩童多病难养,或被认为与父母相克,都可来此行法事破劫。

三、保生大帝

　　保生大帝,原名吴夲,宋代泉州府同安县白礁人,生于太平兴国四年(979年),卒于景祐三年(1036年),是闽台地区最有影响的医神。现存最早记载吴夲生平的资料是南宋龙溪进士杨志的《慈济宫碑》(下简称《杨碑》)和南宋漳州太守庄夏的《慈济宫碑》(下简称《庄碑》)。《杨碑》中记载:"侯(吴夲当时被敕封为'慈济忠显英惠侯')弱不好弄,不茹荤,长不娶,而以医活人,枕中、肘后之方未始不数数然也。所治之疾,不旋踵而去,远近以为神医……"《庄碑》中记载:"按侯姓吴,名夲,生于太平兴国四年,不茹荤,不受室,尝业医,以全活人为心。按病投药,如矢破的,或吸气嘘水,以饮病者,虽沈痼奇怪,亦就痊愈……"综合各种历史记载,我们可知,吴夲出生于贫苦农民家庭,矢志学医普救众生。少年时已精通药理医术。传说他回乡时在青礁岐山东鸣岭龙湫坑住下,亲自凿井取泉,采药草炼丹煎药,以医济人无贵贱,按病施药如矢破的,擅长铜针治病,手到病除,药到疾愈。当朝皇帝宋仁宗母亲的顽症乳疾,也被他所治愈,因而名扬天下。吴夲本着为人治病的献身精神,四处寻求药草,一次因采药堕崖而死,卒年58岁。吴夲亦得到历代统治者的褒封,从宋代"妙道真人"、"忠显英惠侯",到明代的"医灵妙道真君"、"万故土我极保生大帝"。吴夲遂由此被神化。保生大帝与妈祖、临水夫人,是闽台民间信奉的三大主神之一。

福建南部泉州一带、台湾省北部以及东南亚地区泉州人士集中居住的地方,多建有奉祀保生大帝的庙观或殿堂。供奉保生大帝的庙宇通常被命名为慈济宫。福建最有名的两座是青礁慈济宫(位于今厦门海沧台商投资区青礁村岐山东鸣岭)和白礁慈济宫(位于今龙海市角美镇白礁村),前者俗称为东宫,后者俗称为西宫。台湾的保生帝庙大多从白礁慈济宫分灵而来,因此奉白礁慈济宫为祖庙。保生大帝庙香火最盛的,在福建属白礁慈济宫、青礁慈济宫和泉州花桥慈济宫,在台湾属台南开山宫、台北保安宫和台南学甲镇慈济宫。

保生大帝诞辰日,各庙宇要进行"巡香典礼",沿途鼓乐齐鸣,龙狮齐舞,踩高跷,演歌仔戏,热火朝天。台南学甲镇慈济宫是台湾慈济宫的开基大庙,宫内供奉的保生大帝神像,传说是郑成功军队从龙海白礁慈济宫奉迎的分身。300多年来,每年农历三月二十一日,台湾学甲慈济宫都要派人护送神像去龙海白礁祖庙谒祖,俗称"上白礁"。祭典之日,台湾各地"香团、神舆、民间艺阵、花灯、艺阁"齐集学甲慈济宫,在头前寮将军溪畔,设案上香,面朝大陆,恭送保生大帝的神像晋谒龙海白礁祖庙,香客集体遥拜,抒发怀念故乡之情。日本占领台湾时期,强迫台湾同胞信奉"天照大神",禁止祭祀保生大帝,但闽南籍的台湾同胞冲破日本侵略者的重重阻挠和迫害,仍然年年举行保生大帝诞生祭典,并在台南学甲镇慈济宫立了一块石碑,上刻"我台士人之祖籍均系中国移来"的字句,表达了凛然的民族气节和不忘故土的深情。近年来,台湾慈济宫相继组团到白礁慈济宫谒祖进香,参加者有几万甚至十几万之多。

四、关帝

关帝,原名关羽,三国时期刘备麾下大将,名羽,字云长,山西解州人,生于公元 160 年,卒于公元 219 年,因其忠、义、勇而受后人崇拜。陈寿《三国志》中有一篇关羽传,是现存记载关羽最早的历史资料。书中描述关羽青年时代也曾触犯法令而亡命江湖,但在追随刘备之后,即忠义自矢,始终不变。这种人格,在太平盛世都不易见,何况是视人命如草芥的乱世。关羽事迹一直广为流传,至元朝,罗贯中写成《三国演义》,关羽事迹被描写得栩栩如生而深入民间。明清以来关羽渐成各教供奉的神祇,道教封其为"关圣帝君",佛教奉其为"伽蓝神",儒家称之为"关夫子"、"武圣人"。历朝皆有加封,宋时封为"武安王",明封"协天护国忠义大帝",亦称为"关圣"、"关圣帝君"、"武圣"。

福建东山关帝庙是闽中有记载的第一座关帝庙,位于铜山古城中岵嵝山下,也称为武庙,与山西运城关帝庙、河南洛阳关帝庙、湖北当阳关帝庙并称中国四大关帝庙,是台湾众多关帝庙的祖庙。明代关帝崇拜开始在福建兴盛,清朝时期政府推动各地关帝崇拜的发展。清代学者梁章矩在其《退庵随笔》中写到"今吾乡街巷,皆有关帝祠"。泉州一地,明代时 7 个城门都建有关帝庙,清代城内庙宇数量最多时曾达 100 多所,其中涂门街的通淮关帝庙据说最为灵验,香火鼎盛。在台湾,关帝文化也很兴盛。台湾主祀关帝的庙宇据统计有 192 所。还有许多庙宇是另有主神,而以关帝作陪祀之神的。其中历史悠久的如 17 世纪兴建的台南关帝庙,颇负盛名的如台北行天宫,规模较宏伟的如日月潭的文武庙,以及新竹近郊在丘陵上塑造的一尊高达数十米从远处即能看得见的关帝像。

关帝在闽台是职掌人间事务最多的一位神灵,既是战神,又是商界守护神,还是医药神。福建漳泉一带,自古商业繁荣,明清之时又常有倭寇骚扰,关帝祭祀颇受民间重视。各地关帝庙,每逢关帝诞辰都有巡游活动。东山岛民更视自己为关帝子孙,每户人家客厅正面必有一幅巨大的关帝像。关帝因被视为"武财神",故台湾的各行各业都以关帝为奉祀之主神,以求财源滚滚。在当地民众家里除了祖宗牌位之外,通常是观音高居主位,也有观音和关帝并祀的,可见关帝信仰之深入民心。对于关帝的诞辰,台湾人尊称"圣诞",因对关公生日有几种不同的说法,祭祀的日期有的是在农历的正月十三日,有的是五月十三日,也有的在六月二十日,更有定在元月二十四日的。南北西东,各在其中的一天,举行盛大的祭典。有些地方,每逢农历的初一、十五、还有例行的祭祀。各地区的关帝庙,一般都是善男信女众多,常年香火鼎盛,每逢关帝圣诞祭典,香客更是络绎不绝,场面热闹非凡。台湾关帝庙大多从东山关帝庙和通淮关帝庙分香而来,因此每年也有大量的台湾香客回乡拜谒。

五、开漳圣王

开漳圣王,原名陈元光,字延炬,号龙湖,又称"陈圣公"、"圣王公",光州固始人(今属河南),生于唐显庆二年(657年)二月十五日,卒于唐景云二年(711年),作为漳州的地方神被崇拜。清同治十年《福建通志》称:"(唐)中宗嗣圣三年(686年),(陈元光)疏言:'周官七闽,宜增为八,请建一州,泉、潮间。'"陈获旨得准开建漳州漳浦郡,并受命掌岭南行军总管、世守漳州刺史。在任20余年,勤于吏治,政绩卓著,对开发漳州有"筚路蓝缕,以启山林"之功,逝后百姓立庙奉祀,称为开漳圣王。唐王朝追封他为颍川侯,建威惠庙,后代历朝又累加封号,有"临漳侯"、"辅国将军"、"灵著顺应昭烈广济王"、"昭列侯"等。据说和开漳圣王同时开创漳州的尚有四大部将,即辅顺将军、辅义将军、辅显将军与辅信将军,威惠庙内通常都配祀这四位将军。

威惠庙遍布闽南各地。但是,信奉陈元光的主要区域是漳州沿海各县,几乎每个村庄都有威惠王庙,其中最盛行的地区要数云霄、漳浦二县。当地人信奉开漳圣王当属于开基祖崇拜。元明以后,漳州移民来到台湾,开漳圣王随之移居台湾,职掌起漳州移民的事务来。现台湾有100多所庙宇奉祀开漳圣王,其中淡水惠济宫、桃园景福宫、台北内湖碧山岩顶的开漳圣王庙和台中市北屯四张犁的开漳圣王庙,都香火旺盛,信徒众多。

漳州本地民众对开漳圣王的奉祀从未中断过,而在台湾省内,凡是闽南漳州人士集中居住的地方也都供奉着开漳圣王。每年二月十五日,即开漳圣王神诞之日,漳州籍民众都要到庙中祭祀或举行神诞道。届时,开漳圣王庙里锣鼓喧天,鞭炮震耳,香烟弥漫,热闹非凡。祭祀期间,信男信女都要沐浴吃素。一些饮食店、屠宰场或主动歇业,或不卖荤菜,以表示对开漳圣王的虔敬之心。

六、清水祖师

清水祖师,本名陈应,宋代福建永春人,生于宋仁宗景祐四年(1037年后),圆寂于建中靖国元年(1101年),其主要职能是祈雨,还有治病、驱蝗和防御盗贼等。福建现存最早的有关清水祖师的文献资料是宋政和三年(1113年)十二月邑令陈浩然撰写的《清水祖师本传》,本传中记载清水祖师幼年出家为僧,取法号普足,先修行于大云院,后拜谒大静山明禅师学道。因在麻章行医,被称作"麻章上人"。宋神宗元丰六年,清溪(福建安溪)永春一带大旱,乡人请他去祈雨,立刻甘霖普降,因此被尊称为"清水祖师"。后到安溪清水岩自建道场修炼,修桥筑路,施医施药,治病有神效而不取报酬,深受群众爱戴。

清水祖师圆寂后,乡人立庙,每逢有病疫、亢旱,乡民都迎请清水祖师神像驱疫祈雨,据说无不灵验。南宋时,清水祖师先后四次得到朝廷的敕封,封号最长的为"昭应广惠慈济善利大师"。信仰迅速从安溪扩散到八闽大地,奉祀的神庙如雨后春笋般在各地修建起来。明末安溪人大批迁往台湾,据《台湾通志》记载,有年代可考的台湾最早的清水祖师庙建于南明永历年间,共有2座,一座是台湾台南楠梓区的清福寺,另一座是樟化县祖师庙。台湾省现共有36座清水祖师庙,其中三峡清水祖师庙,规模最宏大,而安溪清水岩是台湾清水祖师庙的祖庙。

在安溪县,清水祖师信仰还形成了颇具特色的迎春绕境习俗,此俗早在宋代就粗具规模,经元明清民国,一直延续至今。在迎春绕境的三天里,要举行许多隆重而繁琐的祭祀仪式,仪仗也很庞大,规矩严格。这个风俗也被带到了台湾,日本占领时期曾禁止这项风俗,现在更加盛大了。

七、城隍

闽台民间称城隍神为城隍爷或城隍老爷。福建的泉、漳两府在宋代嘉祐二年(1057年)和宋元祐年间(1086—1094年)已建有城隍庙,一些县先后在宋或明、清建庙。明清时期,福建的城隍信仰已很普遍。台湾的城隍庙始建于郑成功时期,为加强封建政权的威慑力,清政府极为崇奉城隍神,在府治及各县遍设城隍庙宇,以供奉祀。一般城隍庙都是官设的,但台湾却有奉祀移民从祖籍地带来的城隍神的庙宇,最有代表性的是迪化霞海城隍庙。其祖庙即过去福建同安下店乡的霞海城隍庙。这位城隍在福建守护着同安的乡民,在台湾是同安等地闽南籍移民的保护神。该城隍的信徒众多。每年农历五月十三日迪化霞海城隍祭日前后,这里热闹非凡,不但台北附近乡镇的人都来参拜,甚至有远自中南部而来的,总人数约在几十万之多。在祭典这天,要抬着城隍爷的神舆,在台北市街绕境,还有很多从神随行,信徒的行列有几万人之多,十几团乐队伴奏。并且有几十队舞狮随行表演,沿途两侧的人家,都供牲醴烧香烧金,鸣放鞭炮祭拜。

八、土地公

土地公也被称为福德正神,俗称社公、伯公、福德爷,简称土地。对土地公神的信仰和祀拜,是古代农业社会人们敬天敬地思想的发展.并成为历朝历代沿袭的一种信仰、祭祀习俗。台湾与闽南一样,流行着"田头田尾土地公"的俗语,说明土地公祠遍及乡村田野,分布极为广泛。有极大的,气派堂皇不输一般的庙宇,也有极小的,小到只用四片石板,三片当墙,一片当顶,也可作为土地庙。至于贫陋乡村,土地公没屋住,也无塑像,民众仅在一颗大树底下摆上石头供奉土地公。闽台之间关于土地公的民间传说,也极为类似。两地都传说土地公一心让天下人都富足,而土地婆则自私,要富者更富,穷者更穷,土地公就赐给穷人番薯芋头抵半年粮。因此闽台大多只供养土地公,晋江风俗每年中秋都要蒸煮番薯和芋头供奉土地公。台湾民间的土地公信仰主要是从福建传进的。福建移民到达台湾后,为求合境平安、五谷丰登,便把祖籍地的土地神请到台湾,建造了规模不一的土地公庙。如台北的树林地区,其土地公就来自福建南安、同安、龙溪、南靖、平和等地。

九、王爷

王爷是闽台民间对瘟神的俗称,又称千岁、千岁爷、代天巡狩、王爷公、大人、王公、瘟王,或冠以姓氏号称某府千岁。民间信奉为除灾驱害之神,如疫灾、水灾等多祭祀王爷,求其保佑。王爷身份复杂,历史上曾赋予其众多的身份,甚至有人认为郑成功、郑经及郑克塽祖孙三人也是王爷的化身。据统计,在台湾王爷被赋予了20多种姓氏,其中以朱、池、李三姓王爷最多,寺庙里往往将数尊王爷合祀,所以有二王爷庙、三王爷庙及五王爷庙等等。

明清时期,福建特别是闽南一带的瘟神信仰十分普遍,主要分布在沿海地区。当时,泉州不同规模的王爷庙不下数百座,如泉州富美官、灵溪殿、晋江深沪的镇海官、东石的镇江宫、青阳的五府千岁，石狮斗美宫、碧云宫，惠安丰山宫、灵安宫、六王府、三王府，南安西林宫、三王府，安溪大人庙等。其中泉州富美宫最为著名，被称为王爷庙的总部。台湾的王爷崇拜极为普遍，全台有800余座王爷庙，这些庙宇的建筑与雕塑保持着泉州、漳州等地王爷庙的建筑风格。台湾的王爷崇拜主要通过两条途径传入。一条是闽籍移民带进。台湾开发之初，瘴疫时起，医疗条件极差.人们对瘟疫异常恐惧，因此福建移民纷纷将王爷带往台湾祀拜。如台南县南鲲鯓代天府建于明永历十六年（1662年），庙中供祀五府千岁，即大王李府、二王池府、三王吴府、四王朱府、五王范府，香火即为追随郑成功入台的泉州人所传。王爷传入台湾的另一条途径是，建庙祭拜由福建沿海漂来的王船。古时，福建沿海"放王船"风俗盛行。当瘟疫流行时，当地的人为了祈安求福，便把乘载王爷的王船送到大海，希望疫病被王船一并带走。一些王船，漂到台湾，台湾百姓接到大陆漂过来的王船之后，便在那个地方捐款盖庙，台湾的王爷庙也就一座座地出现了。漂来的王船大都存放于庙内或庙旁，或为祭祀的对象，或另造小模型，供奉在神桌上膜拜。如嘉义县朴子镇镇安宫和东石港的福隆宫奉祀的王爷都是由泉州富美宫漂来的王船送达的；有的王爷庙还奉祀多艘王船所载来的神像，如台湾苗栗县后龙镇合兴宫就供奉着三艘王船送来的神像。

　　闽台各地依旧保留有"王爷出巡"和"放王船"两大风俗。王爷庙里有辇轿。依照民间的说法，王爷能守境，掌管祸福吉凶，深知人心，神通广大，威力无边，解厄化祸，驱邪治病，最有灵验。为驱邪治病解灾，王爷每年一次坐着辇轿巡视他的辖境，并放出五营神将，以守据边境。王船多半由福建沿海一带放出，通常置三尊王爷神像于船上，并在各神像上写上王爷名字，船上载有一切日常用具、粮食和白羊一只，放行海上任其漂流沉没，寓意瘟疫葬身大海，即可保健康平安。有些地方则是将纸船抬到河边，众人一拥而上，刀劈斧砍,然後焚化,象徵瘟疫葬身火海。每年在泉州舉行"送船"活動時,沿途敲鑼打鼓,人們燒香叩頭,熱鬧非凡,但嚴禁小孩觀看,怕魂魄被王爺帶上船。

第二節　閩台民間禁忌

　　禁忌,即"忌諱",在民俗學中也稱為"塔布"(caboo 或 tabu 的譯音)。簡單地說,心理上以為忌諱的和言行上規定為不能說和不能做的便是禁忌。完整地表述就應該是:由對不潔事物的憎惡和對危險事物的畏憚以及對於神聖事物的崇敬所產生的禁制便是所謂禁忌。人們相信,觸犯和接觸到任何一條宗教規則和社會慣例中的禁忌,都將遭到不同形式和程度的自然、社會及自身的懲罰。禁忌產生於原始民族由於知識的貧乏而對於一種超自然力的崇信。在古代的社會生活中占有很重要的位置,每一個人都要受到各種禁忌的約束。《禮記·曲禮》說:"入竟(境)而問禁,入國而問俗,入門而問諱。"《周禮·地官·誦訓》也說:"掌道方慝,以詔辟忌,以知地俗。"可見曉知禁忌的重要。用現代科學的眼光來看,民間禁忌大多是荒誕的、迷信的、迂腐不堪的,是建立在錯誤觀念上的,給人們的生活帶來了很多負面影響,甚至是嚴重危害。不過許多禁忌反映了古代社會人們的生活狀態。比如,夏至的五月,是最為旱熱的月份,而天氣旱熱,則暑疫蔓延,因此古人對含有夏至的五月是很畏懼的,在這個月中忌諱也是最多的,如商人忌出行、官員忌上任等。閩台兩地還將五月稱為"惡月"。有些禁忌雖然缺乏科學依據,但是對穩定社會秩序、維護婚姻制度、保障人的生命財產安全起到了一定作用。如我國古代"同姓不能通婚"、"叔嫂不通問"、"男女授受不親"等禁忌,對防範親屬亂倫,維護婚姻制度,就起到了一定作用。

　　禁忌就其性質可分為宗教信仰的和社會習慣的兩類,而就其规定的形式而言则可分为法律的、礼仪的和土俗的。当然它们彼此之间也有相交叉的。源于宗教信仰的禁忌,产生得很早,是先民出于对大自然的敬畏而自发地遵从的。所以,这种禁忌可以称为蒙昧型的禁忌。源于社会习惯的禁忌,产生得较晚,是古人受生活经验及心理等因素的影响所自觉地恪守的。所以,这种禁忌也可以称之为理性型的禁忌。

闽台民间神祇众多,出于对不同神的敬畏便产生了不同的禁忌,有的流传到现在,成为约定俗成的民间风俗。

一、生产禁忌

闽台民间男尊女卑的思想比较严重。女子多半在家从事家务和务农。男子大多经商或从事渔业。

渔民出海打鱼,以前风险很大,故禁忌特别多。渔家世俗有吃鱼怕"翻"的忌讳。吃盘中之鱼从不将鱼整条翻转。因为他们常在海中捕鱼,最担心的就是翻船,由此忌"翻"。渔民忌将碗筷丢下海中,因为随手将饭碗丢进海中,意味着看不起渔家及他们所从事的职业;渔民在海上行船或作业,遇到漂流尸体,禁忌不予理睬,而要把尸体打捞上岸埋葬,如捕鱼时捞到人或动物骨头,禁忌丢回大海,而要拾上岸放在"万福宫"中;渔船上的渔民如家中有人生育孩子,下海时要在神像前烧"金"和"香",而家中有丧事的人上船须烧"金"、"香"、"烛";妇女上船时不能从船头坎走过。

女子从事家务也有禁忌。女子洗衣,男女衣服不可混置一桶。后来又有男衣在上、女衣置下的做法,取"龙在上,凤在下"之意;洗衣物时忌讳有人从衣服上跨过,否则认为穿此衣者日后要倒霉。闽南一些地方,妇女做鞋、袜之类针线活,必须在一天内完成,否则认为穿此鞋、袜者日后不能走远路。

二、日常禁忌

闽台鬼神众多,信者虔诚。触犯神佛是最禁忌的,如忌讳用手指神像和佛像。小孩若有类似现象发生,要受到家长的训斥,还要烧香磕头谢罪。

古代"民以食为天",闽台民间禁忌浪费粮食,俗语有"糟蹋粮食遭雷打"。民间认为若小孩吃饭不吃净,长大后会娶到"猫某"(麻脸妻)或嫁给"猫尪"(麻脸丈夫)。小孩也有很多东西是不能吃的。如认为吃孵过小鸡的老母鸡肉,皮肤会变粗糙,会常生病,变得愚钝不聪明;吃了鸡爪,手会颤抖,拿不住笔,影响学业。女孩子吃饭时忌照镜子,以为吃饭时照镜子,长大会嫁两次人,或以为讲话会口吃。女孩吃饭中途忌换座位,否则便被认为不能"从一而终"。此外,还有忌吃单只鸡翅或鸡脚的,认为会造成夫妻口角,甚至劳燕纷飞。台湾民间丧礼中有摆"脚尾饭"的礼俗,即在葬仪中要以碗盛饭,然后将筷子插在饭上,置放在死者的脚边。因此,平时吃饭时,禁忌将筷子插在饭上,否则会给人一种不祥之感,在待客时切不可有此错误动作。冬令进补时,食鸡、鸭、羊或人参后,短时间内忌吃菜,尤忌吃萝卜、白菜和喝茶,认为这些凉性食品及饮料会克掉温性的补品。

家中饲养的猫狗死了,忌乱埋,而要"死猫挂树头,死狗顺水流"。在台北、高雄等地,人们对狗、猫死了不能说"死"而只能说狗生了,猫生了等等。假如狗、猫真的生了。又只能说是"出世"了。

闽台民间对于数字没有特别的喜好,都视具体情况而定。一般以偶数为最好,但奇数也有视为吉祥数字的。被视为忌讳数字的是三、七、九,如忌正月初三,忌摆三盘菜,民间白事做"头七",老人怕逢"九",但并不那么绝对。

三、节日禁忌

春节是中国人最重要的节日,闽台两地节日气氛也与全国相同,十分热闹。节日期间也有很多禁忌。

除夕夜不能熄灯,要点至天明,表示人间生命的延续。灯火熄灭,是有厄运的征兆,所以一般人家都点好几盏油灯。现在闽台两地人民都时兴在门庭、阳台挂大红灯笼,整夜通明,给人以吉祥安乐之感。为防意外停电,家中大多都备有蜡烛。年夜饭不能吃完,要留一部分到来年,以表示"年年有余"。

大年初一是不能劳作的,否则这一年会被认为是劳碌的一年。农民不上山打柴、下地干活;主妇不洗衣做饭,年糕和茶要在前一晚上切好泡好;商人不开业,台湾旧俗初一至初五,商店要休市。甚至闽台有些地方,春节三天都不能扫地,要用手捡垃圾,堆在一个角落,也不能丢出去,否则就会认为把"福"和"财"丢掉了。初一这一天不能使用剪刀和针,忌操刀,不杀生。传说初一杀的动物难以投胎再生,所以忌操刀杀生便有行善积德之意,因此,凡初一吃的鸡鸭鱼等都要在除夕夜前杀好,切好。大年初一的饮食也很有讲究,不能吃稀饭,否则就会被认为整年都要生病拉肚子,或外出旅行会遇上大雨。

初二是闽台两地妻子回娘家的日子,又称"女婿日"。丈夫陪妻子回娘家,在台湾、闽南一带称为"作客"、"返外家"。

台湾民俗将五月称为"恶月",禁忌颇多。如忌盖房子、忌婚嫁、忌生育、忌露天而眠。五月初五为"五毒日",妇女忌解发入睡(民间称此是为了防止睡时被鬼捉走)。端午节时,台湾民间忌送粽子。因为居丧人家一般是不包粽子的。若以粽子送人,会使对方被误认为是丧家。

台湾习俗称七月为"鬼月",谓七月夜间是鬼神的天下,其常夜出地府至阳间游走,夜间若外出有与鬼神相遇的危险,所以七月禁忌迟归或夜出。

四、婚姻禁忌

　　婚姻乃人生之大事,过去闽台地区宗族势力十分强大,因此这不仅是个人的事情,更是宗族的大事,忌讳甚多。首先是夫妇不能同姓,仇姓和相差三、六岁等。同姓不婚旨在防止血缘太近,影响后代。古代有"男女同姓,其生不繁"的说法,有一定的科学根据。仇姓不婚的起因在防止宗族械斗时有人"通敌"、"资敌"。夫妇年龄相差三岁和六岁向被称为犯偏冲和正冲,起因可能与所谓"一箭伤人则三岁残,二箭伤人则六岁亡"的说法有关,久沿成习。

　　闽台民间在婚俗上也是有许多禁忌的,如订婚这天,女方忌讳不回礼,要把聘礼中猪肉的带骨部分返还给男方,俗语说:"食你的肉,无啃你的骨。"忌新娘食用男方送来的喜饼,否则,会被认为有可能招致不祥。订婚完毕后,男方打道回府,女方送至门口,不可说"再见"、"搁再来(再来)"等语,以为是再婚之兆。新婚前夜,新郎禁忌独眠,民俗称"睏空铺,不死也脱一层皮"。所以新婚前夜,新郎要与小男孩同睡一晚,讨个吉利。婚嫁宜择双日,取好事成双之意。在赠送结婚礼物时东西要成双成对。礼盒也要双数。媒人到男方或女方家送礼,也不宜一人独去,而是 6 个人、8 个人或 12 个人一起坐车去。礼盒的红纸不能封住,因为一撕开就不吉利了。婚礼过后不能补送,否则会意味着丈夫或妻子会死去,还得再婚。婚礼中禁忌打破东西。如无意中打破了东西,要说几句吉利的话来冲掉,如说"碎了碎了枯枯,明年定生阿哥"等等。新娘礼服忌有口袋,以免带走娘家的福气;礼服忌用两块布缝接,以防止夫妻不到头而再婚;喜宴上,新娘子忌食葱及鸭,应由"福命妇"喂食,并边喂边说些吉祥的话,如"吃肉丸,生子生孙中状元"、"食猪肚,夫婿大进步"等。

五、生育禁忌

闽台旧俗中,怀孕的女人往往被认为是不洁的,身上带有煞气,因此很多大事都不能参与甚至观看。如不能参加婚礼葬礼,不能观看建灶、打井、上梁等,不能参加各种祭祀和典礼,甚至不能进庙宇。

闽台民众认为孕妇与孕妇之间也有可能相冲,因此忌讳两个孕妇在一起。两个孕妇不能互相接触,不能同坐一张长椅,同睡一张大床,这是害怕由于冲喜对一方或双方造成危害,还担心会与对方"换胎",好换差,男换女。

由于担心孩子今后的健康,孕妇在饮食上也有很多禁忌。孕妇忌吃兔肉,这是担心胎儿长兔唇(三瓣嘴);忌吃狗肉,以免将来孩子爱咬人,吃奶时爱咬奶头;忌吃牛肉,以防难产;忌吃螃蟹,以免胎儿横生难产或所生小孩横行不法;忌吃生姜,因为其形状像"多指",担心所生婴儿有六指。

妇女生育以前,房内的家具器物都不能移动,更不可在房里钉钉子,床铺也不得动换位置,这些是因为怕惊动床母胎神,影响分娩安全。

妇女怀孕时在行动上也有很多限制。孕妇不得跨过绳子或秤,以免危险;不能用手触摸棺材,怕胎儿被鬼神勾走;不能用绳子捆东西,因为绳子是捆绑犯人的,是不吉祥的预兆;不能动用剪刀,怕胎儿手指弯曲;不能看布袋戏、皮影戏,怕胎儿骨头发软。当孕妇生产以后,胎盘脐带要装进瓦罐里,包扎密封,放在床下四个月,然后再埋进土中,否则就被认为是不祥之兆。

六、丧葬禁忌

为了表示对死者的尊重和对鬼神的敬畏,居丧期间忌谈笑宴饮。父母死了不能刮胡子,在守丧期间不能化妆,不能穿皮鞋,不能吃肉、鱼,三年之内夫妻不能同房等。如有人在外地死亡,尸体不能运回家。如果夫妻情深,要运回家里,须由妻子端一杯茶水在家门前,跪在尸体旁边请他喝掉.表示亲人并没有死。如果妻子年纪大了,这个任务就由大媳妇代行。闽籍客家人丈夫死了,入殓盖棺时,妻子要拿一条新裤子盖在上面,当棺盖要合上时,迅速把裤子拖出来。因为客家话的"裤"与"富"同音,把财富(裤)拖留下来,是吉利的事。台湾的丧葬习俗禁忌还有在哭丧时泪水不能洒在死者身上;守灵时禁忌猫狗靠近尸体;入葬时忌逢"重葬日";神位及墓碑题字忌"病"、"死"、"苦"三字。

七、送礼禁忌

闽台人士都很讲究礼尚往来,但有几样东西送不得。

禁以手巾、粽子和甜粿赠人。这项禁忌与丧事有关。闽台民间丧家在办完丧事后送毛巾给吊丧者,用意在于让吊丧者与死者断绝来往。所以,有"送巾,断根"之说,因此,在一般情况下,若赠人手巾,即不禁令人想起不吉利的丧事与断绝、永别之意。甜粿即年糕,是闽台民间过年祭拜神明祖宗时的必备之物,但丧家守孝时严禁蒸食。闽台民间丧家习惯上既不蒸甜粿,也不蒸粽子。因此,如以此二物赠人,会使受赠者联想到家里发生了丧事。自然要忌讳。

闽南话"伞"与"散"同音,"钟"与"终"同音,因此雨伞和钟也是禁止送人的。若拿伞来赠人,犹表送"散"给对方之意,而且闽南话"雨"与"互"同意。"雨伞"与"互散"同音,难免会引起对方误解。送钟会使人想到"送终",易引起友人的反感,这个风俗不仅闽台有,全国皆然。

日常生活用品方面,扇子、剪刀和镜子也是不能送人的。扇子价廉易碎,用于夏季扇凉,一到秋深天凉,即有"秋扇见捐",意即太绝情,用完后就被甩掉,狠心抛弃。闽台民间有俗语:"送扇,无期见。"恋爱的青年男女赠送扇子表示快冷的意思,说明心不诚。剪刀则属伤人的利器,其含有"一刀两断"、"一剪两断"的意思。赠剪刀会使人有不怀好意之感。镜子不能送人是因为容易打碎,"破镜难圆"。还会被误解嫌人丑陋,让人家照镜子好好看看自己。

食物方面,禁以鸭子赠人作"月肉"。"月肉"是指分娩一个月以内的妇女吃的肉。她们吃的"月肉"通常是是猪腰仔、猪肝等"热性"食物。鸭子属"冷性"(不过,加了麻油的麻油鸭被视为热性的),她们不宜吃用。并且闽台有"死鸭硬嘴闭"、"七月半鸭仔,不知死期"等俗语,若以鸭子作为贺喜礼物,会使人联想到不祥的兆头。也有说菜鸭母每每发出"败、败、败"之声,给人不吉利之感,故忌之。

闽台两地,言语共通,信仰相同,禁忌也基本一致,涉及生产、生活各个方面。有些反映了古代男尊女卑的思想,有些反映了中国古代闽台地区人们的生活,有些也有一定的科学依据。糟粕与精华并存,对现代闽台两地人民的生活有着非常深刻的影响。

第六章　闽台文学

第一节　闽台文学渊源

众所周知,闽台一水之隔,地缘、血缘、语缘、习俗相近,自唐朝开始,福建就有人移居台湾;宋代,闽南人开始移居和开发澎湖,逐渐形成村落。明朝开始,在台湾本岛已经出现汉人的村庄,明末清初,福建向台湾的移民开始大量增多,逐渐形成台湾居民主体,现在有 80％以上的台湾人祖籍福建。"相随汉族移民而进入台岛的中原文化,作为生存方式和精神方式的总和,自然地、历史地成为台湾地区社会生活和文学发展的基因。"①在相同母语基础上生成的台湾文学,不可避免地打上了原住地福建的烙印,因此闽台两地常常被划分为同一个文化区域,在文学艺术上也有很深的渊源关系。

现在学界一般认为,闽台文学的初步交融是在郑成功入台时期。1662 年,郑成功收复台湾,写下在台湾文学史上有重要意义

---

① 引自杨匡汉:《唐山流寓话巢痕》,广东省社会科学院文学研究所《台湾香港澳门暨海外华文文学论文选》,海峡文艺出版社 1993 年版,第 77 页。

的诗歌《复台——即东都》:"开辟荆榛逐荷夷,十年始克复先基。田横尚有三千客,茹苦间关不忍离。"文中用田横的例子来表明宁死不肯降敌的"遗民"气节,对台湾传统诗文的影响一直持续到抗战时期,足有数百年之久。跟随郑成功入台的泉籍前明遗臣王忠孝(惠安人)、卢若腾(金门人)、沈佺期(南安人)和江南籍的徐孚远、张煌言、曹从龙、陈士京等人也都是诗词大家。卢、沈、徐、张、曹、陈原是大陆几社成员,入台后称"海外几社六子"。他们日常吟咏往往是讴歌开发"一重苦雾一重瘴,人在腥风蜃雨中"①的台湾岛和"于此开天荒,标立东都名"②的行政建制。他们都有诗集传世,对台湾刚刚萌芽的诗风起着很大的促进作用。这是福建文人入台的较早记录。

　　清朝统治之初,大陆渡台的人数不断增长,政府不仅加强对我国东南海防的建设,而且继续对台湾的开发,对当地的政治、经济、文化的发展起着推进的作用。由于闽、粤,特别是闽泉、漳的诗人文士更多地入台,大大促进了当地文运的蓬勃发展,一时"游宦贤寓,簪缨毕集"③。各种诗社纷纷蔚起,诗风之盛甚至不亚母文化发源之大陆。

　　从清代康熙年开始,一批又一批大陆作家游历到了台湾。出于对台湾风物的好奇和关爱,也由于"入境问俗"、"下车观风"一类古训的驱动和影响,大陆游台作家几乎都写有采风问俗的作品。清代乾隆年起,在大陆去台作家的带动下,台湾本地作家先后响应,台湾文坛刮起一股采风问俗之风,在咸、同至光绪初年(1851—

---

　　① 丘逢甲:《台湾竹枝词》,福建社会科学院文学所编《复台诗选》,1982年,第92页。

　　② 卢若腾:《东都行》,福建科学院文学所编《复台诗选》,1982年,第78页。

　　③ 转引自林仁川:《大陆与台湾的历史渊源》第6章第3节,文汇出版社1991年版。

1885年)盛极一时。福州去台诗人刘家谋《海音诗》(1851年)显示了清代台湾采风创作的最佳状态和最高水准。

福建侯官人陈衍(字叔伊,号石遗老人)是近代重要诗派"同光派"闽派诗人领袖,其诗重在学习王安石、杨万里的曲折用笔,骨力清健;其浩繁的《石遗室诗话》力主"三元说",对中国近代旧诗坛产生过广泛的影响。1886年陈衍游幕到台,使得"同光派"的势力及影响播迁及于台湾,并使台湾也成为"同光派"的发源地之一。

台湾文学大约在19世纪中叶开始,兴起"击钵吟"(诗钟)创作。"击钵吟"的出现是由福建诗钟的传入引起的,台湾诗钟的始作俑者多为闽籍诗人。诗钟在台湾文坛风行了近百年,对台湾文学史产生了深远的影响。

第二节　创作题材交融

人们往往把闽台划分为一个文化区域,这在文学创作上也可以找到一定的佐证。闽台文学在其特定的自然环境和历史条件下,其涉及的题材具有较强的区域色彩。古代,闽台远离政治文化中心,交通闭塞,北方动荡,闽台反倒相对平静,其作为北方动乱的大后方,造就了文学上的遗民心结和隐逸派文人。如宋末元初的谢翱、郑思肖、熊禾、黄公绍,明末清初的沈光文、徐孚远、陈永华,他们隐居不仕新朝,写作了大量山水诗。擅长写作山水诗,也是闽台文人的一大特色。闽台自古以来也涌现了不少著名的反抗侵略,保家卫国的文人。早在宋元时期,福建就出现了李纲、张元幹、邓肃、刘克庄等人慷慨激昂、壮烈磅礴的抗金抗元诗文。明清时期,闽台大后方的格局逐渐发生了变化,倭寇频犯,清军南下,荷夷据台。在这动荡战乱之秋,俞大猷、黄道周、郑成功、卢若腾等人写下不少气势雄伟、感情豪迈的诗文。近代,闽台成为列强侵略的主要目标之一,在民族危亡的关键时刻,林则徐、张际亮、谢章铤、林昌彝、丘逢甲、连横、施士洁等闽台作家用手中之笔,奋力揭露鞭挞殖民者的丑恶面目和侵略野心,表现了一代中华儿女的爱国激情,昭示了闽台文人共同的民族气节。

如林则徐在其一首词中,揭露了英帝国主义用鸦片毒害中国人民,给中国人民带来深重的灾难,人民一旦吸上鸦片就不事生产,抽上一丸鸦片就要糜费万缗钱的危害:"……最堪怜,是一丸泥,捐万缗钱。"后来林则徐虽被远谪伊犁,但他无时不思念驱除英国侵略者。如《次韵答陈子茂(德培)》诗:"小丑跳梁谁殄灭,中原揽辔望澄清。关山万里残宵梦,犹听江东战鼓声。"张际亮的《洋药税》则揭露了清廷官吏不仅不杜绝鸦片进口,反而设关权利,而坐关之吏则"半公税,半私抽",造成关吏贪污、官府府库亏空,百姓赤贫的社会现实。

林昌彝对帝国主义者更是深恶痛绝,《杞忧》一诗写道:"海涸山枯事可悲,忧来常抱杞人思。嗜痂到处营蝇蚋,下酒何人啖鲑鲮。但使苍天生有眼,终教白鬼死无皮。弯弓我慕西门豹,射汝河氛救万蚩。"诗中表示亡国已非杞人忧天。他把侵略者比作蝇蚋,最后希望能够驱除侵略者,拯救百姓于水深火热之中。他还将所居的楼取名为"射鹰楼","鹰"与"英"谐音,以示誓灭英帝国侵略者之志。为此他还写了《猎归图》一诗,以射鹰射狼,表示决心驱除侵略者。

近代台湾作家在台湾沦陷后,除了身体力行积极抗争外,也运用手中之笔鞭挞揭露帝国主义的野心和丑行,对当局的无能表示愤慨。如丘逢甲在《离台诗》中写道:"宰相有权能割地,孤臣无力可回天。扁舟去作鸱夷子,回首河山意黯然。"诗歌痛斥李鸿章的卖国丑行,感叹抗战的失利、台湾的沦陷、民族的劫难,充满深沉的悲伤和无奈。在《马关条约》签订整整一周年的那天,诗人又悲愤地下这首题为《情愁》的绝句:"春愁难遣强看山,往事惊心泪欲潜。四百万人同一哭,去年今日割台湾。"春天的到来并没有让诗人感到欢欣。相反,他的心情更加沉重。

长期活跃在台湾诗坛上的施士洁,也为痛失台湾大声疾呼,表达对故土的深情怀念,同时也不忘收复台湾,报仇雪恨。《别台作》是他离开台湾后写的一组有代表性的爱国诗歌,其中的第三首写道:"百雉高城赤堞西,鹧鸪啼罢子规啼。楼前人去如黄鹤,夜斗军来尽水犀。鬼已无头怨罗刹,僧犹有发愧阇黎。逐臣不死悬双眼,再见英雄缚草鸡。"

台湾著名文学家连横的许多诗作也反对日本对台湾的侵略和统治,表现了抗日的爱国思想。如他在日本占领台湾后所创作的《台南》一诗,表达了诗人不忘故土祖先,不忘祖国山川和民族历史的真情实感。"文物台南是我乡,归来何必问行藏。奇愁缱绻萦江柳,古泪滂沱哭海桑。卅载兄弟犹异宅,一家儿女各他方。夜深细共荆妻语,青山青史未能忘。"

闽台作家在面临国家危亡时写作的诗作不约而同地借用一些中华民族历史上的典故和人物来表达爱国情操和民族气节,反映了源于统一文化母体的闽台作家的对统一的文化和国土的双重体认。

中华人民共和国成立后,台湾与祖国大陆分离迄今已经有数十年,海峡两岸的诗人都纷纷吟诗作赋,寄托相思之情和表达渴望统一的心声。从不少台湾诗作中,可以看到台湾人民怀念故土和渴望统一的声音。诗人抒发"云物乡心何处是,一衣带水共潮生"(张世昌)①的同根同源的追忆。游子怀乡,本于性情,"最是孤媚思子小,暮门望断水边云"(张福生)②,"无奈归帆迟不发,枉教游

---

①　参阅崇武诗社所编《海韵》第 2 期。
②　参阅崇武诗社所编《海韵》第 2 期。

子泪沾襟"(詹澄清)①,"客中佳节多乡思","西望神州又一年"(汪兆钦)②,"家山梦断卅年更,多少流离骨肉情"(蒋孟梁)③,这些催人泪下的诗句,抒发出台湾人民饱受分离之苦和日夜思归的迫切心情。他们指出"两岸皆同胞,寸心想互依"(张山东)④,强烈地寄望于"两岸深期欣携手"(汪兆钦)⑤,以及"但期海上成功宴,万里江山酒百巡"(张福星)⑥,要举杯庆祝两岸团圆日子的降临。并希冀国共以大局为重再次合作,"同心协奏埙篪曲,方是炎黄好子儿"(陈佳玲)⑦,道出了大陆和台湾不可分离的殷殷兄弟情怀,等待着"破梦相思入海门"(张福星)⑧,把梦境化为现实。福建作家抒发骨肉分离,思念海峡对岸的亲人,渴望祖国早日统一情感的作品更是不胜枚举。

第三节　闽台诗钟竞咏

就像唐诗、宋词、元曲各领风骚了中国文学史的一个朝代,诗钟在台湾文学史上也曾发生过深刻的影响。福建文学对台湾文学的影响,也由此可见一斑。

诗钟的创作是一种具有竞技性质的集体活动,活动中又有关于时、体、题、韵的严格规定和各种颇具趣味性和刺激性的项目,限时咏作,分等奖励。"昔贤作此,社规甚严。拈题时缀线于缕,系香

---

① 参阅崇武诗社所编《海韵》第 7 期。
② 参阅崇武诗社所编《海韵》第 4 期。
③ 参阅崇武诗社所编《海韵》第 8 期。
④ 参阅崇武诗社所编《海韵》第 6 期。
⑤ 参阅崇武诗社所编《海韵》第 8 期。
⑥ 参阅崇武诗社所编《海韵》第 13 期。
⑦ 参阅崇武诗社所编《海韵》第 18 期。
⑧ 参阅崇武诗社所编《海韵》第 2 期。

寸许,承以铜盘,香焚缕断,钱落铜盘,其声铿然,以为构思之限,故名诗钟,即'刻烛击钵'之遗意也。"①诗钟有笼纱、嵌珠二格,嵌珠即折枝之异名,但当时人们往往不称嵌珠,而更经常使用折枝之名称。

据陈海瀛《希微室折枝诗话·折枝起源第一》考证,早在清代嘉庆年间(1796—1820),闽籍爱国英雄林则徐就写有折枝诗句。到了道光年间(1821—1850年),福州人已在当地和北京等地组织诗社,开始定期有组织地进行折枝吟活动。总之,据目前所知,折枝始于清嘉庆年间,道光以降乃盛行。福州为诗钟发源地,被称为"诗钟国"。

闽派诗钟在唐景崧入台前就传入台湾,1887年4月,唐景崧莅台就任兵备道,曾设诗会。唐景崧是位诗钟迷,赴台前在北京就曾与许多闽人诗酒酬酢,而诗钟之聚尤繁。到台就任后,其组织的诗钟活动规模更大,盛极一时。

闽台诗钟活动大都采取组织诗社、定期集会吟咏的形式。如施士洁《送前韵》"坐中赏雨吟修竹"句表现的就是集体创作的场面。与诗钟的盛行相联系的是诗人结社成风。主要诗社有斐亭吟会、竹梅诗社、荔谱诗社、浪吟诗社、牡丹诗社、海东诗社等。唐景崧在台南、台北先后组织的斐亭吟会和牡丹诗社,其成员中闽人亦占多数,自称"与闽人为亲"。如闽县刘荃(旭初)、王毓菁(贡南)、郑祖庚(星帆)等,侯官郭名昌(宾石)、施沛霖(右生)等,崇安翁昭泰(安宇),安溪林鹤年(氅云),长乐丘树桱(少邻),连江王鸣铿(叙珊),政和宋滋兰(佩之)等。其中不少是诗钟能手,所以唐景崧作《斐亭诗畸·序》赞曰:"闽人雅善诗畸。"据赖鹤洲的《斐亭吟会·牡丹诗社》统计,先后参加斐亭吟会和牡丹诗社的成员共有58人,

---

① 徐珂:《清稗类钞·诗钟之名称及原起》。

其中福建籍最多,为 24 人。

在福建诗人的推动下,台湾的诗社活动更是青出于蓝而胜于蓝,诗社的数量和活动规模比起福建有过之而无不及。据赖子清的《古今台湾诗文社》统计,清代至日据时期台湾诗文社有 300 多个,其中大部分曾从事过诗钟活动。

> 光绪十六年(1890 年),晋江名诗人蔡醒甫在台湾彰化设荔谱吟社,诗钟、律绝并课。吴德功、傅于天、张纲、蔡香邻、张希衮、周维垣诸氏参加,时作诗钟之会,历久不懈。不幸,醒甫以耳顺之年,即归道山,一时碛溪钟声垂绝。后吴澄秋与彰化吴德功,同案同宗,晨夕过从,联吟消遣。由澄秋每日传题,傍晚交卷,风气大开。闻风者拥至,钵声重振。会闽省施文波进士来台,居彰化白沙书院,与德功交好。于是德功、澄秋与鹿港施子芹、蔡毂元、蔡寿石、蔡滋其、彰化廖克稽、周维垣等人,连拟七唱,缮呈文波评选。八人工力悉敌,莫可轩轾,艺林传为佳话。数年之间,南有斐亭吟会,中有荔谱吟社,北有牡丹诗社,先后媲美,南北辉映,风骚普被全省。①

唐景崧辑录的《斐亭诗畸》一书(光绪十九年即 1893 年台北刊本)中共收录诗钟 4000 余联、律诗 200 余首,载有诗钟凡例 9 条。作者共 55 人,其中闽人约占一半,由此亦可见福建文人在台湾诗钟活动中的影响。

闽台诗钟之盛在全国名列前茅,有其多方面的原因。其一,闽台闭塞的自然环境,相对稳定的政治局面,使中原文化原型得以较

---

① 林国平主编:《闽台区域文化研究》,中国社会科学出版社 2000 年版,第 237 页。

完整地保留。其二,福建文人大量进入台湾,把诗钟带到台湾,并成为台湾诗钟发展的主力。其三,日据时期,闽台诗人组织诗社,开展诗钟活动,以抒发亡国之恨。

从整体上看,诗钟这种"击钵催诗"的竞技,过于追求形式、技巧、脱离现实,最终堕入文字游戏的末路,是一种必然的结果。但也不能抹杀诗钟的积极意义,汪毅夫先生曾谈到诗钟在台湾建省初期(1886－1893)时对台湾诗界有如下积极影响:"其一、在台湾近代文学史上开创了诗社活动经常化、常规化的风气;其二、促成台湾各地、各界文学爱好者的联谊;其三、推出一批佳作名篇。"①"日据时期(1895－1945),台湾诗钟(击钵吟)之会促使台湾诗人'养成'和'磨练'汉文学的'趣味'和'表现的功夫',具有抵御异族同化大文化上的反抗意义。"②可见,诗钟在台湾的一定历史时期内,其作用和影响是不可低估的。

第四节　闽台作家往来

早在明末清初,就有福建知名作家到达台湾。如卢若腾,字闲之,福建金门人,曾在明唐王称帝福州时任兵部尚书,后随郑成功入台,同去的还有诗人王忠孝(惠安人)、沈佺期(南安人)等。

清代及近代,福州文化名人中有刘家谋、林琴南、黄笏山、黄宗鼎、黄彦鸿、陈石遗、杨雪沧、周莘仲、郭宾石、郭咸熙、林有庚、王贡南、郑星帆、方雨亭、周松苏等游宦、游幕、游学或者游历到了台湾,而且他们中有人长期寓居台湾,寄籍为台湾人,甚至终老台湾。

刘家谋是福州著名诗人,1849 年 5 月到台任台湾府学训导。

---

① 汪毅夫:《台湾社会与文化》,海峡文艺出版社 1994 年版,第 233 页。
② 汪毅夫:《台湾社会与文化》,海峡文艺出版社 1994 年版,第 233 页。

在台期间创作了大量采风问俗、关心时政和思乡思亲的诗作,其中《海音诗》代表了台湾采风诗作的最高水准。刘家谋在台期间交游甚广,与当时台湾政界、诗坛名人姚莹、张亨甫、徐宗干、陈维英、郭锦襄、陈震曜、韦廷芳、周维新、林树梅、施琼芳等皆有交谊。

福州近代文化名人林琴南1867年赴台省父(其父林国铨当时在台湾经商);1878年10月,林琴南又有"奔耀丧于台阳"之行(耀即林秉耀,林琴南之胞弟)。林琴南两度寓台,居于淡水者都三年有余。林琴南在台期间,与台北诗人林尔嘉及寓台福建籍诗人林鹤年、郭宾石、方雨亭等颇有往来。

甲午战争爆发后,台湾作家纷纷回到祖国大陆,其中大多都回到祖籍地福建。林尔嘉(1875—1951年),字叔臧,台北板桥人。1895年离台内渡归于福建龙溪,1912年在厦门鼓浪屿买山购地,仿台北板桥别墅而建菽庄,并组织菽庄吟社,邀台湾内渡诗人施士洁、汪春源、许南英等入社。

日据时期,祖籍福建晋江西岑(现石狮西岑村)的施士洁是长期活跃在台湾文坛上的一位著名爱国诗人,甲午战争爆发后,他积极参与抵制割让台湾的斗争,年近40还毅然从军,抗争失败后和许多台湾诗人一样来到福建,在闽南一带流亡。施士洁在台湾时参加崇正社、斐亭吟会等文学团体活动,回到福建后又参加了在厦门的由台湾内渡诗人组织的菽庄吟社。1901年施士洁在厦门悼念亡妻,由于国难当头,故园难回,于是触景生情,一种国破家亡之感油然而生,写下《秋居悼亡》12首,下录其一:"小别那知成永诀,况堪吊逝又伤离。鹭门咫尺秋江水,不知天河会有期。"施士洁晚年终老在厦门。除施士洁外,祖籍石狮的旅台诗人还有李古愚、林惠祥、郑衍藩(女)等,他们的诗中都具有浓厚的爱国情操和浓郁的故园情结。

近现代以来,闽台作家来往更加密切。台湾新文学运动的先驱张我军,最早受到祖国文学的熏陶和"五四"的启迪便是在被派往台北新高银行厦门鼓浪屿支行工作的两年间,他说:"自从领略了海的感化和暗示之后,我就不想回到葫芦底的故乡了。"①后来银行关闭,张我军却不甘心回台湾了,便北上来到北平,迈出了构筑他一生成就的关键一步。

祖籍福建永春的台湾著名诗人余光中1948年1月转入厦门大学外文系学习,凭借"一点起码的原文知识,便开始尝试写'新诗'了"。他的诗作和短评竟然在厦门的《星光》和《江声》上发表了,这使他受到莫大的鼓励,从此,他便与新诗结下了不解之缘。到台湾后便立志"要成为一位新诗人"。由此可见在厦门的这段生活对诗人的影响。

又如许南英之子许地山曾在福建文坛大显身手,台湾著名旅美作家於梨华曾在福建就学,闽籍著名学者、作家林语堂晚年定居在台湾,等等。

1949年10月,中华人民共和国成立,国民党统治者退踞台湾,两岸对峙,至今已数十载,同胞往来被人为地阻隔了,但血缘和诗缘是永远割不断的。随着大陆日渐开放,闽台诗人更多地用诗词作为连接两岸血缘关系和沟通情感的纽带。20世纪70年代末,泉属各地市诗人经常在元宵、中秋、重阳等佳节,举行诗会。几年来,诗社纷纷成立,如泉州市鲤城区的刺桐吟社、清源诗社、鲤城诗社、惠安的惠安诗社、螺阳诗社、崇武诗社、东岭诗社、文笔诗社,安溪的凤城诗社、龙津吟社,永春的桃源诗社等,并出版诗刊、诗集。诗作中有大量怀台诗作,寄寓对台胞的怀念,渴望台湾早日回归祖国。

闽南大部分诗社和台湾诗社有密切联系,以诗代简,广缔诗

---

① 张我军:《南游印象记》,《台湾民报》总91—96期,1926年2月至3月出版。

缘,两岸诗友开怀赋诗,联络乡情。如台湾的朴雅吟社、丽泽诗社、岱江诗社、网溪诗社、春人诗社、林园诗社、甲子国际诗人大会等,与闽南的龙江吟社、崇武诗社等,都长年保持着诗词唱和往来。①这不仅是为了弘扬炎黄文化,繁荣两岸文艺,更主要是在于寄托游子思乡念祖,缅怀故人之情,或记叙先辈渡台拓荒创业,描绘台湾风光胜景,反映台湾风俗人情,以增进亲情之交流。"声腔虽异心声洽",大量的作品正是台胞心灵真实的写照和祖国统一的先声,给人们以深沉的感怀和美的享受。

　　1993年11月8日,福建省作家协会就在福州接待了一批来自台湾的"原乡人":以台湾《联合报》副总编、著名诗人痖弦为领队,《联合报》文学副刊主编、著名诗人陈义芝为副领队,由台湾著名作家廖辉英(祖籍安溪)、简媜(祖籍南靖)、侯吉谅(祖籍南安)、王浩威(祖籍平和)、阿盛(祖籍龙溪)等人组成的访问团。11月15日,福建省作家协会和台湾《联合报》文学副刊联合举行了有关海峡两岸文学交流与展望的座谈会,福建、台湾两地作家亲切相聚,推心交谈,气氛显得格外热烈、融洽。

　　1995年5月24日至6月2日,应台湾"中国作家艺术家联盟"邀请,福建省文学出版访问团赴台湾进行为期10天的交流访问。这是祖国大陆文学出版界首次组团赴台访问。该团一行4人,省文联副主席、作家季仲任团长,团员为海峡文艺出版社副社长、副总编林秀平,编辑刘磊和作家杨际岚。

　　2002年8月17日,经福建有关部门邀请,台湾诗人尚明、张默、大荒来福州访问,并应《海峡都市报》的邀请,与福建著名诗人蔡其矫、评论家南帆、著名台湾文学史家刘登翰、诗人伊路就两岸

---

　　① 参阅崇武诗社所编《海韵》;蔡尤资《故乡情翰墨香——台湾来的诗》,载《晋江文史资料》第11辑。

诗歌交流和诗歌生存作了一次深层次的对话,《海峡都市报》作了整版的报道。

2003年9月10日至21日,福建省文联、福建省文化经济交流中心、《台港文学选刊》杂志社、福建省文学艺术对外交流中心、福建省文联理论研究室共同举办了以余光中为主题的2003年"海峡诗会"。"海峡诗会"主要项目有"余光中诗歌研讨会"、"余光中诗文朗诵会"以及"余光中专题讲座"等,活动范围遍及福州、武夷山、泉州、厦门等地。余光中此行引发了福建青年学生和诗歌爱好者的巨大反响,福建各大媒体都作了跟踪报道。近年来,福建社科院台湾研究所、厦门大学台湾研究所和华侨大学、福建师范大学等院校都曾就余光中及其作品发表过研究心得。创办于1984年的《台港文学选刊》曾先后发表过50多篇次余光中的作品,是该刊自创办以来重点介绍的1000多位作家中出现率最高的一位。

在中华民族逐步走向统一的21世纪,闽台作家的往来必将会越来越多。

第七章　闽台艺术

第一节　闽台音乐

福建传统音乐丰富多彩,可分为四种类型,即:民俗型,如山歌、渔歌、儿歌、宗教音乐等;雅集型,如福建南音、福州十番、莆田十音、闽西十班等;剧场型,也就是戏曲音乐,如莆仙戏、梨园戏的音乐等;音乐会型,这是"五四"以后,在新文化的影响下,在高等学校和新型演出团体的教学与演出活动中保存着的传统音乐,如闽南筝派、闽派古琴等。福建与台湾隔海相望,闽台音乐有着十分密切的关系。下面我们着重介绍闽台之间关系最为密切的民俗型的民歌和雅集型的南音。戏曲音乐则在《闽台戏曲》一节中叙述。

一、民歌

在福建、台湾两地,时常可以听到曲调优美,具有浓郁乡土气息的民歌。这些民歌主要可以分成福佬系民歌、客家山歌和高山族民歌三种,其中福佬系民歌和客家山歌都先在福建盛行,后又传到台湾。

（一）福佬系民歌

"福佬"，又称"河洛"，一般指源自中原地区黄河、洛水流域的闽南人。闽南人在台湾艰苦创业的同时，也把民歌带到了台湾。它多为民间小调，一般为七字句，每段四句，有褒歌、茶歌等。可自唱自乐，亦可对唱对答，内容多为劳动和爱情，其风格以抒情哀怨的旋律为多，但也有节奏活泼的具有讽刺性的滑稽歌。演唱时伴奏多用拉弦乐器，也有拨弦乐器。歌谣类有宜兰调《丢丢铜仔》、《驶犁歌》、《六月田水》、《草蜢弄鸡公》，恒春调《思想起》，枫港调《四季春》、《桃花过渡》、《六月茉莉》、《乞食调》。

台湾的民歌一般是从泉州、漳州、厦门流传过去的，有的保留原来的歌题和格调，有的现在虽改了名称，但歌词仍是一样的。例如《病囝歌》是目前在台湾流行的民间歌谣，描写妇女"十月怀胎"的特殊心态。"这首《病囝歌》是福佬话歌谣中，最为语通意顺的杰作，也是台湾这种歌谣的祖型。"①台湾学者认为：《病囝歌》是目前台湾十分流行的"古名谣"，最早被收录在清光绪年间编的台湾《新奇杂歌》书中，歌词的内容和闽南的《病囝歌》基本相同。《病囝歌》中孕妇思食的食物，不少是闽南特名产，如"海澄松糕润"、"漳州盐酸甜"、"文旦柚"、"乌叶荔枝"……这首民歌全部保留闽台民歌的原始特色，唱起来十分亲切。

闽南民歌《月光光》："月光光，秀才郎；骑白马，过南塘……"在台湾广为流传。谢云声《闽歌甲集》中《辑歌杂记》就列举了闽地九首《月光光》民歌，尽管歌词内容各异，但歌词开头全部以"月光光"起兴。这首《月光光》歌流行闽台两地，久唱不衰。闽南民歌《补破网》与台湾的一首民歌《凄惨是阮走船人》十分相似。

---

① 李献津:《病囝歌》,台湾《中国时报》1994 年 4 月 27 日。

台湾的儿歌和闽南儿歌有很多相似之处,如《天乌乌》、《火金姑》、《龙眼干》、《草蜢弄鸡公》等都是两地群众中广为流传的儿歌。

《天乌乌》流行于泉州、漳州、厦门、台湾,歌谣通过对海龙王或鱼虾娶亲的喜庆欢乐的童话世界的描绘,寄托人们对风调雨顺、美好生活的希望。

泉州、漳州和台湾的《天乌乌》意思相似,都用闽南话演唱,有情节有人物。台湾的"阿祖"、"阿公"、"阿妈"和闽南相同。这首童谣原型在闽南,传到台湾发生了一定的变异,但与闽南童谣意思相似。

台湾童谣《阉鸡啼》:"阉鸡咽咽啼,新妇早早起。上大厅,拭桌椅;落灶脚,洗碗箸;入绣房,作针黹。大家官(公婆)拢(都)欢喜,阿咾(称赞)兄,阿咾弟,阿咾恁厝父母好教示。"流行于泉州、厦门的《亚达姐》:"亚达姐,做人媳妇八(识)道理。晏晏睏,早早起;入灶脚,洗碗箸;入大厅,拭桌椅;入绣房,做针黹。阿咾兄,阿咾弟,阿咾父母劳教示,阿咾丈夫八好字(八字,即生辰八字,意为出生就注定命好,有福气之意)。"台湾和闽南两地的这两首歌谣虽然歌词有异,但内容基本相同,说的是一位勤劳的媳妇,受到大家的称赞。

台湾和闽南民歌中有着大量的情歌。两地情歌大都七言一句,四句一节,有单节成篇的,有多节成篇的,用闽南方言押韵。情歌或对唱,或独唱,形式不拘。

台湾情歌:"水锦开花白波波,八仙过海蓝采和。真名正姓共哥报,免得护哥去寻无。"闽南安溪民歌:"水锦开花白波波,八仙过海骑白鹤。(要)嫁秀才惊较奥(难),平常阿哥免惊无。"

由上可知两地情歌十分相似,起兴相同,通体协调,节奏和谐,形式整齐,抒发了男女相爱之情,极尽情调。可以认为:这些台湾情歌源于闽南,到了台湾又有所演变,但原意仍有保留。①

(二)客家民歌

　　客家人原居住在大陆中原一带,后来因改朝换代的关系慢慢迁至华南、南洋甚至世界各地。"有太阳的地方,就有客家人。"康熙年间开始有客家人移入台湾,到雍正、乾隆时渐多。

　　台湾的客家山歌流行于当地粤语区和客家方言区,台湾数百万客家人,都是福建省西南部和广东大埔、饶平过去的,并传去客家山歌。闽台两地的客家山歌尽管种类繁多,但其曲调为闽西、粤东民歌调,多为七字句,每首四句 28 字。歌词特点:即兴,双关语,插字衬腔。体裁七言小调较多,小调较不规则。主要有独唱、对唱两种演唱方式。

　　《台湾风物志》载:"有些台湾客家山歌至今仍唱着老祖宗们在广东时唱的内容。"例如,曾被黄遵宪采入诗集的山歌:"催人出门乱鸡啼,送人离别水东西,挽水西流想无法,从今不养五更鸡。"台湾和闽、粤的客家山歌曲调豪放,高亢中稍显悲凉,感情充沛,唱词流畅,有着浓厚乡土气息,有简单伴奏乐器,有强烈的即兴性。它是闽粤台劳动人民在劳动中用心血和汗水凝成的民间文化瑰宝。

　　客家系民歌"九腔十八调",分为老山歌、山歌仔、平板、其他小调。依歌词分为爱情类、劳动类、家庭类、相骂类、祭祀类、爱国类、歌颂自然类等。

　　在台湾流传的客家民歌就其来源而言有这样一些类型:(1)可以肯定是它们的原型是福建永定山歌,直接传入台湾的有《高山顶上一头梅》、《柑子跌落古井心》等。(2)台湾高屏客家民歌《摇篮

　　① 福建省民间文艺家协会编:《福建民间文艺探索文集》,2002 年 7 月铅印本,196 页。

曲》、屏东麟洛客家民歌《苦力娘》之一与闽西上杭客家民歌有密切
联系,台湾客家民歌《送郎歌》、《老山歌》、《山歌仔》与福建连城山
歌、北部客家山歌之间也有着密切的关系。(3)台湾客家民歌与福
建客家民歌相同点较多,受福建客家民歌影响明显的还有《思念
歌》、《瓜子仁》、《桃花开》、《洗手巾》等。(4)有的山歌是从广东传
入,但也与闽西客家民歌有密切联系,可视为闽粤客家民众的共同
创作。如梅县松口的山歌、兴宁石马的山歌、陆丰的客家山歌等,
流行在台湾的山歌有《落天水》、《三月茶山好风光》、《几时才能结
姻缘》等。[1]

(三)高山族民歌

闽越族是居住于我国东南的百越族的一个分支,大约在新石
器时代,即距今 10000 至 4000 年之前,已开始移居澎湖、台湾等岛
屿。台湾乃是孤岛,当大陆上的百越族自西汉以后逐渐消失时,居
住在台湾的越人则长期存在下去,并和陆续来自南洋群岛的马来
人及其他一些人种融合,逐步发展演变为后来的高山族。古越人
有自己的语言,但在 2000 年前已基本消失,现在从文献中只能看
到一鳞半爪。根据语言学家的研究,古越语与古汉语、楚语等有较
大的不同,因此是不能相通的。而高山族语与越语有很相似的地
方,即同属于一字数音的胶着语(人称黏着语),而不同于汉语一字
一音的孤立语。《临海水土志》记台湾远古居民"呼人为弥麟";《隋
书·流求国》载流求国王"彼土人呼之为可老羊,妻曰多拔荼";《东
番记》称高山族首领名"大弥勒"等。由于高山族的语言与汉语不
同,因此,其歌唱音乐必然与汉族不同,它的民歌也与汉族民歌不

---

[1] 王耀华:《闽台客家民歌之比较》,《中华民俗艺术》年刊 1987、1988,
中华民俗艺术基金会 1988 年版

同,它是属于"照树叶林文化带"的音乐。"照树叶林文化带"指从尼泊尔起,经锡金、不丹、缅甸进入中国的云南、贵州至湖南的"东亚半月弧"地带。其踏歌与多声部合唱与高山族的歌唱形式相同。

台湾高山族是一个总称,它包括了卑南、排湾、阿美、雅美、布农、泰雅、邹人、达悟、鲁凯、赛夏等部族。他们的音乐有共同的特点,也还有各自的特色。

高山族音乐保留有古老的原始音乐成分。高山族人把音乐作为与神灵沟通的工具,体现了原始人类对神灵的畏惧和认为音乐可以通灵的观点;音乐在族人中有很高的地位,具有生活性和全民性;他们的音乐体现了团结奋斗的精神和粗犷豪放的性格。高山语多音节,不受一字一音的局限,无声调,可以在旋律变化上更为灵活,歌词之非韵体,在音乐结构上更为自由。他们的歌唱形式有单音唱法、复音唱法、和声唱法、异声唱法等。特别是多音部的现象,引起世界音乐界的高度重视。至于各部族之间,在音乐上还有各自的特色,如泰雅人之歌谣与旋律、歌词,均属即兴式,旋律简单,歌词相当即兴,拍子及节奏随歌词的改变而改变,非常自由。因此,泰雅人歌谣可称为叙事性的歌谣。赛夏人的音乐以歌乐为主,以单音民歌的演唱与领唱加答腔齐唱这两种方式为典型的民歌的演唱法。最具有特色赛夏人歌谣是巴斯达隘(矮灵)祭歌,结构庞大,具备完整诗型,是词义丰富的史诗形式。祭歌优雅悲凉,表现出赛夏人对矮灵的恩爱交错的情怀和原始部落巫术宗教的神秘气氛,在台湾少数民族音乐中占有独特的地位,不但具有音乐价值,而且有文学价值。布农人是天生的和声者,无论是单音唱法的旋律,还是复音唱法与和声唱法,都能找到自然泛音的三和弦,形成自然的和声效果,《祈祷小米丰收歌》已经成为世界闻名的民族音乐。阿美人是最善歌舞的。他们的应答唱法,由领唱者主唱,舞者应和。比较特殊的是多音现象,是指有好几种不同的音程或不同音色的声音同时出来,组合成一种很复杂的声音的状况,阿美人歌舞是力与美的结合,是歌与舞的同步体,阿美歌谣即阿美舞曲,歌和舞搭配无间,是阿美人歌舞文化的主要特质。

高山族的音乐丰富多彩,正如台湾学者所说:"台湾原住民的歌谣也是中华民族音乐的重要部分,蕴藏着浓郁的民族风味与乡土气息,且兼具华胄文化的精髓。"①

二、南音

福建南音,亦称"弦管"。为中原古乐,原名"五音",又称南乐。其乐风承袭隋唐之清乐、大曲,有高雅、敦厚的文士风格。它由指、谱、曲三部分组成。

指,即"指套",是有词、有谱、有琵琶弹奏指法的比较完整的套曲。由若干同宫调的曲子连缀而成,一般包括二至六节,每节均有一定的独立性。"指"原有36套,后增至42套。其中最主要的有《自来》、《一纸相思》、《趁赏花灯》、《心肝跋悴》、《为君去》五大套,俗称"五枝头"。"指套"虽有唱词,但很少演唱,只作乐曲演奏。

谱,即器乐谱。谱附有琵琶弹奏法,没有唱词,专供乐器演奏。共有13大套,每套包括3至10段,大都以描绘四季景色、鲜花盛开、溪流潺潺、百鸟争鸣、骏马奔驰等情景为内容。谱中最有名的是"四"(《四时景》)、"梅"(《梅花操》)、"走"(《八骏马》)、"归"(《百鸟归巢》)四套。

曲,即散曲,亦称草曲。曲的数量很多,估计不下千首。唱词内容可分抒情、写景、叙事三类。唱腔以不同的滚门、曲牌名称和曲名作为标志。这些散曲简短通俗,易学易记,深受群众欢迎。

南音,有严格的组织形式、传承方式和演唱规则,是高雅的古

---

① 田哲益著:《台湾原住歌谣与舞蹈》,台北武陵出版有限公司2002年版,第14页。

老乐种。

南音在台湾称为"南管"。南音传入台湾的第一站是鹿港,因为鹿港与泉州的蚶江来往密切,很自然地由泉州人带到鹿港。"民初全盛时期,台湾的南管社团有 60 余馆,但今天已大部分停止活动。"①目前继续活动的还有 20 多个,研究工作也有较大进展,现在不但还在演唱、演奏,而且还深入到中小学教育中,在台湾文化生活中占有一席之地。

在台湾所谓的"南管",既指乐曲,也指戏曲。我们在这里谈到的台湾"南管",只是指用于演唱、演奏的乐曲,其戏曲部分将在闽台戏曲部分介绍。

在本节的结尾,我们附带说一下闽台的宗教音乐。闽台不但有佛教、道教、伊斯兰教、基督教等,还有五花八门的地方民间信仰,如三一教、妈祖、临水奶、五帝等等,这些宗教与民间信仰,或以音乐唱赞、诵经而宣传教义,或以音乐伴衬宗教仪式以渲染气氛,这一方面构成了闽台音乐的生存土壤,另一方面也有助于闽台音乐的繁荣与发展。

第二节　闽台舞蹈

一、具有原始宗教色彩的祭祀舞蹈

在闽台歌舞中残存着许多带有原始宗教色彩的祭祀歌舞,最典型的是鸟步求雨舞、拍胸舞和高山族的"番舞"。

---

① 　吕锤宽:《泉州弦管(南管)研究》,台北学艺出版社 1982 年版,第 19 页。

（一）鸟步求雨舞

至今流行在福建建阳崇雒的鸟步求雨舞，是百姓在祈雨时模仿鸟跳跃的宗教祭祀舞蹈。有"高雀跳跃"和"矮雀跳跃"两种不同跳法。越人以鸟为图腾，模仿鸟类的跳跃飞翔，形成独特的宗教祭祀舞蹈。汉族定居福建后，从事农业生产，就把祈雨的越人的宗教舞蹈继承下来了。

（二）拍胸舞

流行在闽南地区的拍胸舞最初是在庆丰收时表演的酬神舞蹈，后来逐渐发展为在岁时节庆和迎神赛会时表演的节目。表演者裸体赤脚，群体聚跳，舞蹈动作多模仿动物或昆虫，有"老鼠逐"、"蜈蚣展须"、"老鼠击洞"、"青蛙扫蚁"、"玉驴颠步"、"金鸡独立"、"蟋蟀跳"、"斗牛步"、"蜘蛛放丝"等，风格粗犷奔放。拍胸舞具有浓厚的原始社会舞蹈的色彩。

（三）台湾高山族的"山地舞"

三国时沈莹《临海异物志》、《隋书·流求传》都记载了台湾高山族的歌舞活动，直到明清时期，高山族仍保存着原始艺术的气息，他们的舞蹈被称为"番舞"，即"山地舞"。十余人至数十人手拉着手，围绕着篝火，有节奏地跺脚、跳跃、摇身、摆手……他们相信通过歌舞，可以与神灵沟通，得到赐福免灾。

二、驱鬼迎神和节庆娱乐的民间舞蹈

（一）"出海大傩"

"傩"是古时驱除疫鬼的仪式，早在周代就十分盛行，有"天子傩"和"乡人傩"之分。"天子傩"在宫廷举行，"乡人傩"在民间举行。在福建和台湾,瘟疫比较流行,对人民生命构成严重威胁,为驱疫保平安,民间沿袭古傩的某些形式,称之为"出海大傩"。清人何徵在《台阳杂咏》中写道:"闽人信鬼世无俦,台郡巫风亦效尤;出海大傩刚仲夏,沿乡普度又初秋。"在送瘟神疫鬼时,由20多人组成"舟歌队",一人打鼓并领唱,其余人以号子伴唱,演唱者手持纸糊的船桨,边唱边作划船的样子。演唱内容均为历史上的一些英雄人物的故事(如杨家将、薛家将、《三国演义》、瓦岗寨),配合舞蹈队表演,寓意以英灵来威慑瘟神疫鬼。"舟歌队"将瘟神疫鬼送至城门口,即唱最后一句"家家户户得平安"。舞蹈队由带着各种狰狞面具,手持各式道具的"无常"、"八大将"、"五路神"、"张天师"等组成,他们伴着"送船歌"边走边舞,滑稽可笑。其中"八大将"属于被驱逐的"疫鬼",不但面目可憎,而且手中各执蛇、癞蛤蟆、老鼠、黄鼠狼、蝎子、血桶等道器,多由临时召集起来的乞丐扮演。当瘟船被扒下水去并放火焚化时,扮演"八大将"的人纷纷把各种饰物和道具丢到瘟船中焚化,表示疫鬼已被赶出本境。[1]

（二）"车鼓舞"

该舞是以双人舞形态表演的舞蹈。也叫"车鼓弄"或"弄车鼓"。"弄",即"表演戏弄"的意思。"车"在闽南话中作动词用,"车倒"有"翻倒"的意思,所以"车鼓"有"翻倒鼓"之意。"车鼓舞"在福建和台湾已有悠久的历史,是节庆、庙会时不可缺少的节目。表演是边歌边舞,音乐以南管的"四门乐"即谢神乐为主要曲调。丑角动作难度较高,旦角动作娇柔、细腻,动作较少,右手持扇,左手持手绢,与丑角互相挑逗,眼神灵巧,身段优美。

---

① 杨慕震:《闽北的傩舞及傩文化活动》,《群众文学研究》第11辑。

（三）跳鼓

该舞蹈形成于何时有三种说法：（1）明嘉靖到万历年间，闽、浙、粤一带，常有倭寇入侵，戚继光到处打鼓召兵，组织百姓抗倭寇，并在战斗中擂鼓助威。打败倭寇后，百姓庆祝胜利，打鼓纪念。随着闽南人移民台湾，也把跳鼓传入台湾。农历正月初九，闽南人、台湾人都称为天公生的这一天，人们都跳起跳鼓怀念戚继光，并寄托思乡之情。（2）唐高宗时代，泉州、潮州一带，蛮僚作乱，高宗派陈元光将军率3000军队，前往百越交界之处，陈将军在这里开发，使移民的军眷与当地百姓和睦相处，歌舞同欢，所跳的舞就是跳鼓。（3）郑成功收复台湾，人民举行宴王爷的庙会，表演跳鼓的队伍出现在庆祝的行列中，从此成为台湾庙会中独具特色的阵头。

跳鼓属于武阵中的一种，八人一阵，一人撑头旗，一人鼓于胸前，控制全队节奏，二人持凉伞，四人击锣，动作轻快剧烈，锣鼓喧天，变化出各种队形，极具力感和节奏感。

（四）"弄牛犁"

这是一种轻松有趣的小歌舞。开始是一丑一旦的对唱，后发展为8～12人的牛犁阵。一人扮牛（手拿铁皮做的假牛头），一人推犁，两人饰农夫，两人饰农妇，如果场面大，可加荷锄者，或田头家，或牛婆，或挑夫，组成12人的队伍。主要由饰牛者，手拿牛头，上下晃动；驶犁者，做耕田辛苦状；牛婆在后面推犁，挑逗驶犁者。丑角，手拿锄头，通常是女扮男装；旦角，一手拿扇，一手拿丝巾，旦、丑相互戏弄，配合滑稽动作，把农民从播种到收割的情形作一番夸张滑稽的表演，有时也谈情说爱，内容无所不包。

（五）"宋江阵"

"宋江阵"盛行于闽台两地，是在武术基础上根据《水浒传》"大破大名府"这一故事情节改编的。主要表现尚武精神和武术的高超。分36人、50人、72人、108人等阵。表演者扮成《水浒传》中的人物，每人手持武器，两人一排，列成兵阵，由一名旗手带领，敲锣击鼓，表演各种武术。

（六）七响

七响，也叫"打七响"。男子用双手拍打身体的七个部位，发出声响，所以叫"七响"。同样表演七响，女子手持竹节短竿拍打，叫"钱龙"。在闽南一带非常流行。农民将田里劳动情形，注入舞蹈，如抓田鸡、学公鸡展翅飞、喝醉酒等等。

（七）春灯舞

春灯舞是庆祝元宵灯节，手持彩灯作为道具的舞蹈形式。因为灯有不同的造型，所以表演者持灯而舞，做各种队形的变化，在舞蹈表现手法上有不同的特色，表现不同的意境。

（八）采茶舞

采茶舞源自客家采茶戏，是由一丑二旦对唱对演的"三脚采茶戏"演变而来的。采茶舞以采茶姑娘的采茶动作为主干，辅以劳动时的对唱、对话，或擦汗、嬉戏、收成之动作，强化舞蹈的效果。舞步简朴、细致，很受欢迎。服饰为采茶工作服，表演者头戴斗笠，脸包围巾，道具必有茶篓，小茶篓置于腰间，大茶篓置于肩上或背于背后，成群结队舞之。

三、具有道教、佛教色彩的祭祀舞蹈

(一)具有道教色彩的祭祀舞蹈

1. 九鲤舞。

九鲤舞流行于莆、仙一带,相传源于何氏九仙化成九鲤飞升的神话故事,以耍弄九种鱼龙(即龙、鳌、鳜、鲈、鳓、鲤、鲫、花鱼、金鱼)为特征。表演时,演员身穿盛装,手持点羊脂蜡烛的鱼龙灯,在宽广的斜坡上,伴着音乐节奏起舞。舞蹈动作主要有嬉游、觅珠、围珠、抢珠、跳龙门等程式,演员自始至终半蹲着屈膝表演。表演过程一直都充满着道教色彩。九鲤灯制作完毕后,要安放在村社宫庙中,并请道士来"点眼"。点眼后,先在宫庙前的广场上试舞,舞毕再放回宫庙中,日夜奉祀香火。出宫正式表演时,要请道士举行"请驾"仪式,乡老捧香引路,大放鞭炮,边舞边走以驱邪禳灾。表演完毕返回时,先行者是持龙灯的表演者,灯头顶对准宫庙大门,进入宫庙后还要再舞一番。节庆或禳灾后,要请道士做道场,再把九鲤灯焚化。

2. 奶娘行罡。

奶娘行罡又名奶娘踩罡,主要表现临水夫人行罡布法、驱妖镇魔的事迹,共分三个章节,即净坛、请神、催罡。净坛和请神是道教的宗教仪式,意为去秽净坛,以恭迎神灵下凡行罡布法,驱妖镇魔。表演分几个主要段落,如表现临水夫人出征前梳妆打扮的情形、驱赶和锁妖链鬼的情形、超度亡魂和宣扬孝道等。奶娘行罡不但在仪式上充满了宗教色彩,许多舞蹈也脱胎于道教的"步罡踏斗"。

3. 棕轿舞。

棕轿舞旧称"行道",俗称"跳棕轿"。有两种表演形式:一是跳棕轿,一是摆棕轿。棕轿分别用木头和竹子制作,空轿架,顶端扎以棕片。跳棕轿的队伍由旗手、扛轿手和锣鼓手组成。旗手若干

人,一人撑一旗,负责举旗引路,指挥起始。棕轿若干架,两扛一轿。开始跳之前,设柴火若干堆,高三四尺,顺序点燃。扛轿手在旗手的引导下,伴着锣鼓声,依次列队往返跳跃,先缓后急,直至火熄灭为止。摆棕轿的扛轿手四人一扛,两人为一组,轮流休息。火堆排列的花样较多,有三点直线式、三点三角式、五点梅花式等。舞者双手握轿扛,绕着火堆,一边穿梭跳跃,一边摆动棕轿,有时还有许多女青年围着火堆唱山歌助兴。棕轿舞起源于古代以火为厌胜物而开展的祈福禳灾活动,至今仍流行于莆田等地。①

(二)具有佛教色彩的祭祀舞蹈

1. 跳番僧。

主要流行在邵武市南部及泰宁县朱口镇等地,不同地区,其形式各有差异。如邵武市大阜岗河源村的跳番僧为面具舞,面具用桐木雕成,脑后缀一块红布。角色有开路神、弥勒、唐僧、悟空、八戒、沙僧六人。开路神为红脸,面目狰狞;弥勒佛为白脸,笑容可掬;唐僧师徒四人,按戏剧脸谱造型,服饰均为白衫、红裤、草鞋。表演时,或边舞边敲击手上的乐器,自为节奏,舞、乐一体;或在空旷地上变换方位穿梭,形成各种图案;或结群面对面、背靠背跳跃对舞。所表现的内容是在开路神和弥勒佛的护送下,唐僧师徒四人到西天取回真经。每年六月初一、初二两回演出,庆贺当地奉祀的"三佛祖师"诞辰。俗信跳番僧可保年成丰收,人畜平安。

2. 跳弥勒。

主要流行于邵武市大阜岗村与和平镇等地。角色仅弥勒公和弥勒婆两人,弥勒公头戴面具,弥勒婆涂脂抹粉,戴珠花冠饰,耳边

---

① 林国平主编:《闽台区域文化研究》,中国社会科学出版社2000年版,第355页。

还挂红辣椒。弥勒公身穿长袍,一手执方巾,一手执拂帚;弥勒婆红袄绿裤,一手执手巾,一手执蒲扇。一般在正月十六或瘟疫流行时于街头巷尾宽敞处表演,多是戏弄调笑的动作。表演结束后,舞蹈者将面具、服饰及火把、杂物等弃之水边而归,俗称跳弥勒舞可以驱除疫鬼,禳除每年春夏之间痢疾的流行。[1]

四.畲族和高山族的舞蹈

(一)畲族的祭祖舞和巫舞

1. 祭祖舞。

祭祖是畲族最隆重的活动,在祭祖仪式中,有各种祭祖歌舞演出,歌颂祖先的丰功伟绩。如猎捕舞是表演者左手执螺号,左手握猎刀,表现畲族猎手进入深山老林,追寻野兽,并齐心协力堵截围歼,满载而归的情形。龙伞舞又称迎龙伞,舞蹈所表现的主题是庆祝和怀念祖先盘瓠奉旨征番,得胜回朝,被招为驸马,赐三层龙伞,并冠以皇族称号。迎龙伞时,八名男青年扮演八将爷,在队伍前鸣锣开道,随后是各式花灯组成的花灯队,接着是龙凤旗,最后是用金黄色锦制成的代表荣华富贵的龙伞。整列队伍随着合族山歌曲调的音乐节奏行进,到了平地、广场或村庄,迎龙伞队伍则停下来表演,龙伞居中,八将爷和持灯的妇女围绕着龙伞跳起欢快的舞蹈,龙伞左右旋转,舞者随着打击乐节奏呐喊助威,鞭炮声此起彼伏,气氛热烈,场面壮观。

2. 巫舞。

畲族自古以来盛行着对鬼神的崇拜,当人们遭到不幸时,就请巫师举行道场,祈福禳灾。巫师在祈禳时,大多穿插有歌舞表演,

[1]　叶明生:《八闽傩文化形态概述》,《艺术论丛》第7辑。

流行最广的是祈福舞和雷诀舞。祈福舞是巫师举行驱鬼避邪宗教仪式时表演的舞蹈,巫师男扮女装,舞动着草席、魔蛇、令牌、龙角、铃刀等法宝,驱赶鬼厉出家门,请来天兵天将,消灾添福。舞蹈分三大段:一是起神头打案出厅,二是抽兵马行罡,三是行九州出山。表演了舞草席、舞魔蛇、舞令牌、舞铃刀龙角等舞蹈。雷诀舞是畲族巫师表演的祭祀舞蹈。全部动作均由巫师的手势造型组成,逼真而生动。

(二)高山族舞蹈

在前面关于高山族音乐的介绍中,已涉及他们的舞蹈。这里简单谈谈几种较有特色的舞蹈。

1. 达悟人的头发舞。

这是高山族最著名的舞蹈,表演时,妇女们面对面排成两列,或围成一个圆圈,彼此勾住手臂,双手交叉于胸前,双脚直立,弯腰,将头发向前后或左右抛出,头发碰地后,赶快再挺身、抬头,把长发往上甩,长发此起彼落,热闹得很。

2. 泰雅人的祭舞和酒舞。

泰雅人之舞蹈多以歌声调节舞步,可分为祭舞和酒舞两种。祭舞是集体舞,男女合舞,互相交叉携手成一字平阵或环阵。酒舞在庭院或室内饮酒时为之,由三人、四人并肩而舞或对舞,以歌声调节舞步,很少配乐。传统乐器为竹口簧、竹笛、木琴等。

3. 排湾人之婚礼舞。

参加舞蹈者双手及背后挂有小铜铃,一跳铃声与歌声节奏合拍。四步舞是排湾人特有的舞蹈,在婚礼中围成圆圈跳四步舞以示庆祝。未婚、已婚的必须分开,新郎新娘会向来宾敬酒或槟榔。

4. 阿美人的丰年祭舞。

阿美人的盛会是一年一度的丰年祭,丰年祭的舞蹈平时不能跳,只有在特定的时间、地点才能跳。丰年祭分老人组、青年组、妇女组。丰年祭的前夕祭,由成年男子跳"久比嗨",第二天则全体部落成员一起跳,最后一天只限妇女跳"久比嗨"。另有欢迎舞、饮酒歌、访问歌、老人欢乐歌等。基本舞步有四步舞、二步踏并、踏踢、屈膝踏走,队形为面向圆心的单圆,分螺旋形或直线前进两种,领唱者持杖引领之,阿美族传统服饰鲜艳亮丽,该舞蹈成为台湾观光表演舞蹈。

5.雅美人的舞蹈。

雅美人的舞蹈保留较多的原始文化形态。无独舞,无乐器伴奏,其舞蹈皆为单线的反复动作,重点在足部的屈膝动作上,舞蹈动作不固定,即时组合,舞名以舞蹈动作来命名,不以意义命名,如脚交叉的舞步叫交叉舞,重心上下跃动的叫上下舞。其舞蹈可分两大类,一为祭仪的舞蹈,如庆祝小米丰收的小米祭,一为娱乐性的。

6.赛夏人矮灵祭舞。

赛夏人矮灵祭每两年举行一次,连续三天通宵歌舞,其祭仪舞蹈,是其宗教文化的表征。舞蹈由老人领唱,祭仪分迎灵、娱灵、送灵三个阶段,男女老幼围成圆形,以顺时针、反时针、螺旋队形交互进行。所持舞具很特别,手持一根直挺、二丈余高的麻竹竿,悬一红白各半、宽约一尺的长布条,在场中绕行,此外还有姓氏旗、神鞭,以及响铃背于腰部,又叫背响铃,响铃上面悬着一面镜子,下摆是用竹管,或铜管,或子弹壳串成的,可依歌舞的节奏摆动,发出有规律的声响,别具特色。

7.鲁凯人的庆功舞。

鲁凯人有表现男人猎功和英勇的庆功歌舞及丰年祭、结婚舞,均以四步为基本,无乐器伴奏,女性舞蹈动作缓慢,身体起伏小,男人动作大,有上下、左右跳跃的大动作。通常女性在内圈成半圆,男性在外圈成半圆。传统舞蹈都在头人家前广场举行,先饮酒,后边饮酒边跳舞,至午夜方散。

第三节　闽台戏曲

一、戏剧之乡

福建戏曲十分丰富,剧种有四五十种之多,剧目数以万计,均为全国之冠,故有"戏剧之乡"的美称。福建戏曲源远流长,梨园戏、莆仙戏在宋代就形成,与温州杂剧一样是最早的南戏,被称为中国古代戏曲的"活化石"。福建戏曲在明、清时期逐渐定型,并随着移民传到台湾,成为闽台民间文化生活的重要内容。

闽台地方戏曲的繁荣,有多方面的原因,而宗教祭祀活动起了重要的作用。闽台宗教极为发达,庙宇林立,神灵众多,祭祀频繁。老百姓为祈求神灵赐福,不但要虔诚膜拜,贡献丰盛的祭品,还要"演戏酬神"。早在南宋,这一传统就已形成。宋光宗绍熙元年(1190年)著名的理学家朱熹知漳州时就发布过《喻俗文》:"约束城市乡村,不得以禳灾祈福为名,聚敛财物,装弄傀儡。"到庆元三年(1197年)朱熹的学生陈淳针对漳州城乡百戏盛行的情况,上书官府,要求"严禁止绝"。不但在漳州,而且在福州、泉州、莆田,演戏酬神,也蔚然成风,热闹非凡。南宋诗人刘克庄有许多首诗作了生动的描写,《闻祥应庙优戏甚盛二首》其一曰:"空巷无人尽出嬉,烛光过似放灯时;山中一老眠初觉,棚上诸君闹未知。游女归来寻坠珥,邻翁看罢感牵丝;可怜朴散非渠事,薄俗如今几偃师。"其二又云:"巫祝欢言岁事详,丛祠十里鼓箫忙。"记述了莆田演戏酬神的盛况。明清以来,这种演戏酬神的风气更盛。岁时节庆,如元宵、中秋等节日,神诞纪念日,如正月初九的"玉皇诞"、三月二十二的妈祖诞辰、七月八月做"普度",以及祭祖和结婚都要演戏,甚至连办丧事也要演戏。难怪当时有人讽刺说:"嬉谑笑言,嫌疑不避。

毫无哀痛心,大有欢乐意。"①如此频繁的祭祀活动需要演戏,当然促使剧种发展,戏班剧增,使闽台的戏曲十分繁荣。

二、闽台戏曲的主要剧种

明清时期,福建地方剧种有所发展,而昆曲、京剧、越剧、粤剧、评剧、湖南花鼓戏等也传入福建,促进了福建戏曲的繁荣。台湾少数民族没有戏剧,台湾的戏剧都是从福建和大陆其他地方传入的,主要有南管戏、北管戏、四平戏、高甲戏、客家采茶歌仔戏、歌仔戏等六种。此外还有福州戏、偶戏等。台湾所谓的北管戏是指中国北方的戏曲,由官商聘请流入台湾;所谓南管戏是指闽南泉州的地方戏剧,随移民流入台湾,均在清康熙前后。偶戏有傀儡戏、皮影戏、掌中戏(布袋戏)等三种。下面对闽台的主要剧种分别作简要的介绍。

(一)梨园戏

南戏剧种梨园戏,是在泉州的特定的历史文化背景下诞生的。它承受了唐戏弄、宋杂剧余绪,创造了泉腔地方戏曲形态,并以唐的"梨园"命名,与温州杂剧同时同步地产生在东南海隅。②

梨园戏有大小梨园之分。大梨园中又分为"上路"和"下南"两支。所谓"上路",是指从外地来的戏班,有的专家认为是指莆仙,有的认为是指温州,它保留了较多宋元南戏剧目,如《赵贞女》、《王魁》、《朱文太平钱》等,风格比较古朴;所谓"下南"指本地戏班,泉州人一向对"上路人"自称"下南人",其剧目多为明代剧目,如《苏

---

① 吴增《泉俗激刺篇·丧戏》

② 吴捷秋著:《梨园艺术史论》之《南戏源流篇》,中国戏剧出版社 1996
年版。

秦》、《郑元和》、《龚克己》、《周怀鲁》等,表演风格比较明快。大梨园曲牌名目与《永乐大典戏文三种》所用大多相同。小梨园又叫"七子班",是由七至十二三岁儿童组成的童伶戏班,以演生、旦戏见长,内容多为男女之间的悲欢离合,如《陈三五娘》、《吕蒙正》等,歌舞相间,典雅细腻。新中国成立后三者合称梨园戏。伴奏乐器有南琵琶、二弦、洞箫、品箫、大小唢呐等。台湾所谓的南管戏,梨园戏是其中主要的剧种,在康熙年间已流行,目前台湾主要是小梨园。它幽雅缠绵,但冗长沉闷,因此,流传比较困难。

(二)高甲戏

高甲戏源于闽南民间迎神赛会的化妆表演,在发展过程中受徽班、江西班、傀儡戏、京剧的影响,明末清初称"宋江戏",清中叶发展为"和兴戏",清末以后才称"高甲戏"(九甲、九角、戈甲、交加、狗咬)。日据时期传入台湾。剧目连台戏有400多种,折子戏、小戏有100多种。角色有生、旦、丑、北(净)、杂五类。其丑角吸收了傀儡戏的表演艺术,颇有特色。它文戏主要学梨园戏,武戏从"宋江戏"发展而来,又受京戏影响。唱功方面用本嗓,只有最高处才用假嗓,说白多,所以又称"白字戏"。演唱方面,曲调用傀儡调、民间小调、南管,以南管为主,这也是高甲戏在台湾被混为南管戏的原因。

(三)歌仔戏

歌仔戏,也叫"台湾歌仔戏",在大陆,因为流行在闽南芗江流域,所以称为"芗剧"。明末清初,闽南移民把漳州的锦歌带到台湾,加上本地歌谣小调,在100年前形成歌仔戏。初在地坪拉场演唱,故称"落地扫"。初受梨园戏影响很大,中期受四平戏、白字戏、京剧等剧种的影响而搬上戏曲舞台。1928年歌仔戏传入闽南,曾在当地盛行一时。抗日战争时期,歌仔戏在台湾被禁演,歌仔戏艺人纷纷返回厦门、漳州,其中有邵江海等人重创改良调、改良戏。抗战胜利后,歌仔戏重新恢复台湾调,出现了台湾调和改良调同台演唱的情况。剧目有《吕蒙正》《陈三五娘》《山伯与英台》《郑元和》等。主要曲调有七字仔、杂念仔、大调倍思和民歌时调等,伴奏乐器有壳仔弦、大广弦、台湾笛、月琴等。

(四)采茶歌仔戏

客家采茶戏是唱采茶调的歌仔戏,故称"采茶歌仔戏"。主要剧种是"三脚采茶戏"。"三脚采茶戏"起初只有一生二旦三个角色,以《张三郎卖茶》的故事为主线,整个故事分成好几段,每段由一个曲调贯穿,取其调名为每折戏的名称,如"上山采茶","送郎十里亭","桌酒"、"问卜"、"盘茶"、"十送金钗"与"桃花过渡"等。是以客家山歌、民谣、小调为主的戏剧形式。唱腔以曲牌体为主,有的也辅以板式变化,大多形成于清末。后来逐步发展,角色增多,剧目日益丰富,与歌仔戏大致相同,有《梁山伯与祝英台》《岳飞收杨再兴》《狸猫换太子》等。艺术风格与花鼓戏、花灯戏、腰鼓戏相近。

(五)北管戏

北管戏在台湾又叫"乱弹戏"和"外江戏"。"乱弹"的名称起于乾隆年间,是对昆腔而言的,台湾的乱弹以西皮、二黄为主,还包括昆腔、梆子腔、吹腔以及民间小戏、杂曲等。"外江戏"主要沿袭"闽西汉剧"而来,主要声腔来自外省的西皮、二黄,所以称为"外江戏"。台湾的北管,分"福路"和"西皮"两大系统。福路属梆子腔,西皮属皮黄腔。台湾北管传承路线是河南梆子加上湖南的西皮、二黄,再到福建的西部,后流入台湾。北管的剧目有200多种。西皮有36本,福路有24本。西皮方面有《空城计》《借东风》《白虎堂》等,福路方面有《王英下山》《罗通扫北》《赵匡胤出京》等。角色有老生、大花、正旦、三花、小生、小旦等上六大柱，以及公末、老旦、二花、副生、花旦、副丑等下六大柱。其中旦和小生用假嗓。除丑用方言外，其余用闽南腔的湖广话，称为"官话"。现在宾白都用方言。

（六）四平戏

四平戏是江西的"庶民戏"，乾隆以前就开始在闽南流行，后在晚清传入台湾。它是明万历年间由传入徽州（今安徽歙县）一带的江西弋阳腔稍变而成的，曲调比较活泼，速度较快，有帮腔。明末清初，受昆曲影响，发展出吹腔。它以武戏为主。剧目有《薛丁山招亲》、《白蛇传》、《苏秦假不第》等。

（七）莆仙戏

莆仙戏又名兴化戏、兴化梨园。是流行于福建莆田、仙游等莆仙方言地区的地方戏曲剧种。

关于莆仙戏的历史渊源问题，多数学者认为，它源自唐以前，成于宋代，盛于明清，至今已有1000多年历史。莆仙戏在发展过程中，保留了丰富的戏曲遗产并形成了独特的风格。曲牌名多与南戏相同。在剧本方面，它保存着5000多个传统剧目和8000多个剧本。这些剧本大多是清代以后保留下来的手抄本，几乎包括了古南戏的全部剧目，如南戏最初的剧目《张协状元》、《王魁》和明初的五大传奇《荆钗记》、《刘智远》、《拜月亭》、《杀狗记》和《琵琶记》等。明清以后，其剧目大多根据元明杂剧、传奇和明清小说、话本改编而成，也有一些从弋阳腔旧本移植改编过来，如《白兔记》等。在表演形式方面，受着傀儡戏的影响，很多动作都由傀儡戏演化而来，具有夸张性和动作性强的特点。该剧种风格古朴。行当角色，承袭南戏体制，有生、旦、靓妆（净）、末、丑、贴、外等七种，故而莆仙戏亦称"七子班"。伴奏乐器有大笛（唢呐）、吹笛、管笛等。

在化装、服饰、演出排场等方面,莆仙戏还存留着许多古剧种的遗踪。因此,被称作我国古代戏曲的"活化石"。莆仙戏在台湾有演出,但是业余性质,没有落地生根。

(八)福州戏

福州戏又称闽剧。是以福州方言演唱的戏剧。孕育在明万历年间,在发展过程中,综合当地儒林班、平讲班、江湖班等地方戏曲,并吸收弋阳腔、徽腔和京剧的表演艺术,于清光绪年间发展成熟。角色行当,早期只有生、旦、丑三类,俗称"三小戏",后吸收徽班、京剧的分行,渐趋完整。闽剧传统剧目有《紫玉钗》、《青虹记》、《红裙记》、《甘国宝》、《陈靖姑》等。闽剧唱腔包括江湖、洋歌、逗腔、小调等。乐队有硬爿和软爿之分。硬爿为打击乐,软爿是管弦乐,按唱腔类别而使用不同的伴奏乐器。1923年到台湾公演,但未落地生根。1949年以后,福州同乡也把福州戏带到台湾。

(九)偶戏

偶戏包括傀儡戏、皮影戏、布袋戏。

傀儡戏据说产生于周穆王时代,或说是西汉陈平创造的,或说是汉末用于嘉会的丧家乐。(梁刘昭注《后汉书卷十三·五行志》引东汉应劭《风俗通》文:"'时京师宾婚嘉会,皆作傀儡,酒酣之后,续以挽歌。'傀儡,丧家之乐;挽歌,执用绋相偶和之者。")汉末以后,傀儡成为宫廷百戏之一,北齐时开始表演人物故事。到宋代大为兴盛。表演场合由丧礼扩大到节令的祭祀活动,活动空间由宫廷发展到瓦肆勾栏。耐得翁《都城纪胜》称:"弄悬丝傀儡、杖头傀儡、水傀儡、肉傀儡,凡傀儡敷演烟粉灵怪故事、铁骑公案之类,其话本或如杂剧,或如崖词,大抵多虚实少。"

福建傀儡属悬丝傀儡系统。分闽西与闽南两种。闽西分布在龙岩、龙溪和潮汕地区,音乐是汉调和高腔。闽南分布在晋江、龙溪一区,音乐接近南管的傀儡调。传入台湾最晚在清乾隆、嘉庆年间(1736—1820年)。傀儡戏传到台湾后,在南部以台南、高雄为中心,属泉州傀儡系统;北部以兰阳平原为重心,属闽西或漳州系统。

皮影戏可能起源于晚唐五代,北宋时相当发达。吴自牧《梦粱录》卷二十《百戏技艺》云:"有弄影戏者,元汴京初以素纸雕簇,自后人巧工精,以羊皮雕形,用以彩色装饰,不致损坏。……其话本与讲史书者颇同,大抵真假相半,公忠者雕以正貌,奸邪者刻以丑形,盖亦寓褒贬于其间耳。"皮影戏在明清大盛,传入台湾时间在嘉庆二十四年(1819年)之前(此时已有碑文记载)。皮影戏与潮州关系密切,自称"潮州调"。

布袋戏或称掌中戏。吕诉上《台湾布袋戏史》曾指出布袋戏名称的由来是:(1)使用的木偶除头部、手掌和脚的下半部外,都是用布缝制而成的。其形酷似布袋。(2)排演后,都是放在布袋里转运的。(3)排演后,随手放在布袋里。此外,早期演出的戏棚状似大布袋。福建掌中戏,产生在泉州一带,有300年历史。19世纪中叶以后,漳、泉、潮掌艺名师辈出,掌中戏随移民传入台湾。① 先有泉州调的,后有潮州调的,都属南管系统,善于文戏,多节义和爱情故事,如《孟姜女》、《宝塔记》、《吕蒙正》、《陈三五娘》、《金印记》、《蓝桥会》等。还有《蔡伯喈》、《孙膑下山》等(潮州调)。后来又有北管掌中戏,多侠义、历史故事,如《三侠五义》、《封神榜》、《隋唐演义》、《薛家将》、《包公案》等。台湾目前分南管、北管和潮调三种布袋戏。

---

① 林明德:《台湾偶戏乾坤》,中华民俗艺术基金会主编《台湾民俗技艺之美》,台湾省政府文化处1998年版。

除此之外,京剧、昆曲、越剧、粤剧、豫剧、潮剧、秦腔、川剧、湘剧等在福建、台湾都有演出,它们的唱腔、表演程式、艺术风格对闽台戏曲有很大影响,丰富了闽台戏曲的表演艺术,对闽台戏曲的发展起了积极的推动作用,但这些剧种在福建、台湾都没有落地生根。

第八章　　闽台民间文学

　　"民间文学"或称人民口头创作,它是指有别于作家书面文学的人民口头文学。"民间文学"这个名称是从英文的 folklore 转译而成的,原来是民间智能、民间知识之意。后来如法文、德文、意大利文、俄文等也都跟着借用这个术语。有的国家使用的 folklore 是广义的,包括了文学、民间风俗、民间知识、信仰等。在中国,民间文学这个术语就等于狭义的 folklore。民间文学的第一个特征是口头性。即人民的口头创作,口耳相传。第二个特征是变异性。民间文学作品处于不断变化的状态,不像书面文学,印制在纸张上,可以固定下来。每个人讲的故事不完全雷同,所以故事有无数异文,有的异文是一个地区的异文,有的是个人的异文。第三个特征是集体性。民间文学作品基本上是一种集体创作,在创作和流传上带有许多集体的特征,反映集体智慧和艺术才能,而不是一个人或一个作家的才能。第四个特征是传承性。民间文学保持着与传统文化的继承关系,内容、形式、艺术手法相对固定,往往新的作品在传统的基础上产生。第五个特征是立体性。民间文学是活在人民口头上的文学,是流动变易的文艺形式或礼俗的表现。第六个特征是多阶段性。因民间文学作品可以流传几百年,甚至几千年,同时常反映这些时代的特征,所以民间文学作品往往是多阶段性的,不同于文学作品一定是一个时代的著作。第七个特征是方言性。因民间文学是口头的创作且经由口传的方式流传,所以它往往是用方言创作与表演的,只流传在特定地区。第八个特征是民间文学分为"原始的"及"发达的"两大类。原始的民间文学与初民的社会仪式、舞蹈、音乐是分不开的。先进民族发达的民间文学脱离了仪式,原始民间文学仍有许多法术功能与解释功能,如解释来源,解释各种仪式、各种风俗,协助狩猎等活动的功能。发达的民间文学主要的功能是娱乐,教育与解释功能并不多。有学者还提出民间文学有自发性、匿名性等特征,但是自发性与集体性有关,匿名性也与集体创作有关。

第一节　闽台民间谚语

谚语,是群众创作并在口头上广为流传的一种简练通俗而富有哲理性的定型化语句。谚语有广义的和狭义的两种解释。广义的谚语包括俗语和歇后语。狭义的谚语是指劳动人民总结生产斗争、各种社会生活经验以及传统道德标准而形成的富于教育意义的短小而形象的一种韵文体语。

根据谚语的内容和作用,可以把谚语分为政治谚语、道德谚语、职业谚语、风俗谚语、生产谚语等几类,它是群众喜闻乐见的大众文学艺术之一,它富有情感、韵律,读起来朗朗上口,易说、易记、易用,是人民群众智慧的结晶、实践经验的总结。人们往往以这样的谚语去教育指导自己和他人待人处世、生产、生活,有比较深刻的寓意。闽南话谚语不仅是先人的经验智慧、风土民情与思想信仰的缩影,而且,有的好听得就像是一首诗。

闽南的传统谚语,取材广泛,举凡天文地理、家庭生活、乡土社会、人神仙鬼,甚或季节气象、职业等,皆包含其中,从而发展成为多元丰富的内容。它以活泼可爱的形式现身,带着严肃醒世的意味教导人民;其思想内容丰富,并且是一种有着超强动力的语言,三言两语,即可煽动人心,一两句话,则把人生的精义剖析得巨细靡遗。总之,它强烈的说服力、透视力、批判力等,十足令人折服。

而由于闽南和台湾之间历史渊源的关系,很多闽南地区流传的俗谚被移民带到了台湾,反过来,在台湾产生、推演发展的一些谚语,也影响了闽南地区谚语的表达和使用。可以说两地目前在民间俗谚上是基本相通的。

一、闽南话谚语——关于人生和天理

关于人生与天理这方面的俗谚,大都是来自人民的生活经验与对生命的看法。例如:"人生亲像大舞台,苦出笑诙拢公开。"把人生比喻成大舞台,认为这一过程中有悲也有喜,然而不管是悲喜苦乐,还是成功失败,最后都会公诸于世。

另有一句:"有经霜雪有逢春。"是说只有经历过霜雪之苦,才会有逢春的真正喜悦;其意就是苦尽甘来的意思。

关于家庭人伦类的俗谚有很多,比方:"在生吃一粒土豆,较赢死了拜一个猪头。"它的道理就类似于"子欲养而亲不在",主要在于提醒为人子女者,孝顺父母要及时、趁早。

又如"歹歹新妇三顿烧,有孝查某囝路头遥"是说,媳妇在公婆眼中,虽然不好,常遭批评,但是媳妇照顾公婆三餐却非常周到(三顿烧),自己已出嫁的女儿,虽然自认她很孝顺,可是路途遥远,无法常在身边尽孝道。

闽南话里面还有很多教育孩子的谚语,比如"教囝学泅,毋通教囝爬树"。这句话的意思是说,为人父母者,可以教孩子学游泳,而不要教孩子爬树,因为学会游泳以后,有朝一日可以救人自救,然而爬树危险较多,若由树上摔下可能会导致头破血流;引申的意思是指,为人父母要教子有方,要判断何者该教,何者不该教,而教会小孩运用其本事与能力,以应付于日常生活问题,才是正确的观念。

家庭人伦不仅包括了亲子关系,还包括了兄弟、夫妻、朋友等,对于兄弟之间的相处,自古也留下不少明训。例如:"一世父母,两世兄弟。"意思是父母照顾子女,共同生活的时间较兄弟相处的时间为短,所以兄弟之间更应该相亲相爱,团结一心。其重点乃劝人要珍惜手足之情。故有句话说"兄弟较冤也是兄弟"。

而夫妻之间的相处之道亦颇重要。俗语说:"好友不如牵手。"朋友再好,其关系也不如夫妻之间的感情好。因为"翁某是自己人,朋友是别人"。

家庭人伦最外层的一层关系就是朋友关系了。俗语说:"人情世事陪透透,无鼎甲无灶。"这句话的意思是说:朋友之间任何交际都要应酬的话,会造成劳命伤财,所以朋友之间应酬要适可而止。

闽台常见的有关人生的谚语还有:

1. 人生:

人比人,气死人。

一人苦一项,无人苦相同。

人惊出名猪惊壮。

死人不死猪(爱钱如命)。

人生在世,吃穿二字。

有团万事足,无官一身轻。

七成八败九还在。(指胎儿怀七月而流产,还可救活,八月则难以救活,九月以后就问题不大了。)

团仔尻川(屁股)三斗火。

男大到廿五,女大到大肚(怀孕)。

多团好名,独子好命。

大石也要小石擎,红花也要绿叶扶。

人换人心,八两换半斤。("八两"指原有旧称十六两制的,八两即等于半斤。)

众人一样心,黄土变成金,三人四样心,赚钱不够买灯心。

做田要有好田边,住厝要有好厝边,

心和万事兴,家和万事成。

心坏无人知,嘴坏大利害。

自古人无千日好,好花难留百日红。

好花不常开,好景不常在。

月到中秋分外明,人到中年事业成。

上卌就豁摄。(指人过四十岁,精力就逐渐衰退了。)

节气不等人,岁数不饶人。

树老根多,人老话多。

七十不留宿,八十不留餐。

2. 衣:

(菩萨)靠扛,人靠妆。

三分人才七分妆。

凉九暖三,注意穿衫。四九(月)乱穿衣,寒热随人意。

长衫沓(tah,重叠)马褂,样式太穤(mai,不好)看。

多衣多寒,无衣不怕寒。

一针不补,千针难缝。

细空(小洞)不补,大空叫苦。

讨食食豁肥借穿穿豁美(sui)。

要做衫仔奴才,毋做衫乞食。

爱美毋惊流鼻水(鼻涕)

热不急脱衣,冷不急穿棉。

3. 食:

民以食为天,没食倥倥颠。(kong kongdian,摇摆颠晃。)

千辛万苦,为着腹肚。

有食有行气,有烧香就有保庇。

有钱吃鱼肉,无钱求粗饱。

有钱人惊死,无钱人惊无米。

吃<u>鱼吃肉</u>,也着粥饭咸菜甲。

少吃多滋味,多吃没口味。

贪吃涨破肚。

嘴饱目毋饱。

透早(清早)一杯茶,赢过百医家。

泡茶着高冲低滕(tin)。

早吃饱,午吃巧,暗顿(晚餐)半饿饱。

三年无火熏(烟),饿觞死火头军。

生食都没有,哪有再曝干。

吃觞肥饿觞死。

吃清饭(隔夜饭)也着看天时。

无咸毋成甜。

吃饭海碗,做事闪西风。

嘴焦(口渴)甲(才)要掘井。

会发做发,觞发做甜。

狗肉附旺没附衰。

冬吃菜头夏吃姜,免请医生免烧香。

4. 住:

家治(自己)的物好吃,家治(自己)的厝好徛(居住)。

千富万富,比觞过家治(自己)起厝。

夏毋睏席,冬毋睏石。

相挤被,甲(盖)觞烧(暖和)。

洗面着洗耳后,扫地着扫壁边。

日求三餐,夜求一宿。

一暝无眠,三暝补觞过。

5. 行:

在家靠父母,出外靠朋友。

问路靠嘴水,行路靠脚腿。

出门一趁早,二趁饱,三趁秋清(凉快),四趁有阵(同伴)。

常在河边站,难免会湿鞋。

山高自有行路客,水深自有渡船人。

远路没轻担。

春天出门莫寄伞,冬天出门莫寄衣。

逢桥要下马,过渡莫争船。

6. 婚姻:

有缘千里来相会,没缘对面不相逢。

打破人姻缘,万世拖屎连(麻烦多)。

两人没相嫌,糙米煮饭也会黏。

有情毋惊千里远,无情哪怕门对门。

感情好,啉潲糜(稀粥)眠涂(地板)也甘愿。

相亲看家宅,娶某(妻)看外家。

做田要有好田底,娶某(妻)要拣好娘妳(母亲)。

好某(妻)娶会着,恰好吃补药。

贪心查某没好翁(丈夫)。

嫁着臭头翁,有肉又有葱,嫁着跋缴(赌博)翁,规厝内空空。

男女合意。无嫌祛势(难看)。

人美毋配饭,心美赢过鸭母生金蛋。

结婚摆阔气,婚后没柴米。

媒人包入房,没包你一世人。

大桥来扛毋走,搭帕仔才来追。

和尚死某(妻)毋敢哭。

寡妇门前是非多。

近亲莫结婚,结婚害囝孙。

7. 家庭:

不当家勿知柴米贵,不生囝毋知父母恩。

桶无箍会散,家无主会乱。

没好序大(长辈),就没有好序细(晚辈)。

做公拖到暗摸摸,做妈拖到叫毋敢。

恶妻孽子,神仙难治。

家业家业,有家就有业。

三岁团仔得人惜,百岁老人讨人嫌。

十月怀胎,苦处无人知。

父母没嫌团袪势(不美),团儿没嫌父母穷。

愿担一石米,毋愿领一个团仔(小孩)。

公妈惜大孙,父母惜细团(最小儿女)。

父母疼团长流水,团疼父母像树尾摇风。

儿孙自有儿孙福,莫为儿孙做牛马。

靠团靠新妇(儿媳),不如身边家治(自己)有。

在生无人认,死着规大阵(一大群人)。

酒肉面前知己假,患难之中兄弟真。

兄弟同心金不换,同姒(妯娌)齐心家不败。

兄弟若同心,田涂(泥巴)变黄金。

家伙(业产)分绘平,打到"廿九暝"(除夕)。

一日同行三日亲,一夜夫妻百世恩。

富贵不离祖,贫穷不离某(妻)。

行船靠掌舵,理家靠老婆。

好翁(丈夫)好某(妻子),同甘共苦。

毋免家中千担粮,只要夫妻能商量。

别人查某(女人)眠绘烧。

吃好穿好,不如白头偕老。

怀胎十月易,带团十月难。

翁(丈夫)**势**(能干),某(妻子)翘头。

千金难买团孙**势**(能干)。

千两银毋值一个亲生囝。

一囝清心,多囝激心(别气、犯愁)。

多子多女囝是福,父母拖到老磕磕。

多囝饿死父,多新妇(儿媳)饿死大家(婆婆)。

两目相亲像(相同),生男生女都一样。

树大要分叉,囝大要分家,女大要出嫁。

后生(儿子)饲大是某(儿媳)的。

吃是阿爹,趁钱私脚(自己嫌钱自己花)。

好竹出好笋,好老父出好囝孙。

歪戴帽仔斜穿衣,长大毋是好孩儿。

犁田出好牛,久病见孝子。

父母毋亲跟谁亲,父母毋敬敬何人?

父母在日毋孝顺,百岁年后哭鬼神。

大家(婆婆)惜新妇(儿媳),吃穿项项有。

新妇孝大家(婆婆),越过越发家。

姑嫂会和,厝边阿(赞扬)。

好布着好纱,好新妇(儿媳)也着好大家(婆婆)。

囝婿(女婿)顶半囝。

论辈无论岁。

天顶是天公,地下母舅公。

外甥母舅脸,

亲帮亲,邻帮邻。

远亲不如近邻,近邻不如对面。

千金难买好厝边。

8. 家教:

有其父必有其子,有其母必有其女。

老人毋忆苦,囝孙毋知福。

教子有方囝成材,教子无方囝浪荡(long dong,不务正业闲逛）。

菜无沃（浇）艍大丛，囝无管艍成人。

教囝没好害伊一世人。

细汉（少年）毋学习，大汉来不及。

细汉偷割瓠，大汉偷牵牛。

常打艍惊，常骂艍听。

好囝毋免教，孬囝教艍乖。

生前若无孝，死了就免哭。

没当家毋知柴米贵。

家有千金，不点双灯。

饭顿赴会着，恰好吃补药。

吃饭毋知米价。

大空（奢侈）没底。

惊贵买没好物。

家治（自己）宰，趁（赚）腹内（内藏）。

钱来趁到手，毋通（不要）大虾配烧酒。

着算了吃，毋通吃了算。

会晓（有能力）持家件件有，艍晓持家项项无。

囝仔爱过年，大人苦无钱。

一勤生百巧，一懒生百病。

马无夜草不肥，人无勤俭不富。

只勤毋俭，无钱无盐。

好问艍迷路，勤做毋知苦。

9. 勤俭等：

全家勤，厝前厝后出金银。

毋惊山高，只惊脚软，毋惊事难，只惊人懒。

急计（勤劳）人用手，想懒（懒惰）人用嘴，想懒人想吃。

勤勤俭俭粮满仓，大脚大手仓底空。

水停百日生虫，人闲百日生病。

好马不停蹄，好牛不停犁。

做虫想吃也着爬。

暗暗眠（睡觉），早早起，米缸常常有剩米。

若要生活好，勤劳、节俭、储蓄三件宝。

要吃毋讨趁（不谋生），吃久山也崩。

靠吃家伙（祖业）是没好尾（晚景）。

金山（挖）久也会空。

衫裤笑破没笑补。

冬天舢晓俭，冬尾嘈嘈念。

有油也毋该白日点灯。

细水长流年年有，大吃大喝没长久。

好汉战死沙场，懒汉饿死眠床（床铺）。

空吃山崩，急计（勤劳）好康（富裕）。

俭吃急计做。

贪酒不顾病，贪色不顾身，贪财不顾亲。

贪字贫字壳。

缴（赌博）和婊（玩妓女），沾着家伙（财产）了。

酒小饮，没要紧；酒大饮，损神经。

勿吃过量酒，毋喝隔暝（过夜）茶。

烟酒不离嘴，医生跑断腿；毋沾烟和酒，活到九十九。

想食鸦片熏（烟），害己害团孙。

鸦片仙，走路倥倥颠。

好色的人短岁寿，风雨未到骨先抽（抽搐疼痛）。

宋凶人（穷人）无病就是福。

平安恰赢大趁（赚）钱。

二、闽南话谚语——关于谋生

闽南话里面也有一些关于谋生方面的谚语。闽南地区,特别是台湾很多人靠海为生,因此,形容渔民们工作的俗谚也就特别多。好比"一日落海,三日未放屎"则清楚地说出了靠海维生的辛酸。只要下海捕鱼或是采蚝抓蚶一整天,就会让人累得脚酸而无法蹲坐,甚至连上个厕所都很困难,充分说明了海上工作的劳苦。

至于商场上的俗谚则有"卖茶说茶香,卖花说花红",就是十足的"老王卖瓜,自卖自夸"。

三、闽南话谚语——关于自然环境和生活习俗

在闽南、台湾还有一类的俗谚,是与本地的自然环境和生活习俗密切相关的,这些俗谚大部分都具有相当浓厚的乡土色彩,从这些俗谚中也可以看出当时农村的生活情形。有一句关于农村生活的俗谚这么说:"细汉偷挽匏,大汉偷牵牛。"意思是如果小孩子从小就"偷挽匏",长大后因习惯于偷窃,则会从小东西慢慢愈偷愈大,甚至"偷牵牛"。这句谚语是强调子女幼时教育的重要,旨在提醒父母不要忽略了小孩的不良习惯,只要发现了不正常、不正当的行为,便要适时予以纠正。

揶揄人粗心看错东西,就说"目睭花花,匏仔看作菜瓜",也用来嘲讽人眼光欠佳,好坏不分,做事粗心大意。

跟现代人的心态是最接近的"一日无事小神仙",这句话是说清闲无事,没有工作压力,自在得就好像一个小神仙一样,与"一日清闲一日仙"的意思是相似的。

与这两句话恰相反的是"一日走抛抛,一暝点灯蜡"。意思是说,整天只管嬉戏,四处乱跑,于是到夜晚只得点灯工作,临时抱佛脚。引申为匆忙赶工或读书的意思,形容一个人的处事态度不

正常。

　　长期观察气象与配合季节栽种的结果,使农民们认识到节气与农作的关系非常密切,更是和生活起居息息相关,也因此累积了丰富的知识并衍生出许多关于气象和季节的俗谚。

　　春谚,比如"二月初二霆雷,稻尾较重秤锤",二月初二是俗称的土地公生日,这句话意思是如果在这天打了雷,那么早稻的收成必是丰盈的。

　　"春蒙曝死鬼,夏蒙做大水",所谓"蒙"即是雾,整句意思是说,春天平地若起大雾,随后就会是连续的晴天,干旱无雨,连鬼都因为缺水而被晒得半死,夏天如果出现大雾,则将下起大雨,洪水泛滥,甚至造成严重的灾情。

　　夏谚,"好上元,好早冬",意指在靠近上元节前后几天时如果天气好,早季的收成就会很好。但是如果是"麦惊清明尖叶雨,稻惊秋来白日风",那农民可就要担心了,因为麦子到清明收成时最怕下雨,稻子到了秋天白露收成时最怕刮风。

　　"无食五月节粽,破裘不甘放",这句话是说端午前的天气乍暖还寒,不甚稳定,而过了端午节,吃过了粽子后,那时的气温才会逐渐回升,因此厚重衣物才能收起,意味夏天真正来临,换季时间到了。"六一,一雷压九台,七一,一雷九台来",这是说六月初一当日打雷,则年中台风就不会来,七月一日雷响则表示这年台风很多。

　　秋谚,"七月半,减一条线",指时序进入中元节以后,天暗得较早,白天渐渐缩短。此句常用在谈论"昼渐短,夜渐长"时。

　　另外有预测气候变化的"九月,起九降",是指农历九月,一旦刮起了大风,很可能就会发大水,提醒民众要小心防范。

　　闽台两地是海洋天气,夏天台风多,过了秋天就少了,所以有一句话:"霜降,风台走去藏。"意思是说,秋天最后一个节气霜降一到,夏秋危害颇甚的台风即不复见;但此句话却非绝对的,因为九月甚至是十月时,偶尔还是会有台风报到。

冬谚,"冬至在月头,欲寒在年兜",冬至一到,通常就意味年关将至;而当年若冬至在当月月初,则年底年关之时必很寒冷。而"冬至月中央,无雪也无霜"则说明了冬至在月中旬时,当年的冬天没什么雪霜。"冬至在月尾,欲寒正二月",冬至如在月尾,则当年冬天不会冷,会冷在来年的正月及二月时。这是关于整个冬天是不是寒冷的判断。

"大寒无寒,人畜不安",大寒乃指冬天的最后一个节气;在大寒当日若是不感觉寒意,则来年人畜皆可能不平顺。

谚语的重要性,不仅在于和生活相关联,更是农民们耕作的指标。而这些农民们长期看天吃饭所得来的经验与智能,可谓闽南、台湾谚语的精髓。

关于节气的闽台谚语还有:

立春在腊月(十二月)间,明春无倒春寒。

年逢双春(两个立春),米吃有"春"(剩余)。

立春起北风,雨水白茫茫。

立春有两春雨多,夏至少雨做大旱。

立春有雨淋,阴春到清明。

雨水阴寒,春季谥旱。

雷响雨水后,晚春阴雨报。

雷打惊蛰前,阴雨下谥停,高山可种田。

惊蛰无照火,寒到五月尾。

夏至响雷,定做大水,粟(谷)仔谥黄。

夏至刮西南(风),大雨水涨潭。

夏至大晴天,无雨到秋边。

小暑东北风,不久有台风。

小暑无雨,饿死老鼠。

大暑热谥透,大热在秋后。

大暑大热,夏早少雨,秋寒早来。

大暑大雨,百日见霜。

大暑展秋风,秋后热到狂。

立秋雨,秋收喜。

立秋有雨样样收,立秋无雨人人忧(高旱)。

秋前北风多阴雨,秋后北风旱到底。

处暑出大日,秋旱曝死鲫。

处暑东北风,大路做河通。

处暑不觉热,水果免想结。

处暑有下雨,中稻粒粒米。

白露有雨会烂冬,白露无雨好年冬。

白露风兼雨,有谷堆满路。

秋分露重,冬季多霜。

秋分北(风),热到脱壳。

寒露多雨水,晚稻慢出穗。

毋惊寒露风,只惊寒露雨。

寒露、霜降,日落就暗。

霜降晴,晴到年暝(除夕)。

霜降南风连夜雨,霜降北风好天公。

霜降有风,两寒有霜。

立冬有雨防烂冬,立冬无雨防春旱。

立冬无雨一冬晴,立冬有雨春少晴。

小雪红,好麦冬,小麦种落田。

大雪雨,甘蔗喜。

大雪刮北风,冬季多霜冻。

冬至乌(阴雨),年暝(除夕)酥(晴天);冬至红(晴天),年暝澹(下雨)。

冬至少雨,来春厚(多)寒。

冬至在月头(农历),寒冻年暝兜(除夕夜)。

冬至在月中,无雪又无霜,冬至在月尾,寒冻正二月。

小寒、大寒,无风叶丝。

小寒暖,春多寒;小寒寒,六畜安。

小寒、大寒多南风,明年六月早台风。

大寒雾,春头早;大寒阴,阴二月。

小寒冷飕透,小暑台风到。

大寒寒飕死,立春踔踔跳(蹦蹦跳,此句指大寒不冷,春天则冷得直跺脚。)

四、闽台谚语的特点

(一)内容

从内容上看,谚语把知识性、思想性、哲理性和科学性融为一体,具有高度的概括性。

(二)形式

从形式上看,它短小精悍,生动形象,是一种基本定型的炼语,易记忆,易流传。

第二节　闽台民间歌谣

闽台的民谣源远流长,在闽南各地流行的民谣通过各种途径进入台湾。闽南人是台湾最大族群,闽南话系就成为本土"强势语言",闽南歌谣因而被多数人泛称为"台湾歌谣"或"台湾歌曲"。台湾传统民谣有民间小调、本土戏曲和源于中原的歌乐。

汉族民间歌谣是在明清时期随着大陆移民传入台湾的。郑成功治理台湾期间,随其入台的军人及眷属背井离乡,追思、怀念大陆,创作出许多以思亲怀乡为内容的民间歌谣。在长期的发展过程中,逐渐形成充满着浓厚地方气息的各种调律,如台北调、彰化调、恒春调、宜兰调、台南调等。大致可以分为童谣、情歌、劳动歌、生活歌、故事传说歌、习俗歌、劝善歌和乞食歌等。有台湾汉族民谣(台湾汉族福佬语系民歌、台湾汉族客家语系民歌)和台湾高山族民谣两大系统。

童谣的流传极为广泛,几乎所有的闽南人都会哼几句儿时学的"月娘月光光,起厝田中央",或是"一的请你葱,二的请你菜,三的锵锵流通(水开锅,喻热闹),四的妙米粉"等等,其中充满了儿童的想象力和童趣。较为有代表性的童谣有《耶罗耶》、《摇仔摇》、《草蜢公》、《人插花你插草》、《打铁歌、演铜锣》、《龙眼干》、《天上一块铜》等。情歌在民谣中所占比重相对较少,而且欢乐的少,悲凉的多,著名的有《偷寻哥》、《丢丢铜》、《看牛歌》、《长工歌》、《作田歌》、《行船歌》、《过番歌》、《九月秋风来》等。日本统治时,有名的民谣作品有《天黑黑》、《望春风》、《丢丢铜仔》、《白牡丹》、《心酸酸》、《雨夜花》、《补破网》等,它们都是台湾同胞苦难心声的表达。现在,民谣仍是台湾民间所喜爱的一种表达感情的方式。

一、闽台汉族民谣

(一)闽台汉族闽南话系民谣

闽南话民谣与台湾福佬语系民谣可谓一脉相承。在台湾的居民中,闽南人占80%以上,称为福佬人。闽南系民谣也称福佬系民谣,是以闽南话演唱的民谣,起源于福建漳州与泉州一带,明清以来,福佬移民大批移居台湾,闽南的民谣及民间音乐随之传入台湾本岛。传入台湾后,早期主要在西部平原、兰阳平原与恒春地区流行。福佬系民谣多数属于民间小调,演唱方式属于单音的曲调唱法,每段四句,每句多为七字(少数为五字),内容以歌唱爱情为主,其次为劳动、滑稽、叙事或童谣等,福佬语系民谣的地区分布大体有嘉南、兰阳、恒春和台北等四个地区。

在闽南地区广为流传,传入台湾的闽南民谣大致可分为八类。

1. 山歌、褒歌。

传入台湾的山歌、褒歌主要流行于台北及兰阳地区。山歌、褒歌来自闽南的安溪及漳州。安溪是乌龙茶的产地,茶农上山摘茶或在日常生活中有互相对歌的习惯,当地称为褒歌,褒歌的内容以表现爱情居多,词有固定的也有即兴的,曲调十分口语化,有一定随意性。

2. 歌舞、小戏。

这里所说的歌舞、小戏,指的是车鼓弄、梨园小戏和高甲小戏。流行于台湾的《病子歌》源于梨园戏小折戏《唐三别妻》。《桃花过渡》一曲是来自梨园戏《桃花搭渡》,竹马戏和老白字戏称为《搭渡弄》,民间称之为《车鼓弄》。

3. 盲人走唱。

盲人走唱过去在漳、泉两地甚为流行,演唱者除了唱曲之外还兼抽签问卜。盲人走唱中的《五更鼓》、《孟姜女》和《雪梅调》几乎原封不动地保存在台湾民间,甚至被引进歌仔戏。

4. 锦歌。

锦歌是福建说唱中的五大曲种之一,主要流行于原漳州一带。它对台湾歌仔的形成有重大影响。锦歌有些曲子也在台湾民间流行,如流行于嘉南地区的《卜卦调》。

5. 吟诵调。

从台湾名艺人宋非我先生吟诵的《清明》(唐·杜牧)、《回乡偶书》(唐·贺知章)、《凉州曲》(唐·王翰)等几首吟诵调中,可以看出和闽南的吟诵调基本一致。

6. 童谣。

闽南的童谣《天乌乌》经改编之后曾流行一时。风行台湾省的童谣《打铁哥,台铜锣》和儿童游戏的《一放鸡,二放鸭》都和闽南的童谣相同。

7. 器乐曲。

这里所说的是闽南器乐演奏曲——十音的曲牌,在台湾填词作为民歌演唱。如《百家春》填入闺怨内容,描述妻子思念远在他乡的丈夫。

8. 宗教和祭祀等仪节音乐。

传入台湾的各种宗教音乐,大多仍用于相同的场合。

(二)闽台汉族客家语系民谣

客家系民谣又分为客家山歌与采茶歌两种,均用客家话演唱。它是由粤东和闽西客家移民传入台湾的,普遍流行于台湾北部的桃园、新竹、苗栗和南部的高雄以及屏东的丘陵地区。客家山歌与属于小调系统的福佬系民歌在风格上有很大不同。福佬系民歌多为平原地区城镇中的"里巷之歌",而客家系民歌则属"山野之歌",抒情色彩更浓厚,乡土气息足。

客家山歌以歌唱爱情为主,也有反映生产劳动的。曲调是五声音阶,演唱节奏婉转,悠声缠绵,优美动听。客家山歌多采用双关语、隐喻、借代等手法。采茶歌实际是客家山歌的一种,其曲调、旋律、风格与表现手法等,都与客家山歌相同,只是由于它最初流行于产茶区,歌唱的内容大都与茶有关,故名"采茶歌"。在此基础上,台湾民间还产生了"采茶戏"。

(三)闽台汉族民谣主要内容

闽台汉族民谣就其表现内容而言,可分为九种类型。

1. 家庭歌谣,如《媳妇自叹歌》、《满月歌》、《家庭快乐歌》、《家庭悲歌》、《看护歌》与《结婚歌》等。

2. 劳动歌谣,如《耕牛歌》、《出猎歌》、《捕鱼歌》、《牛犁歌》、《挑菜歌》、《种稻歌》与《打鹿歌》等。

3.爱情歌谣,如《高山恋歌》、《客家情歌》、《月下情歌》、《月夜诉情》、《送情郎》与《相思》等。

4.祭祀歌谣,如《迎神曲》、《卜卦调》、《人头祭歌》、《丰祭歌》、《乞雨歌》、《道士调》、《祭典乐曲》等。

5.娱乐歌谣,如《酒歌》、《快乐歌》、《抛采歌》、《杵歌》等。

6.社会歌谣,如《欢迎访客之歌》、《亲睦歌》、《迎宾歌》、《劝善歌》、《时代歌》等。

7.自然事物歌谣,如《月》、《花莲港》、《北投歌》、《数目歌》与《时令歌》等。

8.史实传说歌谣,如《朱一贵乱歌》、《陈三五娘》、《猫雾社番曲》、《戴万生反清歌》等。

9.童谣,如《摇子歌》、《团仔歌》、《急口令》与《天乌鸟》等。

上述这些都是早期闽台民间典型的歌谣。抗战时期及台湾光复后,台湾民间又创造出许多新的歌谣,典型者如《望春风》、《雨夜花》、《四季谣》、《月夜愁》、《心酸酸》、《河边春梦》、《双雁影》、《白牡丹》、《春花梦露》、《望子早归》、《黄昏再会》、《补破网》、《孤恋花》、《秋风夜雨》、《收酒歌》、《烧肉粽》、《淡水暮色》、《暗淡的夜》、《西北雨》、《旧情绵绵》、《南都夜曲》、《安平追想曲》等。这些民间歌谣在台湾至今仍广为流传。

二、台湾高山族民谣

高山族是台湾省的少数民族。由于居住地区和语言的不同,高山族包括平埔人、阿美人、泰雅人、排湾人、布农人、卑南人、鲁凯人、曹人、赛夏人和雅美人等。高山族大约有 38 万多人,主要分布在台湾本岛的东区和东部沿海纵谷平原及附近岛屿上,祖国大陆也有少数高山族同胞,散居在福建、上海、北京、武汉等地。高山族有本民族语言,没有本民族文字。

富饶美丽的宝岛养育了高山族人民,也孕育了他们丰富多彩的文学艺术。如神话传说、民歌民谣、音乐舞蹈等。高山族人民能歌善舞,每逢节日,均要群集歌唱、舞蹈。民歌有"颂祖歌"、"狩猎歌"、"耕作歌"、"悲歌"等。在歌谣里他们歌颂勤劳勇敢的英雄,诉说受压迫剥削的苦难,表达了对未来美好生活的向往。每逢8月,在高山族一年一度的丰收节的晚上,村寨里的男女老少,穿着节日盛装,围坐在篝火四周的草地上烤肉,喝酒。小伙子们吹起嘴琴、竹笛,姑娘们唱起"符歌",跳起"柠舞",气氛欢乐、热烈、祥和。

台湾高山族民间歌谣的产生背景和内容,多与各族系的部落组织、生活方式与迷信、礼俗、娱乐等相关。各部落均有歌谣,风格和韵律虽各有不同,但大体上可分为抒情歌谣与叙事歌谣两种。

清黄叔《台海使槎录·番俗六考》记载了34首高山族民歌,其中有歌颂劳动、反映生产斗争的肖垄社的《种稻歌》、大武郡社的《捕鹿歌》;歌颂祖先、歌颂斗争历史的阿束社和武洛社的《颂祖歌》;歌唱新婚、会饮等生活题材的南北投社的《贺新婚歌》、南社的《会饮歌》等,还有力田、念祖、被水、认饷、祀年和别妇等内容的民歌。

现代高山族民歌中,反映生产劳动和斗争的有耕作、狩猎、捕鱼和祭祀、会饮、祝年等歌;反映恋爱和婚姻的有恋歌、抒情示爱歌、婚礼、思妇、念夫等歌;一般生活民歌包括怀乡歌、悲歌、禁忌歌、迎宾、送宾、怀念、思家等歌。

三、闽台民谣的特点

（一）叙事与抒情融为一体

抒情性是歌谣的重要特征,这种抒情也常常融在叙事之中。

（二）形象鲜明生动

闽台民谣常用白描的手法塑造人物形象。这种白描或是通过典型的画面和细节，或是抓住人物特征，从心理、动作和语言等方面加以勾勒，把人物形象活现在读者面前。如《天黑黑》在塑造形象时选取了一个喜剧性的场面，既有心理描写、动作描写，又有语言描写，活画出人物幽默风趣的性格特点。

（三）夸张、想象、幻想等艺术手法的运用

一首精美的优秀民谣常常离不开想象和幻想，这种丰富的艺术想象力，会使民谣产生很强的艺术感染力。同时夸张与丰富的想象又有密切联系。

（四）赋比兴手法的广泛运用

赋比兴是中国诗歌传统的表现手法。赋即"敷陈其事而直言之也"。铺张与白描是歌谣中赋的常用方法。比即比喻，在文学上是"比附事理"、"托物言志"的一种艺术表现方法。兴即"先言他物以引起所咏之词也"。兴多用于民谣的开头，多半是以山川风物、自然景物起兴。在歌谣中比兴常结合使用，有兴兼比，或比兼兴的。

（五）重叠、反复及双关语的运用

字、句和章都可以有重叠、反复。方式有复沓式、递进式、问答式、对比式、铺陈式。双关是一种含蓄的表达手法，多用在情歌中。

（六）歌谣合辙押韵，形式多样

闽台民谣有四言、五言、七言、十言和长短句多种形式。歌谣是口唱的，富于音乐性，大多数歌谣其句法整齐而灵活，韵律和谐，韵式多样。

第三节　闽台民间故事

闽台民间故事有许多相近、相似之处。闽南民间故事对台湾民间故事产生了非常大的影响。以台湾地区居民的组成来看,除了高山族之外,早先几乎皆是从大陆移民过来的,其中以福建、广东两省为多。福建移民至台者,以漳州、泉州的福佬人为主,而广东移民至台的,则以客家人为主。因此,台湾的民间故事大都围绕着高山族、闽南人、客家人这三大族群而产生。就台湾民间故事的发展概况而言,它与大陆民间故事的关系可谓密不可分。台湾地区三大族群:高山族、闽南人、客家人的民间故事发展不太均衡,由于社会背景、政治环境、人口比率等等因素,客家族群方面显得较为薄弱。由于台湾四面环海的地理环境,先民渡台后胼手胝足的开垦经历、数度遭列强占据殖民的境遇,台湾虽承袭大陆地区的民间故事特色,但毕竟因为时空背景条件的差异,所以后来流传于台湾本地的民间故事,便时常与当时当地的风俗习惯、人文色彩、地理环境相结合,发展出自己的风格、特点。

台湾高山族神话所反映的内容常和高山族原始宗教图腾意识紧密相连。由于高山族社会发展比较迟缓,直到近代仍有不少神话在高山族人民中间流传,保存下来的神话数量较多,也较完整,在民族学、人类学和民间文艺学研究中具有很高价值。

一、闽台民间神话

神话是文学创作中一种极古老的散文形式的口头创作,它是原始人最初构思的,记录了早期人类对自然和自身的理解,对于宇宙万物的认识,以及在这一认识过程中所表现的独特的思维方式和幻想故事。是民间文学中最古老体裁之一,是古人对难以理解的自然现象的反映和折射。

（一）闽台民间神话的主要内容

1. 雷公、电母。

闽南神话中有很多关于雷公电母的内容，说雷公是可以显灵的，它能分辨人间的善恶，替人间收拾恶心毒行的歹人。所以它无事就不发雷，既发了雷，就要击死人的。后来错击死了一位好人——一个很有孝心的寡妇。于是雷公就上奏玉帝，请命将这个寡妇赐为电母。在它未发雷之前，电母可以放光，先照亮世间的善恶，以免再错击人。所以现在打雷的时候，先有电光闪一闪，就是这回事了。

台湾也有类似的雷公的神话。《雷公鸟》讲小偷救了雷公，因此雷公从不落雷打小偷。《雷公》讲古时候有对父子同去打猎，儿子先返家，父亲却寻儿未归，母亲怪儿子的同时，点了火把外出寻夫。后来，夫妻俩升天化为雷电，闪电是父亲的火把，雷鸣是母亲的火把。

2. 玉皇大帝。

闽台民间的神明许多是属于想象神，人类为了要探究宇宙万物的奥秘，便由离奇的思想形成了神话。神话便是由实在的事物而产生的幻想故事。所以闽台民间的想象神许多来自神话。又因人的世界有皇帝、文武百官及其部属，这些人还各有妻妾、仆婢等，所以古代人很容易想象神明界也有最高神，其下面有文官和武官神，且各有其部属等。中国民间信仰所构想出来的神明界，也就是中国历代帝国体制的再版，至高之神是玉皇大帝，在其支配下的各神明由其设官授职。玉皇大帝，简称玉帝，俗称天公。宇宙中一切的神明，都是在他的统辖下，没有天地以前，就先有了他，天地万物由他而创造，他本身永住天上，但委派诸神到世间来观察人间的善恶，一般人信奉他为至高无上之神。据闽台民间传说，玉皇上帝不但授命于天子,统辖人间,而且也统辖儒、道、释三教和其他诸神仙,以及自然神和人格神——即古来所谓的天神、地祇、人鬼都归其管辖。天神就是属于天上所有自然物的神化者,包含日、月、星辰、风伯、雨师、司命、三官大帝、五显大帝等,而玉皇大帝也属天神之一。地祇就是属于地面上所有自然物的神化者,包含土地神、社稷神、山岳、河海、五祀神,以及百物之神。人鬼就是历史上的人物死后神化的,包含先生、先公、先祖、先师、功臣,以及其他历史人物。

3.关于自然等。

在闽台神话中,台湾神话以自然神话为多,反映了台湾人对自然现象的一种大胆想象。《太阳·月亮·星星》讲古时候天上有两日,使草木皆枯,有三位勇士执箭射日,第一箭未中,第二箭未中要害,第三箭射中太阳要穴,太阳毙命变成了月亮,太阳身上溅出的血变成了满天星斗。《月亮·颈饰》讲古时候有两日,有一人因小孩在日影中被蜥蜴所吃而怒射一日。太阳告诉他万物生长都靠太阳,那人即以胸围给太阳敷伤,被射中的日成了月,月上阴影就是那块胸围。《日月》讲古时候天很低,哈摩神用两手撑高了天盘,让日和月轮出。《昼夜》讲古时候天上日月各有两个,一年是酷热难熬的白昼,次年又是幽暗的夜晚。有两人将日月各射其一,从此日月运行正常,太阳热气相宜,月亮比以前光亮。《日神和月神》讲天公想将日月结成夫妻,因太阳脸丑,月亮不愿,故一个晚上走,一个日间赶,永远凑不到一起。《太阳和猪母菜》讲古时候有九日,雷神击灭了八个,有一个藏在猪母菜园里而幸免,故永不晒枯猪母菜。《月影》讲古时候加礼宛社一美少女,遭继母虐待后,坐在海岩上升天了,月中可见其影。《张古老》讲张古老因狗的破坏而无法砍倒月中的大樟树。《灶神》讲玉帝第三子因喜看女神,被贬到人间当灶神。《天书》讲过去人们本可知天上事,但天女之子放鞭炮时烧掉了专说天理的书,人类就不知天上事了。《风婆》讲深山洞窟里住着掌管风的风婆。一个勇士射杀了她,从此少了风害。

(二)闽台民间神话的特点

1. 物我不分的互渗律。

原始人在心理机制上与儿童相似,大体经过未分化的、分化的与整体的三个有序进程。首先是"天人合一","物我不分"的泛灵论阶段,在这种物我不分、主客观不分的"混沌"时期,原始人眼中的世界和儿童的一样,笼罩着强烈的"主观"气氛。如《月亮·颈饰》。

2. 集体表象。

神话研究者大体有个共同的看法,认为"原始人几乎没有'个人'意识,却受集团心理的支配"。他们的行动受着"集体暗示力"的支配。因为在氏族社会里个人离开集体就无法生活。围猎需要集体合作才能制服凶猛的野兽,生产资料为集体所有,在氏族复仇战争中,个人无条件服从氏族利益,故在原始神话和宗教行为中多数是集体意识表象。如《玉皇大帝》。

3. 直观的具象性。

原始思维特点具有一定的具象性,或者说它趋于形象思维,富于直观性,或意象性。原始人类常把客观世界加以人格化,他们很少有抽象的概念,于是直观性、形象性或具象性便成了神话思维的主要特征,同时,浪漫的在今天看来缺乏内在逻辑的幻想便油然而生。如《雷公》。

4. 构思的幻想性。

闽台神话在构思和艺术特点上主要表现为强烈的幻想性,这种原始时期不自觉的幻想,已构成文学的浪漫主义,这种浪漫主义正是产生在古代现实生活基础上的,透过幻想成分我们能很好地窥视到古代生活的情景,特别是原始先民劳动生产的情景。如《昼夜》。

5. 原始思维的神秘性。

原始先民由于生产力低下,智力初开,对许多现象不能了解,又要强作解人,于是出现万物有灵的观念,思维本身带有许多神秘性。如《天书》。

二、闽台民间传说

民间传说指以著名历史人物、历史事件、地方风情、山水物产为中心所形成的解释性、传记性的口头叙事文学作品。闽台民间传说主要有人物传说和地方传说两个方面。

（一）闽台民间传说的主要内容

1. 人物传说。

台湾人多为福建移民,开台初期要同险恶的自然环境和番人打交道,可谓艰苦卓绝,故人物传说多与台湾早期开发有关。福建的也有一些与开发当地有关的人物传说。

《姑爷里的由来》讲台南县新营镇有一处叫"姑爷里"的富庶之地,得名于郑成功的妹夫杨瑞璉。郑成功当时鼓励大家开荒屯田,叫杨骑马往郊外跑三日三夜,所经土地皆赏杨。杨由此获得了大量良田,其后代也在此延续。

《天后保佑人们的传说》中,天后妈祖不但能保佑海上船只平安,还能帮助人们抓海盗、除痛去疾、佑晴佑雨、降神兵助战以及保佑妇女生儿育女等等。妈祖是福建省兴化府莆田县湄公镇的都巡官的女儿,传说飞升以后,屡显灵威,救助世人,尤其是遭逢海难的船只,经常在千钧一发之际,忽见万道红光飞腾海上,狂风巨浪转眼波平如镜,遭险的渔船终能顺利归航,于是莆田县的居民开始建宫庙来祭祀她,并尊称她为"通灵贤女"。海峡两岸有妈祖庙几百座。

《郁永河北投采硫磺》讲清初秀才郁永河从福州入台采硫磺,

在番人帮助下克服种种困难,终于如愿以偿。《宜兰之祖吴沙》讲福建漳浦人吴沙深入番地,任用贤人,经千辛万苦,为开垦宜兰奠定了基础。《谢金銮请设噶玛兰厅》讲福建侯官人谢金銮在嘉义任教谕时上书皇帝将蛤仔滩(今宜兰)纳入版图,皇帝派官设立了噶玛兰厅治理宜兰。《八堡圳的一段传奇》讲康熙年间台南人施世榜辛勤开发彰化八堡圳,受到人们爱戴的故事。《开台先锋颜思齐》讲福建漳州海澄人(一说泉州人)颜思齐率人开拓台湾的故事。《吴光亮开辟横贯路》讲总兵吴光亮在恶劣的自然条件下,以及与山地人斗勇斗智的过程中,开辟了横贯台中与花莲间道路的过程。《覆鼎开垦记》讲早期闽人开台时因覆鼎地界不清而发生械斗,后因天公发怒及山胞相劝而和好,共同开发覆鼎。《梁阿公扬名番社》讲南海梁阿公在台开山抚番之事。《吴大人死尊阿里山之神》讲福建平和人吴凤,于康熙至乾隆朝任"理番通事"时将阿里山治理得井井有条。还不惜让番人误杀自己而后悔,使番人废除了用人头祭祀的陋习。

作为中华民族的一员,闽台两地居民同样恪守中国传统的忠孝礼义的道德观,并以此教育后人。《牧羊人感化赖半街》讲富翁"赖半街"连牧羊人在其屋檐下避雨都不肯,牧羊人却以德报怨救了他,使他省悟到:只要仁义在,不怕没钱花,从此热心济困,赢得了"富而仁"的赞颂。《林主诚和气生财》讲彰化林主诚诚实不欺,财神主动找上门,生意越做越大;而郑用却吝啬成性,欺骗成性,财神离他而去,生意一落千丈。《丁克家孝心感动天》讲福建晋江人丁克家遇大火时宁死救父,孝感天地,火未烧到其家。《刘员外巧立遗嘱》讲刘员外因女儿女婿不孝,儿子刘一年幼,(学名"刘一非"),死前立下遗嘱:"刘一非我子也家财尽与女婿外人不得侵占。"其女儿女婿认为意思是:"刘一,非我子也,家财尽与女婿,外人不得侵占。"企图霸占其子财产。其继室告官后判为:"刘一非,我子也,家财尽与;女婿外人,不得侵占。"将财产判给了其子。《跛脚孝子许阿泉》讲嘉义的跛脚孝子许阿泉在海盗来时背母逃命,孝心感动了海盗,不但未受伤害,还替他找了个富家千金,并赠其财产;海盗退后,许宝泉送还了富家千金,归还了财产。其行感动了县官,亲为其媒。《黄宝姑的殉节》讲美丽贤惠的黄宝姑曾与吴金定订婚,后因战乱吴金定一文不名,其父想让她另攀高门,黄宝姑却认为"饿死事小,失节事大",坚决不从,投湖自尽。后人感其贞烈,建庙祭祀。《大甲贞节妈的来源》讲淡水大甲村的林春娘是余荣长的童养媳,余荣长打鱼淹死时她才 17 岁,却立誓不嫁而奉养公婆;后为余家香火而过继了族兄之子,勤俭和气持家,获得皇上敕旨旌表,人们尊敬地称她为"大甲贞节妈",死后替她设主祭祀,与郑成功、妈祖同列为大甲三神。一些民间传说还程度不同地表现了当时社会风貌和时代变迁。《沈家人长祀鸭母王》叙述清康熙年间朱一贵兵败被杀后,沈家在猪圈中发现一缸传为朱一贵所留的金子而致富。沈家遂以外祖祭祀朱一贵至今。

《王日新今世柳下惠》讲秀才王日新遇妓女而坐怀不乱,反被诬告,经审问,妓女被打 60 大板。由此可见当时世风:那时文人常在府城南势街的妓院中联吟雅集,且地位颇高,为民之首,如有人敢冒不韪去"暴虐斯文",罪过非同小可。

2. 地方传说。

地方传说包括地方山川风景、地名古刹、特产工艺、风俗民情等内容,大多有所寄托,乃当时社会生活的折射。

《祷雨济民》讲妈祖 21 岁时莆田大旱,妈祖祈雨,并说壬子日申刻会下大雨。时辰到时,大雨滂沱而下,大地恢复生机。《鹅銮鼻灯塔的来历》讲屏东一带的排湾族凭借地势险恶,多次袭击来此地的英、美商船,美国政府派人交涉后,袭击始告结束。后在美、日、英三国压力下,清廷在屏东鹅銮鼻(旧称沙马矶或南岬)附近建了一巨型灯塔,虽多次遭破坏,但至今仍屹立在海上为夜航船只指航。《石龟》讲清代皇帝对镇压叛乱有功之臣均奖石碑,以石龟为

基石。但台南大南门的十块赏碑中却少一石龟,原因是乾隆皇帝
奖赏平定林爽文起事有功之臣的石龟在运台时落入海中了,后又
变大龟被渔民捕获,放至台南西门的南厂庙前。《斗六》讲嘉义(那
时叫诸罗)当时要设县衙,因不同地方的人为将县治设在自己地面
好促进繁荣而争执不下,官方于是决定各取一斗土对称,重的人气
旺可设县治。嘉义人用盐掺进土中,一斗等于对方一斗六,终于取
得胜利。表现了当时人们对促进繁荣的重视和向往。《日月潭》讲
日月潭原名水社大湖,湖中有棵神木大树,根盘于水底,神木树精
投入一个番妇身内,她产下了一个魁梧的番王。番王因不受政府
管训,巡抚便用计将大树锯断,番王投湖自尽,表现了平番的艰巨。
《蟾蜍山》讲台北市公馆附近有一座形似蟾蜍的山,曾有蟾蜍精在
此喷烟加害住民牲畜,后由郑成功军队用炮轰击后才不作怪。表
现出当地开创之初的艰难。《白马麻滕》讲台南北门乡靠海处有一
座叫北门屿的小岛,岛上出产一种植物——白马麻滕。英国船派
人从屿上掘出白马麻滕带回船上,突然岛上爆炸使大海成陆地,英
船爆炸后沉没,表现了当地民众反抗外来侵略的心理。《浊水》讲
述士林芝山岩后的溪水下游混浊,而上游却是清澄的。其缘由是
漳、泉械斗,泉州人散播谣言,使漳州人中计走出芝山岩后被杀,血
流入溪中,使水混浊。表现了当时漳、泉械斗的惨状。《鲤鱼山》讲
台东附近的鲤鱼山上的圆洞原为鲤鱼精的眼睛,因这一带妇女常
生双胞胎,被认为是不祥之兆,缘为鲤鱼精作祟,故村里派人挖掉
了鲤鱼精的眼睛。表现了当时人们对无法解释的生育现象的认
识。《龙树》讲的是屏东归来庄大池塘边龙形大树故事,说当时有
一条蛟龙在此处被砍为两截后埋在池边,长出了形如龙状的树。
表现了当时人们对龙的恐惧和敬畏。《滚水湖》讲冈山附近的滚水
湖四时如沸,缘为一对夫妇因养女柴草潮湿烧不开水而常折磨她,
后又要将她卖作娼妇,养女及与其相好的男青年先后投湖自尽,水
神深受感动,为不让今后养女再因水烧不开而受折磨使湖水成沸

水。表现了对当时养女悲惨命运的同情。《女魂花》讲澎湖南大屿海滨有一种开得鲜艳却不知名的花，如折此花会生病，其缘为明朝灭亡时，海盗杀了在此避难的人，剩下七个妇女为守贞节投湖自尽，后化为鲜花。表现了当时海盗给人民生活带来的灾难。《铁砧山》讲台中县大甲镇铁砧山上的泉水，缘由郑成功当年插剑求水而来，借此击败番人。表达了对郑成功的怀念。《半屏山》讲高雄西北方的半屏山，原为一座巍立高山，后因要与玉山比高，被天帝击成目前仅500多尺的小山。表现出凡事不可太狂，山外有山的思想。《白米壶》讲基隆仙洞的顶端有一空隙可出白米，后人们过于贪心，将洞凿大，结果一粒米也不出来。告诫不可贪婪过分。《国姓爷的炮轰术》讲从台北南行，路上的莺歌镇300年前原为古荒之地，鹦鹉妖石、鸢鸟妖石吐出的黑烟使行军至此的郑成功军队中的士兵失踪。郑成功用大炮将鹦鹉妖石的头、鸢鸟妖石的嘴轰掉，从此再无黑烟雾出现。所以今天称被轰的石山为"莺歌石"、"鸢山"。另外，宜兰县城头镇东十里的大海上有一座龟山岛，传为当年郑成功军队行军到此，远望有一龟精正在吐黑雾，要吞噬士兵，郑成功下令炮轰龟精，一炮命中龟脖子，龟精当即沉下，再度浮上后即成了龟山岛。表达了对国姓爷为民除害的怀念。《圆仔汤岭的传说》讲新竹地区的圆仔汤岭，其西边缺了一大块，成为南北交通要道。其缘为清朝乾隆末年，有位老人在这卖汤圆，一个铜钱卖一个，三个铜钱任人吃饱。一年过去了，人们都拿三个铜钱吃个饱，唯独一个小女孩用一个铜钱买一汤圆。后来始知这个老人家的汤圆是用圆岭上的泥土做的，岭上还因挖土而缺了一个大口。那些用三个铜钱买个饱的想贪小便宜的人不禁阵阵恶心。表达了对想贪小便宜的嘲讽。《刘明灯的勒石癖》讲台湾总镇刘明灯癖好勒石为碑，今日宜兰的虎字碑即为刘明灯所立，他勤练虎字，使虎字碑独立擘窠，气势磅礴。《阿里山姊妹潭的传说》讲阿里山的姊妹潭水终年不涸的原因，传说此地当年有一对漂亮姊妹阿娃娜和阿娃嘉为使凶残的酋长之子莫古鲁不再残害族人,不断祈求天神,流下的泪水变成了两个相连的水潭,自己也被淹没了,水潭阻拦了莫古鲁的抢杀。为纪念这一对姊妹,人们将之称为"姊妹潭"。

3. 高山族传说。

高山族传说内容古朴,其中反映人类来源和风俗习惯的有《高山族和汉族的来源》、《文面的起源》和《吴凤的传说》、《高山族青壮年刺面的传说》等;反映生产斗争和自然现象的有《日月潭的独木舟》、《射日的故事》和《老人授谷种》等。动植物故事如《乌鸦和翠鸟》、《鹰和鹭为什么笨重》、《贝珠衣和鸢鸟》和《粟王》等也很有特色。

台湾高山族各族群也有母语的洪水传说。如泰雅人达克兰社就传说族人遭洪水时,逃到大霸尖山跟野兽和蛇住在一起,相处得很好,后送优秀的泰雅人投进水里,水才消退。

(二)闽台民间传说的特点

1. 拟真实性。

民间传说多数属于文学的虚构,少数属于经过剪裁加工过的口传历史。由于其核心是实际发生过的历史事件或实有的历史人物、风情、物产,人们常以真实可信的口吻来解释传讲其有关来历及生成原因。

2. 历史性。

由于历史人物和事件本身具有历史性,在正史之外,常有一些相关的事迹在民间口头流传。虽然在流传过程中有所渲染和加工,其基础事件不排除真实性,所以民间传说经常作为正史的补充,被地方志或史志性著作采用。

3. 传奇性。

民间文学本身幻想的特点比较突出,传说一方面继承了这一特点,另一方面又具有野史外传的现实离奇性,所谓无奇不传。牵强附会、移花接木等手段使传说的传奇特点显得十分突出。

4. 解释性。

传说不是凭空产生的,常有具体的人或事物在眼前,尤其是旅游观览之中,传说的解释性特点表现得非常明显,一草一木一砖一石,由解释而产生美丽的传说使草木生情,砖石生色。

5. 地方性。

传说是具体解释地方的物产人物的,因而具有地方性的特色。

三、闽台民间故事

民间故事是具有时间、地点、人物、情节等要素的口头叙事文学。民间故事所表现的内容虽为虚构,却是人们对现实生活思考的反映。

(一)闽台民间故事的内容

1. 反映伦理道德观。

"善有善报、恶有恶报"乃许多民间故事百说不厌的主题。《水鬼做城隍》讲一员外收租后乘轿而回,两个轿夫见钱眼开,杀死员外携钱外逃。员外死后当了水鬼,阎罗王认为这水鬼心肠好,就派他去当城隍,恰巧当年害死他的两个轿夫到城隍庙告状,结果受罚七孔流血而死。《善良的下女》讲一位下女金枝送饭给乞丐吃,还帮乞丐挤脚脓,脓血溅了金枝一脸,使她的脸变得如美玉般。金枝的女主人原先一直赶乞丐走,得知金枝的奇遇后,抓住乞丐就挤他的脚脓,却成了猴子脸,身上长出毛,屁股也被烧红了,无法见人只好逃上山。

类似的伦理道德故事还有《牛报恩》、《身长鸭毛》、《酒仙和狐狸》、《蜜蜂报恩》、《蛇酒》、《五龙聚会的迷信》等。

2. 反映戒贪的思想。

《金银的壶子》讲三兄弟去邻村时发现了三壶金银,约好返回时再取。贪心的老二装病先返回树下,看到的不是三壶金银而是三壶水,他丧气回家。不料老大、老三返回时见的仍是三壶金银,带回后分给老二一壶,老二惭愧不已,从此不再贪了。《荔枝和黄金》、《樵夫和白银》、《奇异的石臼》、《东港王爷庙的来历》都反映了当时人们的这类思想认识和观念。

3. 反映命中注定观念。

《乞食命》讲柳员外半百得子来福,相师说来福是乞丐命,只有找个会"荫夫"的媳妇才行。柳员外好不容易替来福娶了个"富贵命"的媳妇,但他死后,来福仍成了乞丐。这类作品还有《两个乞丐》、《陈大憨》等。

4. 反映浪子回头金不换。

《碰舍龟》讲富家子碰舍因花天酒地而负债累累,被妻子数落后觉悟,卖红龟粿而重振家业,人称其为碰舍龟。这类作品还有《陈阿扁改邪归正》等。

(二)闽台民间故事的特点

1. 闽台两地故事多有关联。

许多福建民间故事传入了台湾时虽有所删增,但总的框架未变。《田螺报恩》说明好心有好报。台湾的《蚬女》与大陆的《田螺姑娘》相似。这类故事还有《卖香屁》、《狗耕田》、《蛇郎》等。《狗与女人结婚》则讲皇帝贴出榜文,谁能治好公主的病就将公主嫁他,狗揭下榜文,用舌头舔公主长疮的皮肤治愈了公主,公主嫁给了狗。这个故事与大陆各种有关狗与人、青蛙与人结婚的传说,可谓大同小异。

2. 情节跌宕起伏,人物性格鲜明。

《活在万人心中的林掌柜》讲林掌柜违反东家规矩做好事,多次化险为夷的故事。《奇人奇事许超英》讲下港许超英欺官不欺民,嫌富不嫌贫的故事。

3. 许多民间故事凝固成具有告惩意义的谚语。

谚语:"三人五目,日后无长短说。"意为凡事要当场看清,不可事后反悔。相关故事说的是一媒婆为撮合独眼女与跛脚男的婚事,相亲时,令女子假装扭捏躲于门边稍露正常之眼;让男子把跛脚搁在楼梯上。媒婆当着双方面声明:"你我今日三人五目,日后可无长短说。"这对男女成婚后只好认命。谚语:"心肝硬过石阿暇。"意为做事为人都暴戾到极点。相关故事说的是石阿暇之妻月娥与人通奸,被其弟撞见,月娥却先行诬告小叔。石阿暇不分青红皂白就砍死了弟弟。谚语:"捡着金烟吹,破产全家伙。"意为不要因一时虚荣落得家破财失。相关故事说的是农夫阿水拣到一个金烟斗,遂起了虚荣心,不再耕田,还换绸衣,盖新屋,买昂贵烟丝装入金烟斗,不久即耗尽家财,一贫如洗。

4. 共同主题有多种说法。

如关于噶玛兰人为何无文字就有四种说法:

噶玛兰人认为文字刻在木板上会腐朽,就刻在石板上。外地人和噶玛兰人一起坐船,不料船翻了,石板沉入海底,木板浮了上来,噶玛兰人的文字因此消失了。

台湾人和噶玛兰人比谁的文字棒,外地人把文字写在树皮上,噶玛兰人把文字写在石头上,一起放入水中,结果石头沉入水底,噶玛兰人的文字也随之消失了。

日本人、外地人、噶玛兰人在水上竞赛文字,日本人把字写在木上,台湾人把字写在纸上,噶玛兰人把字写在石上,结果石头沉入水底,噶玛兰人的文字就消失了。

噶玛兰人把文字写在木片或石片上,战败后他们把写有文字的木片埋入土中,把石片丢入水中,从此文字消失了。

第九章 闽台建筑

第一节 闽台民居

闽台的传统民居有两类，一类是两地的传统民宅，一类是台湾的传统少数民族民宅。[①] 而闽台传统中国民宅又可分闽式与粤式，其中闽式影响最大，数量最多。

闽式（主要指闽南）民居建筑对台湾民居建筑的影响，是随着闽人向台迁移而必然产生的。正如《台闽地区的古迹与历史建筑》一书中"台湾古建筑与闽粤建筑之关系"所指出："随着移民潮的来临，福建南部闽南与广东粤东地方建筑被引入台湾，成为台湾古建筑的泉源。"因闽人入台，再因闽台在地理、气候、民俗等方面的相同点，闽台民居相同点是很明显的：第一，在布局上，闽台民居大都以中轴线、以厅堂为中心组织空间，一般组成封闭型的多院落的宅第，或三间张，或五间张，按房主的需要和经济、地位等因素，组成或二落，或三落等多院落，左右有护室。只是台湾的院落，规模不

---

① 徐明福著：《台湾传统民宅及其地方性史料之研究》，胡氏图书出版社1990年版，第31页。

大,一般为前后两进,更加精致小巧。第二,在选向上,讲究风水,重视勘舆。如古代泉州人将东门视为鲤鱼头,小东门视为嘴,太阳初升时,正对小东门,故泉州城属"鲤鱼穴。"据老一辈言,台北也属"鲤鱼穴",与泉州一样,有"紫气东来,西望瑶池",或"坐东朝西,赚钱人不知"之说。台湾对风水的要求更高也更为严格,建房方向,一般选择坐北朝南或坐东朝西,认为:(1)坐北朝南,向阳门第春无限,通风采光得两利;(2)坐东朝西,坐东为主;(3)坐西朝东,旭日东升;(4)坐南朝北,较少,尤忌朝东北,俗言"向东北曹衰。"第三,屋顶轮廓,大多丰富生动,或高低错落,或弯曲飞翘,屋顶上大多有泥塑浮雕等装饰,并多有泥塑厌胜物。第四,在雕饰上,大多讲究精雕细作。闽南是雕刻之乡,因此常在各屋中饰以雕梁画栋,门窗格扇、椽头柱础等都布满了各类雕饰。这与台湾许多民居一样,但台湾的雕饰更加精美,雕梁画栋更加令人眩目,似乎是表露出一种建立新家园时苦尽甘来的心情。澎湖是目前台湾保存传统民居较为完整的地方,岛上民居的雕饰与闽南一带民居一样,正如林世超在《澎湖地方传统民宅装饰艺术》中所言:"澎湖传统民宅的装饰,基本上沿袭其母文化地泉州、金门之风格。"[1]第五,在建屋礼俗上,基本过程一样。台湾建房从择地、勘正、堪舆、定向、动土、穿屏、搁架、上梁至合脊、收规的过程,都要举行一系列仪式,其源于闽。台湾中国文化大学李乾朗教授曾在台湾、闽南、闽西、粤东一带访查建屋过程,总结出两岸建屋过程的共同特点:(1)择址定向牵分金,决定方位与大小尺寸。(2)动土平基安砖契,挖地基,埋入写明时辰之砖石。(3)起基定础,埋下地基材料,安放柱础。(4)奠阶落石,安置台基边石与石阶。(5)穿屏搁架竖柱,组立梁柱屋架。

---

① 林世超:《澎湖地方传统民宅装饰艺术》,澎湖县立文化中心 1999年版,第 62 页。

(6)就梁,安放中脊梁,为建屋之高潮。(7)合脊收规,完成盖瓦与屋脊。(8)谢土落成,安置家具,悬挂匾额,请客入厝。① 随着时代变迁,台湾建筑或愈呈其特色,但习俗都是较为完整地保存下来。或许人们为了吉利,不愿轻易破坏这前人已约定俗成的规矩。

位于台北县板桥市西北的林本源邸宅及花园,为台湾最大的私人住宅,面积达5万多平方米,分为"三落旧大厝"、"五落新大厝"及"白花厅"、花园等三大部分,分别落成于清道光二十七年(1847年)、清光绪十四年(1888年)、清光绪十九年(1893年)。园内厅、房、厢、廊、庭、台、楼、阁左通右连,曲折回环。园中汲古书屋为藏书之所,方鉴斋依山势凿池建榭,为观赏戏剧之处;来青阁为宴请嘉宾、凭栏远眺之处。其各类窗户图案,有竹形、桃形、石榴形、香炉形、瓶形、八角形、六角形、蝶形、蝙蝠形、钱形等,建筑物上的木雕、泥塑形态活泼。整个邸宅与花园为典型闽南风格。据李乾朗考证,此为漳州建筑师所建的经典之作。他认为:"本地区漳派建筑以板桥林本源三落大宅及庭园较著名。以这几座建筑可看出漳匠之特色:(1)栋架各部构材间距离较近,用料也较粗大,显得紧密。(2)瓜筒较圆胖,多用'金瓜筒'。(3)雕花材较少。(4)斗拱喜用较多曲线之螭虎拱。(5)束木呈斜置状,束头高于束尾较多。"②

受闽南影响较有代表性的台湾民居,还有被定为台湾第二级古迹的台中县雾峰乡的雾峰林氏大宅,分为顶厝、下厝、莱园三大部分,下厝建于咸丰元年(1851年),为清朝福建陆路、水陆提督林文察的宅第,是面宽十一开间,分前后五进的宫保第,第一进为山

---

① 李乾朗:《台闽建屋工匠习俗》,庄伯和总编辑《两岸民俗文化学术研讨会论文集》,台湾省政府文化处1999年版,第178～179页。

② 李乾朗著:《台湾建筑阅览》,玉山社出版事业股份有限公司1996年版,第27页。

川门,第二进以靛蓝色为主要色彩,第三进以黑色为主要色彩,第四进于1935年被误拆,第五进亦为黑色,雕梁画栋,富丽堂皇,为台湾最大古民宅之一。顶厝包括蓉镜斋、景薰楼、旧学堂、新厝和颐园。建于清光绪年间的泉州亭店乡杨阿苗民居,为五开间双护三进,前有石铺前庭,绕以围墙,组成一组完整建筑。墙上和花窗嵌有青石平雕、浮雕,与精美的木雕、漆雕、砖雕、灰雕交相辉映。这两座闽台民居从气派、结构、雕饰等方面,可明显感觉到其渊源关系。《台闽地区的古迹与历史建筑》一书中"台湾古建筑与闽粤建筑之关系",将二者进行比较来说明闽台建筑渊源关系,是很有代表性的。一些台湾民居因居民的祖辈来自福建不同地域,其受的影响不同,所以风貌上也有所不同。如彰化县圆林镇,居民祖辈为来自闽南、闽西(客家)的移民,因此在建筑上也可看出不同:有的建筑材料以三合土为主,垒成圆楼形,人称圆楼或土楼仔,显然受闽西客家建筑风格影响;有的建筑材料以红砖为主,装饰丰富,为典型的闽南建筑风格。又如大埔里游宅广平堂,游氏祖辈由闽南移民至此,其屋坐西朝东,为红砖墙面,外墙窗户以下皆为青石,为典型的闽南民居。山脚黄宅江夏堂,黄氏祖辈为闽南诏安人,其屋坐东朝西,红砖铺面,院落整洁,落院后方近山脚路,可明显看出其闽南风格。另外客家人的住宅,如挖仔江宅、沟皂里张宅永思堂等,可感受到与闽南不同的建筑风格。位于彰化县秀水乡的益源古厝,规模仅次于板桥林宅和雾峰林宅,系泉州籍人士陈荣华于1846年兴建的,当时曾派人到福建武夷山购买杉木为原料。古厝为三进式,由红色砖墙、青绿色瓷窗、灰色石牖构成,顶层为燕尾式屋檐,使用筒仔瓦及乘帘瓦,装上镜片,雕梁画栋,为典型的闽南民居建筑风格。位于新竹市北门街的进士第,为清中期台湾官宅代表,系开台第一个进士郑用锡所建,为三落式建筑,规模宏大,其中石雕、花砖、斗拱等都明显受到闽南建筑风格影响,具有闽南官宅之传统。

第二节　闽台寺庙

台湾寺庙因大多为福建移民所建,所以与福建关系很密切。《台闽地区的古迹与历史建筑》书中第一章"台闽地区的古迹与历史建筑之来源与类型",为说明闽台建筑渊源关系,将泉州开元寺与台北龙山寺,鹿港龙山寺,泉州孔子庙与台北孔子庙、彰化孔子庙,泉州同安保安宫与台北保安宫、北港朝天宫等进行比较。这是很有见地的。

泉州开元寺是闽南众多木构建筑中年代最久、规模最大的一座,其特点一是继承传统又不囿于传统,大胆突破创新。既有浓郁的中国古代建筑的传统韵味,又有鲜明的闽南建筑风格。二是将雕饰艺术与构造技术巧妙地融为一体。① 台北龙山寺金碧辉煌,内部装饰华丽,特别是各种雕刻绘画极为精美,多有闽南特点,可明显看出出自泉州建筑师之手。鹿港龙山寺坐落在彰化县鹿港镇,曾在清嘉庆年间为泉州开元寺分寺,殿前龙柱及八卦藻井颇具闽南特色,特别是龙柱雕刻得极为精致,前后三进,各不相同,但都玲珑浮凸,戏台的藻井称为"八卦顶",以精巧木雕配上精密设计的榫头而成。诸殿屋脊均为燕尾式反,脊有凤凰装饰。门前的一对石狮是200余年前泉州人运来此镇守的,寺中典藏道光年间的古碑《重修龙山寺碑记》与《援倡首敬捐六月十九筹费碑记》,对泉厦郊商如何运载砖石建寺有清楚的描述。在寺庙中可明显感受到闽南寺院的影响。

泉州孔子庙位于泉州市区泮宫内,宏伟壮观,为我国东南现存

---

① 何绵山:《泉州开元寺建筑艺术特点》,《云南宗教研究》1996 年 2 期。

规模最大的孔庙,主体建筑为典型的宋代重檐庑殿式,殿为抬梁式木构架,斗拱层叠,梁枋纵横,屋脊较短,四角斜坡面较长,殿柱皆为花岗岩石,束腰嵌有莲花图案青石浮雕。台北孔庙位于大龙洞、哈密街一带,由泉州府惠安县著名建筑大师王益顺于1925年重建,主要模仿泉州孔庙,建成"正统南中国式孔庙",其特点为:(1)万仞宫墙中央未开设大门以通泮池,因台北地方未曾出过状元。(2)无楹联,因没有人敢在孔夫子面前卖弄文章。(3)无门神,因孔夫子不语怪力乱神。(4)庙内110根柱全是用福州杉和泉州花岗石。(5)大成殿屋顶有通天柱,相传为宋朱熹于漳州任职时所创设,以表彰孔子道贯古今。(6)大成殿屋顶有枭鸟,相传枭鸟凶残,及长反食其母,然会停在屋顶听孔子讲学,寓意有教无类。(7)全国孔子庙皆为官府所建,唯独台北孔子庙为民间捐款兴建(时为日本据台)。①

　　泉州同安保安宫,即厦门青礁慈济宫,供奉宋代民间神医吴夲,于宋绍兴二十一年(1151年)建庙。宫分五殿,有12根刻着蟠龙、八仙、山川、禽兽的大石柱,宫内青石、石屏、梁上都刻着各类图案,雕工精细,殿顶为琉璃瓦。钟鼓楼藻井木拱结构,玲珑轻巧。台北保安宫又称"大道公庙",由吴夲故乡分灵而来,庙宇巍峨,其山门、大殿、后殿和圆亭,都为传统的闽南建筑风格。北港朝天宫位于云林县,庙宇规模宏大,大殿为硬山式屋顶,重叠三层,脊尾高翘凌空,正殿、后殿与毓麟宫、聚奎阁、凌虚殿、文昌庙、三界公祠等组成建筑群,屋脊装饰有飞龙、凤凰、麒麟、宝塔及各种图案,也为典型的闽南建筑风格。

　　台湾受闽地建筑影响,有代表性的寺庙还有如位于台南的延

---

　　① 　林黄河主编:《海峡两岸古迹及其民俗文物调查研究计划(第一辑)报告》,中华海峡两岸文化资产交流促进会印发,1995年,第87页。

平郡王祠,为一座福州式庙宇建筑,不仅其设计工匠是聘自福州的林恩培,土木工匠亦从福州请来。祠为圭形山墙马背,屋脊燕尾起翘,整个建筑以厚重的琉璃瓦压住低矮的墙身,高峻的照壁与外墙合而为一。位于台北县三峡镇民生路旁的三峡祖师庙,外观精雕细琢,殿堂精细、典雅,显然受到祖庙安溪清水岩的影响。位于桃园市龟山乡岭顶村的寿山岩观音寺,为两进两廊两护龙的庙宇,以蟠龙石柱为檐柱的前檐廊正面,"弓"字弯曲是代表龙身,不在柱的正面而在内侧是其特色。中门下的石门臼,左右各雕有书、画图像,庙宇与精致的雕饰结合,显得金碧辉煌。整个建筑呈漳州、泉州的建筑风貌。位于新竹市北门街与东门街路口的都城隍庙为台湾规模最大的城隍庙,平面为闽南常见的连续式山墙三殿式庙宇,木雕装饰为整个庙宇的主要特色,无论圆雕、透雕、浮雕、线雕都由来自闽南的工匠雕制,因此有明显的闽南特点,一些斗拱、托木、吊筒、竖材、梁楣、斗座上的木雕题材丰富多样,生动活泼。其石雕无论是龙柱、石狮还是壁堵、石窗、抱鼓石等,都精美绝伦,均系出自闽南工匠之手。位于新庄市的慈祐宫后室,为典型的泉州晋江一带民宅风格。

对台湾寺庙建筑风格影响最大的主要有三大匠师,即北派掌门陈应彬、漳州派大师叶金万、溪底派大师王益顺。这三位大师,或吸收闽派建筑特点而推陈出新,或本人就是由闽渡台而来的,都与福建关系密切。

陈应彬于1864年出生于板桥中和,祖先来自漳州南靖。他的寺庙建筑承续了漳州派的风格,但也有自己的创造。"他的著名标志即是金瓜形的瓜筒与弯曲形的螭龙拱,这两种特别造型虽是由漳州蜕变出来,但都加入了陈应彬自己的创作。易言之,他有承先,也有启后。他提升了台湾近代寺庙以斗拱与瓜筒为主的装饰程度,将力学的美感表现出来。"①陈应彬将装饰与结构紧密结合,如台北指南宫的藻井、朝天宫的藻井与嘉义溪北六兴宫的藻井等,都为杰作。陈应彬的代表作为北港朝天宫。

叶金万祖先来自漳州,于台湾出生,工匠风格属漳州派,他的瓜筒形态修长,细部雕琢纤巧。其代表作为桃园八德三元宫、北埔姜祠、竹东彭宅、中坜叶氏宗祠、屏东宗圣公祠等,被称为台湾近代寺庙建筑宗师。

王益顺于1861年出生于泉州惠安崇武溪底村,18岁时,承建惠安青山王庙,23岁时,承建闽南一带宅庙,56岁时,承建厦门黄培松武状元宅。1918年,受台湾辜显荣之邀设计艋舺龙山寺;1919年,率侄儿及溪底匠师等10多人抵台北,开始建造艋舺龙山寺;1924年,应新竹郑肇基之聘,设计建造新竹城隍庙;1925年,受聘设计台北孔子庙;1930年,回泉州,至次年逝世。王益顺来台时间长达10年,并带来家乡许多匠师,包括雕花匠、石匠、泥水匠、陶匠与彩绘师,所以人称溪底派。王益顺对台湾建筑产生了深远的影响,其作品被称为台湾近代寺庙文化的新里程碑。

---

① 李乾朗著:《台湾建筑阅览》,玉山社出版事业股份有限公司1999年版,第34页。

第十章　闽台教育

　　闽台两地一水相连,地缘相近,血缘相亲,习俗相同,语言相通,在漫长的历史岁月中,除在政治、经济、文化等方面存在着密切的联系与交融之外,在教育方面也存在着密切的联系与交融。闽台教育交融的历史面貌大致可以分为四个时段:从明郑时期到清末,是闽台教育的完全交融期;日据台湾时虽受政治格局的影响,两地的教育仍然有一定的发展;而20世纪50年代到80年代的两岸隔绝,使闽台教育暂时中断联系;20世纪80年代之后,两地教育交往又日益活跃。

　　从明郑时期到清末,闽台教育之所以达到完全交融有其特殊的历史原因。明永历十六年(清顺治十九年,1662年),民族英雄郑成功领兵渡海作战,驱逐荷兰殖民者收复台湾,建立了与祖国大陆地区相一致的郡县制度。康熙二十二年(1683年),清政府派大将施琅攻占台湾,明郑政权灭亡。之后,在200余年的时间里,台湾一直是福建省辖区的一部分,以闽台合称。直至光绪年间,刘铭传主政台湾时,清政府批准台湾单独建省,闽台始分治。在这200余年的时间里,闽台在统一的行政体系管理下,实行了相同的教育制度,两地教育的联系和交融就是在统一的政治制度与教育制度的规划、引领下实现的。本章仅就这段时期闽台在科举考试和府县儒学两方面的联系与交融做一探讨。

第一节　闽台科举考试

一、中国科举考试概述

中国科举制度是中国历史上考试选拔官员的一种基本制度。它渊源于汉朝,创始于隋朝,确立于唐朝,完备于宋朝,兴盛于明、清两朝,废除于清朝末年,历经隋、唐、宋、元、明、清。根据史书记载,从隋朝大业元年(605 年)的进士科算起到光绪三十一年(1905年)正式废除,整整绵延存在了 1300 年。它对儒家文化和古代教育的促进和发展都曾产生过巨大作用。

科举考试的主要程序是:初级为院试,在府一级地方上进行,合格者称"生员",习惯上叫"秀才"。第二级为乡试,在各省城举行,由生员参加,录取后称"举人"。第三级为会试,在京城进行,由举人参加,录取后称"贡生",贡生经过殿试(也叫廷试),录取后即是进士。进士按成绩分为三甲(等):一甲 3 人,依次为状元、榜眼、探花,称赐进士及第;二甲若干名,称赐进士出身;三甲若干名,称赐同进士出身。试题皆出自四书、五经,文体主要是八股文。

中国的科举制度分为文举和武举(文科和武科)制度。武举是专门为选拔武官而设置的科目。武举制度是唐武则天长安二年(702 年)始置,清光绪二十七年(1901 年)废除,历时 1200 年。其考试程序与文举基本一样,只是内容与时间的不同。在中国科举史上,自唐以后,历来是文武两科,殊途并进。但是,中国的科举制度历来重视文科,文科一直占据科举的统治地位。

二、闽台科举考试的历史沿革

相对于中原,闽台都是开发较晚的地区。唐代以前闽中(今福建)一带历来被视为经济、文化上相对后进的区域之一,在古代中原汉族的眼里,福建为蛮荒之地。福建的开发,主要是由西晋末年至南宋初立,历时800年的几度入闽而来的中原汉族移民所带动的。西晋末年,中原战乱不止,士人大量南渡,一些衣冠之家也迁入福建一带,给当地带来了中原发达的文化。据民国陈衍《福建通志·名宦》卷一载:刘宋元帝元嘉年间(424—453年),阮弥之任昌国(即晋安郡,今福州)太守,"昌国初为蛮地,俗不知学,弥之教稼穑,兴学校,家有诗书,市无斗嚣"。这是有关福建设立学校进行教育活动的最早记载。就整体而言,隋以前福建地区的教育还处于初始状态,福建真正具有影响且记载较详的教育活动是从唐代开始的,从唐中叶以后进入持续发展时期,渐渐接近中原地区的教育发展水平。台湾的情况,尤为甚之,是由明末至清代中叶,持续百余年的闽粤移民入台所推动的。

由于开发和文明进程较中原地区为晚,福建文化教育的兴起与科举考试的兴盛基本同步,两者相伴相生,关系非常密切。可以说,福建文化是受科举考试的推动而崛起的。

唐中宗神龙二年(706年),长溪(今福安)人薛令之考中进士,成为破福建科举天荒的开闽进士。中唐以后,经历过李椅、常衮等人的几次兴学活动,福建科举及第者明显增加。但与中原地区比较起来,总体而言福建地区科举及第人数并不算多。据记载,唐朝在近300年中全国录取进士6642人,而据宋人所撰《闽大记》记载,唐代福建进士人数只有57人。福建真正跃升为科举先进地区是在宋代以后。不过,中唐以后福建的兴学和科举活动,推动当地人文教育水平的日渐提高,这为宋代以后福建文化教育的繁荣开辟了道路。

到了宋代,以经济上的发展和政治上的重视为依托,福建文化达到了鼎盛时期,教育也进入繁荣阶段,福建从唐以前教育水平相对落后的地区跃居全国领先的地区。

宋代福建科第特别兴盛。据陈寿祺《福建通志》卷一四七至一五○《选举·宋科目》所录,宋代福建各类科目录取的共有近1万人。如果只统计进士人数,按王应山《闽大记》所载,北宋建隆二年(961年)至宣和七年(1125年)共165年间,福建进士及第者有2501人。南宋建炎二年(1128年)至淳祐元年(1241年)共114年间,福建有进士3485人。两宋近300年间,福建进士及第者共有5986人,这还不包括淳祐二年(1242年)以后38年间11科中所取的进士。但即使是按《闽大记》所录的5986人计算,宋代福建所中进士数已是唐代进士57人的105倍。另据《福建省志·教育志》记载,宋代进士总数有4万名左右,福建进士人数有7000人左右,为全国第一,且遥遥领先于其他地区。此外,据明代朱希召编《宋历科状元录》所载,宋代共举行过118次进士科考试,共产生出118位状元,其中有5人籍贯不明,有籍贯记载的113位状元中,福建籍状元共有19位,也为全国之冠。

元代,科举制度在中断36年之后,虽于皇庆二年(1313年)得到恢复,但录取人数较少,且歧视包括福建士人在内的南人,因此元代福建考中进士者并不多,至今姓名可考的进士不足40人。

到明代高度重视科举取士之后,福建再次显示出雄厚的实力,成为名副其实的科举强省。福建省的进士绝对数虽然是2116名,位居全国各省第四名,但按每百万人口的进士数计算,福建省却高达428人,名列全国第一,第二名为浙江省,307人,其余各省均在283人以下。在举人定额方面,福建也排名第一,与江西、浙江、湖广(今湖南、湖北省)并列为"四大省"。明代福建举行乡试90科,录取举人8325名,与进士绝对数相对照,平均每4名举人就至少考中1名进士,这个举人与进士的录取比例也是很高的。另外,明代福建共出过11名状元、12名榜眼、10名探花、12名会元、9名传胪(进士二甲第一名)。科举是让全国各地考生通过同一标准进行考试竞争,因此中举及第人数的多寡便成为衡量中国古代一个地区文化教育水平高低的最重要、最客观的评价指标。明代福建的进士登科人数众多,掇取魁科的人数也不少,属于无可争议的科举强省,在以科举考试为教育制度的重心的时代,福建省也自然成为教育强省。

清代福建科举的地位在全国已相对有所下降,但仍然保持了科举大省的称号,选拔了一批人才。乡试举额位于全国前列,清代福建乡试开科 106 次,取中举人 10391 名。由于战乱,福建有 5 次停开乡试。清代全国举行会试 114 次,取进士 26747 名,其中福建省 1399 名,在全国各省排名第八,比明代福建进士数在全国排名第四已下降了不少。但若计算每百万人口中的进士数,福建省有 117 名,在全国排名与河北省并列第二,而排名第一的是不可比的旗籍,即满、蒙和汉军旗籍人士,有 130 人。如不算颇为特殊难以比较的旗籍进士,清代福建省按每百万人口计算的进士数实际上在各省中是与河北并列全国第一的。因此,按可比数字计算,清代福建仍属于科举强省,文化发达水平在全国仍名列前茅。不过,因受清初海禁等因素的影响,清代福建科名总体而言比明代较为衰弱。至于清代福建最高科名——三鼎甲,则远不如明代那么兴盛,一共只有 10 位。据《明清历科进士题名碑录》记载,清代福建只出过 3 名状元,6 名榜眼,1 名探花,1 名会元。

台湾因开发较迟及割让给异族,科举制度的实行,前后只有短短 200 余年。在明郑政权时期,台湾形成了初步的科举考试制度。奠定明郑政权开科取士基础的是两位闽人——郑成功和陈永华。明郑政权考选制度的设计者和具体执行者陈永华在设计和执行考选制度的过程中,主要借鉴了明代的考选制度,考试的内容和评判标准也有所沿袭。如考试内容一般为四书、五经和五言六韵诗。考试结果以等级评分:一等"文理平通",二等"文理亦通",三等"文理略通",四等"文理有疵",五等"文理荒谬",六等"文理不通"。这些都与明代相似。在他主持下,台湾的考生经过学院三年学习考试合格即可分派官职,实际上是以学院取士代替了明代的三级考试,这是根据台湾特定的政治和文化状况所作出的一种合理变更。

清朝统一台湾之后,台湾成为福建省的一个府,台湾教育纳入福建的发展轨道,闽台科举考试在制度方面完全一致,录取则一体统筹。台湾建省后,生员仍到福建参加乡试。据统计,清代台湾汉人考取文进士19人,文举人251人。其中,清初50年没有产生进士,只有文举人15人,而在清后期的19世纪后半叶中文进士12人,举人106人,反映了台湾文化教育和科举制度的发展。

纵观整个福建科举史,福建历代中进士人数共1万余人,其中宋代7000余人,明代2400余人,清代1700余人,在全国历代总数10万余人中约占1/9。按全省人口比例计算,唐略低于全国平均数,宋至清皆高于全国平均数而居前列。其中状元58人,榜眼49人,探花37人。历代科名人数可视为反映福建教育培养人才状况的重要标志。这些进士和举人,构成了福建历史上政治、文化和教育人才的主体。

三、闽台科举考试制度的联系与交融

（一）台湾的科举考试完全按照福建的规定执行,接受福建地方当局的统一安排

康熙皇帝平定台湾后,台湾成为福建的一个府,这种局面一直维持到清末。在200多年的时间里,台湾的科举考试完全按照福建的规定执行,接受福建地方当局的统一安排。清朝规定,科举考试的初级考试——童试,由各府县组织实施。同福建的各府县一样,台湾的童试每三年举行两次,每次都必须经过县试、府试和院试。通过者进入当地儒学读书,俗称"中秀才"。所谓县试,指以县为单位,在县署所在地,由知县主持的考试。府试则以府为单位,在府署所在地,由知府主持的考试。至于院试,本该由学政主持,然而由于台湾情况特殊（主要是交通不便）,主持院试的并不是福

建学政,而是委托分巡台厦兵备道负责,考试地点在台湾府治所在地。所以,院试在台湾又称为道试。这是福建地方当局根据实际情况对台湾童试作出的一种特殊安排,自然也得到了清政府的认可。县试、府试、院试都是第一名者被称为"小三元"。这与乡试、会试、殿试都第一名的"三元及第"有所区别。清末台南进士施士洁便是"小三元"。院试过后,还要举行岁考,岁考每三年举行一次。科考是继岁考之后的又一次考试,通过科考者才有资格参加乡试。清初,因台湾归福建管辖,台湾本岛只举行童试和岁、科两试。至于乡试,则要到作为省会所在地的福州应考。

(二)为台湾士子参加乡试和会试设立保障名额

清代对各省乡试的录取名额控制很严。台湾是新开发的地区,文化教育事业与大陆地区相比还不发达,能够通过科考获得乡试资格者不多,乡试合格者更是寥寥无几。为了鼓励更多的台湾读书人到福州应考,福建的地方官员从康熙二十六年(1687年)开始,便不断地以奏折的形式,请求朝廷对台湾读书人网开一面,录取时给予倾斜。当年,福建陆路提督张云翼建议清政府仿照优待甘肃、新疆等少数民族地区人士的惯例,于福州举行乡试的时候,为台湾生员另编字号,额外取中举人1名,很快便得到礼部的赞同。在确定给予照顾名额的情况下,1687年有5名台湾生员到福州参加乡试,取中1名,为凤山县儒学附生苏峨。从此,台湾科举史上有了破天荒的第一位举人。设立保障名额大大鼓励了台湾士子的进取之心,有力地推动了台湾科举考试的发展,也使闽台之间在教育和文化上的联系更加密切。这一制度实行10年后,闽浙总督郭世隆从"合闽省一体取中"这一角度出发,请求清政府撤去了另编的字号。这使得来福州应考的台湾士子一度有所减少。雍正七年(1729年),当时的福建巡抚有鉴于此,支持巡台御使兼提督学政夏之芳关于为台湾士子在科举考试中恢复另编字号的建议。

此后,在福建的录取名额中仍旧给予台湾士子1名保障名额。雍正十三年(1735年),由于台湾地区的文化教育日益昌盛,福建巡抚卢焯请求再增加1名保障名额,以资鼓励,得到清政府的同意。到了嘉庆年间,福建提督阿林保、巡抚张师诚鉴于台湾来福州应试的士子日益增多,已达千余人,便于嘉庆十二年(1807年)请求再增加保障名额。当年,礼部批复将保障名额从2名增为3名。

在台湾赴福州参加乡试的士子中,还有一批原籍广东的士子,由于有一定的数量,道光八年(1828年)闽浙总督孙尔准请求在福建录取名额内另编字号,保证每次乡试能取中1名,得到清政府的批准。这样,台湾参加福州乡试的士子便有了4个保障名额。咸丰初年,台湾的保障名额又增加到6名,加上广东籍1名,合计每科乡试保障正榜录取7名。到了咸丰九年(1859年),由于福建省的乡试录取名额增加了30名,台湾也因此再增加1名保障名额。这样连同广东籍的1名保障名额,台湾的乡试录取名额总共达到8名。从康熙二十二年(1683年)至光绪二十年(1894年)200余年间,台湾府(后来增至3府)共在福建乡试中考取举人305人。

乾隆四年(1739年),清政府根据巡台御使诺穆布的建议,仿照福州乡试之例,规定在国家级考试——会试中,只要到北京参加会试的台湾举人达到10名以上便给予1名保障名额。由于当年台湾到京参加会试的举人不足10名,所以仍照原办法与福建一体录取。道光三年(1823年),台湾赴京参加会试的举人已达到11名,道光皇帝便根据礼部的建议,下旨允许从台湾士子中取中1名,该年台湾人郑用锡首次在台字号的名额保证下,考取进士,故被称为“开台进士”。此后,台湾人考中进士者多了起来,尤其是在光绪年间(1875年至1904年科举被废之前),台湾人考中20名进士。据《福建通志》记载:清代台湾共有进士33名。可见,无论是乡试还是会试,清政府对台湾士子都给予了很大的关照。这种关系又是以闽台科举考试一体化为前提的,即必须参加由福建统一组织的乡试,录取者再由福建统一派送参加在北京举行的会试。

台湾单独建省以后,首任巡抚刘铭传建议按照安徽士子参加南京江南乡试的惯例,允许台湾士子仍然到福州参加乡试,录取名额也仍然照旧例办理,等将来生聚日繁、文风日盛后再考虑采取其他办法。这一建议得到清政府的批准。可见,不论是归属福建的行政区划,还是单独建省,台湾的士子都要到福州参加乡试,表明闽台两地在科举考试方面的联系是十分紧密的。

（三）冒籍现象从另一个侧面验证了闽台两地关系之密切

设立保障名额有力地推动了台湾地区文风的繁盛和社会进步,但也带来一些问题。实行初期,由于台湾地区的文化尚不发达,本地参加科举考试的读书人不多,来自福建福州、兴化、泉州、漳州四府的读书人中稍通文墨者在原居住地参加考试料难以考取,便通过在台湾居住的同姓同宗之人,冒称为其弟、侄,然后以台湾士子的身份公然赴考。一旦考中,便迅即返归故里。于是,便出现"名为台之士,实则台无其人"的状况。

从闽台科举考试长期以来是一体化关系的角度考察,冒籍也属正常现象。数百年来,闽台同属一个行政区划,地缘相近,两地人员往来十分频繁。台湾的居民大多是早先福建移民的后裔,与祖籍地有着各种联系,不少人甚至还具有同族、同宗、同姓等关系,两地士子同在一个乡试考场应试,语言、生活习俗几乎没什么两样。若没有这些因素,多数冒籍者便不可能成功。这从另一个侧面验证了闽台两地关系之密切。

即便在已被录取的台湾本地生员中,许多人的祖籍地也是在福建,尤其是在闽南。据台湾《新竹县志》记载,当地历年祖籍是闽南的文科生员占总人数210位中的94位,约占44%;武科生员中祖籍是闽南的占总人数28位中的9位,约占32%。文科举人,闽南人占总数15位中的11位,约占73%;武科举人,闽南人占总人数 8 位中的 4 位,约占 50%。贡生,闽南人占总数 43 位中的 25 人,约占 58%。文科进士,闽南人占总数 3 位中的 2 位;武科进士 2 人,皆为闽南人。新竹是客家人居多的地区,在人口方面闽南人并不占优势,但在科第方面却如此占优势,因而台湾闽南人居多的其他地区获得科名所占的比例当会更高。

（四）为台湾的士子赴福州乡试提供"官送"

选拔举人的考试称为乡试,通常每 3 年举行 1 次。由于台湾属福建管辖,未设乡试考场,故台湾的士子必须远赴福州应试。台湾和福建虽然只是一水之隔,但是海峡内风急浪高,在交通工具不发达的年代里,经常发生应考士子船翻人亡的惨剧。清政府出于鼓励台湾士子渡海应考的目的,对中途死亡者追授训导衔。从同治十三年(1874 年)开始,为了使应考者能够安全到达福州,每逢考期,清政府便派遣官轮将考生由台湾的淡水港护送至福州。这一举动被称为"官送"。官送的出现,结束了台湾考生各自乘帆船横渡海峡前来应试的历史。由于安全有保证,此后参加乡试的人数便逐年增加。

（五）日据台湾后,闽台科举考试的历史联系并未中断

日本占领台湾后,闽台科举考试的历史联系并未中断,依然延续下来,长达 10 余年,直至科举废止之后,这种联系才告结束。

日本占领台湾初期,宣布从 1897 年 4 月 14 日始不离开台湾,又未申报选择中国国籍者,即为日本臣民,授给日本国籍。据统计,在这一规定时间内,因不愿做日本臣民而回到祖国大陆(主要是福建)的台湾人有 6456 人。这些人既有原先在祖国大陆购置田产者,更有对科举功名怀有希冀的童生、秀才和举人。这些寄籍福建的台湾士子除了参加乡试外,有的还参加了会试,有的甚至中了进士。一些日据时期留居台湾本地的士子,也冒险渡海前来福州

参加乡试。有的中途被日本人验船驳回，数年后再次冒险渡海前来应试。这期间台湾的舆论依然沿袭传统，对海峡这一边的乡试也极为关注。

通过科举考试这一杠杆，以儒家伦理道德为标志的中华文化深入到台湾社会的各个阶层中，来自祖国大陆的移民和台湾的少数民族都受到了中华文化的熏陶，使得中华文化能够在台湾地区持续性地扩展。由于地缘和历史的原因，台湾的科举考试与福建的科举考试紧密联系在一起，长期以来都将闽台科举考试并称。科举考试具有层级性，由低级考试到高级考试，其中除了第一层级的考试——童试，是在台湾本地举行外，第二层级考试——乡试，则在福州举行，这成了数百年来科举考试的惯例。第三层级考试——会试，则是在北京举行。以科举为中介，闽台两地的读书人紧密地联系在一起，两地的思想文化也相互吸收和影响，加上地缘相近，语言相通，便自然地出现了一个共同的闽台文化区域。在中华文化大一统的格局下，闽台文化获得了极大的发展空间，形成了自己鲜明的区域特色。

第二节　闽台府县儒学

一、府县儒学概述

（一）府县儒学的含义

儒学即由政府举办的与科举制度相适应的以学习儒家经典为主课的官立学校，是古代学制系统中最重要的组成部分，也是施行教化，培养人才的重要场所。在儒学中，京都儒学称"太学"或"国子监"，是国家最高学府；地方儒学称"府学"、"县学"，相当中等教育。国子监毕业生可直接参加廷试考取官员，或参加乡试、会试和殿试考取功名;地方儒学学生(或称"生员"、"诸生"和"秀才")则须先行取得太学资格,方可参加廷试考取官员,但亦可通过在校科试,取得乡试资格,直接考取举人、贡生、进士等功名。

(二)府县儒学的学生

福建各级儒学按朝廷规定,自唐代至清代,不分官民子弟,皆可入学,条件是:(1)本地人,或寄居已久加入本地户籍的。(2)家世"清白",凡三代以内家庭成员中有倡、优、隶、皂等"贱籍"和曾犯刑律与品行不端者不许入学。(3)祖父母、父母去世,3年守制期间不许入学。(4)有一定经学与文史知识基础,能通过相应的考察或考试的。

唐代,州、县儒学生徒由主管学事的长史选送,不举行统一的入学考试。宋代,欲入学者县学按自愿原则向当地官府报名,填交家状,由两名参加过礼部科举考试的乡贡担保,经审查合格,准予参加由各地主管学事的地方官主持的入学考试。元代,由地方官推荐,报上级地方官审核批准后入学。明、清时期,儒学生员即取得初级功名的秀才,只有儒学中的优等生员方准参加考选举人的乡试。科举初级考试与儒学入学考试合并举行,叫童试或小试,分县、府、院三级,衔接举行。应试者无论年龄大小,统称儒童或童生。考试内容皆以八股文为主,必须三试都中式、取得初级功名的秀才方准入学,故秀才也称生员。录取的生员按地域与一定比例分配入府(州)学(上庠)或县学(下庠)学习。县、府试由知县、知府(知州)主持。院试由提学道(明)或学政(清)轮流到各府(州)主持。每3年举行两次。一次叫岁考,一次叫科考,都是与在学生员的考绩考同时(交叉)举行。科考同时决定准许参加乡试的资格。

历代儒学生徒定额是按辖区人口与钱粮的多寡,参照教育状况而定的。唐代,儒学未置学田,各地筹资情况差别较大。宋代各学置有学田,但数量往往不足,或因管理不善,经费出现困难,招生数额亦不稳定。明清时期,科举必由学校进行,经费亦由官府保证,明崇祯十年(1637年)开始招收武生,清代继续,生员数庞大,分为廪膳生员(明正德年间开始),增广生员(明正统年间开始)和附学生员。

唐、宋,儒学生徒一律住校学习,由官府供给伙食,叫养士。明、清时期给廪生发伙食费,增、附生没有。

唐、宋的儒学生不是一种出身,没有政治特权。但宋代规定:曾参加过礼部考试的,如犯徒以下公罪和杖以下私罪,许赎。明、清的儒学生员已经获得初级功名,是一种出身,享有政治特权。见官不必下跪,不得对他用刑。如犯事,轻则由学官训斥了事,或给一些学内处罚;重的应禀报学政,先革去功名,然后送司法部门审理。清乾隆六十年(1795年),寿宁县犀溪生员叶维枢控告知县那福对未革去功名的生员施加刑法,结果那福被撤职查办。

(三)府县儒学的教师

唐代府县儒学的教师称为博士,必须是进士或明经出身。州学博士由吏部任命,县学博士由州衙任命。学生多的州、县添设助教。宋代初年称为教授,由州、县地方官在私学教师,离任在乡守制的官员或在发解试、省试中落榜的举子,乡贡中学有专长、品行端正的士人中选任,任期3年。宋熙宁四年(1071年),改由朝廷统一选派。熙宁八年(1075年)开始举行教师考试,许全国科举出身的人报考,由国子监和翰林院学士院主持,考经义5道,被录取的任命为教授或教谕,派往各地。宋元丰七年(1084年),规定应试资格包括太学上舍毕业生。也可呈交平日作文,由国子监审核,代替考试。成绩上等的任命为博士,其他任命为学正、学录。宋元符元年(1098年)以后,每年举行一次考试。南宋时期或称教授,或称教谕,由尚书省委任。教师考试3年一次,在大比年份会试后由吏部主持。报考条件是科举出身或太学毕业,要经刑部审查没有犯罪等严重过错方许参加。考试内容包括经术和诗赋。元代，路设教授、学正、学录，州设学正，县设教谕，各设训导辅佐。教授由朝廷任命，其他由礼部或行省、宣慰司任命。明、清时期，府设教授，州设学正，县设教谕，各设训导辅佐。明代福建共任命教授566人，学正47人，教谕2945人，训导4598人。清代福建共任命教授174人，学正13人，教谕783人，训导1476人。其中有进士、举人、贡生、生员。台湾自清康熙二十二年（1683年）设儒学到光绪十一年（1885年）建省前，历任教授50人，全是福建人。其中进士27人，举人16人，贡生、廪生7人。清雍正五年（1727年）到道光二十五年（1845年），历任训导35人，全是福建人，其中举人15人，贡生、廪生20人。

（四）府县儒学的教学内容

唐代课程：经术。兼习凶吉礼与公私礼。教材：本经（《孝经》）和九经（《周易》、《尚书》、《诗经》、《礼记》、《周礼》、《仪礼》、《春秋左传》、《春秋公羊传》、《春秋穀梁传》）。永徽四年（653年），颁《五经正义》为法定教材。

宋代前期，课程同唐代。教材增《论语》、《孟子》、《尔雅》，合为十三经。宋真宗朝颁《十三经正义》。宋仁宗庆历朝以后，课程：经术、诗赋、论策。在王安石、蔡京主持第二、三次兴学运动期间增法律，去诗赋。教材：宋熙宁八年（1075年），颁《三经新义》（《周礼仪礼义》、《诗义》、《书义》）及王安石撰《易义》、《礼记要义》、《论语解》、《字说》与王雱撰《孟子义》。史包括《资治通鉴》、《史记》、《汉书》、《唐鉴》。文包括《楚辞》、韩（愈）文。南宋时期，课程：经术、诗赋、论策。教材：复用北宋前期各注疏，增王安石《论语解》。宋嘉定年间（1208—1224年），增朱熹《论语集注》、《孟子集注》。理宗朝到宋末，程朱理学著作大量进入各学教材，包括朱熹《四书章句集注》、《仪礼经传通解》，周敦颐《太极图说》，张载《西铭》，程颐《易传序》、《春秋传序》。上述课程和教材在福建各州、县学中因各校的师资、经费、生徒等条件不同而有所侧重。

元皇庆二年(1313年)，将朱熹《四书章句集注》定为官学的主要教材和科举考试出题的主要依据。

明代课程：礼、乐、书、数、法律，以礼为主。教材：明永乐年间(1403—1424年)，颁《四书大全》《五经大全》。诏定：《易经》用程颐传与朱熹本义，《书经》用蔡沈集传与古注疏，《诗经》用朱熹集传，《春秋》用三传及胡安国、张洽传，《礼记》用古注疏。并颁朱熹《通鉴纲目》、《历代名臣奏议》，真德秀《文章正宗》、《大学衍义》与历代诏律典制于各儒学，确立程朱理学在儒学教材中的独尊地位。同时颁布科举考试程式，实行以八股文取士，限从四书、五经出题，各级儒学随之开始学习八股文写作。

清代，继承明代的课程与教材，并多次用御纂、钦定形式颁行各种按朝廷旨意注解的儒经和程、朱著作，包括方苞编的《钦定四书文》、李光地等人编的《性理大全》、《朱子全书》，以及各种遗规，《御制平定金川碑文》等也被列为官定参考书。八股文习作逐渐成为主课。

二、闽台府县儒学的历史沿革

与福建科举考试的兴盛相伴相生、关系十分密切的福建府县儒学的教育活动始于唐，盛于宋，元、明、清各朝继续发展。

中唐以后，朝廷确立儒家道统的法定地位，重视教育，将官学推行到地方，并使其制度化。福建的一些地方官吏执行唐王朝的崇儒政策，在各地开始建立孔庙，按时举行祭祀活动，设立州、县学，建立了比较稳定的官学制度，从而逐渐缩小了福建与中原地区的文化差距。

五代十国时期，闽王王审知大量吸收北方避乱入闽的学者名流，重用福建本土的贤能俊秀，重视文化教育，培养人才，对福建儒学教育的进一步发展作出了贡献。

宋代是福建古代学校教育的全盛时期。特别在南宋,福建教育出现空前繁荣的局面。地方官学在全省范围内普遍建立,福建在全部57个府、州、军、县都建立了儒学,这为宋代的科举教育提供了可靠的场所。地方官吏的重文兴教和理学的传播与发展,使得福建宋代的科第特别兴盛。

南宋末年,在南宋和元军交战之际,福建大部分官学遭到破坏或被荒废。元初,福建学校教育一度衰落。不久,统治者改变政策,各级官学又得到了恢复或建立。

明、清两代,随着中央集权与文化专制的加强,官府也加强了对教育的控制。科举对教育的影响加深,官学也就沦为科举的附庸,只是作为官员的预备养成机构而已。

明代,明朝统治者在政治上实行专制统治,以程朱理学作为政治理论依据。通过尊经崇儒来实行封建教化,以维护封建纲常名教和社会秩序。作为朱子学的发源地,福建的士人也十分热衷于钻研《四书集注》,较为顺应当时的文教政策,因而明代福建教育又进入了一个昌盛时期。

按照明代的教育法令,各地府州县必定要设立学校,因为明代科举必由学校进行。学校与科举的关系为:"学校以教育之,科目以登进之……学校则储才以应科目者也。"当时规定非经科举考试不能入仕,而只有学校才能推荐科举生员参加乡试,在学校纳入科举教育系统的情况下,每个府州县至少在形式上必须建立学校。明代福建各府州县也就依照法令建学,不仅将宋元以来的学校继续兴办,而且每当新设一个县级行政区划,也随后相应建立县学。

由于明代学官的考核是以中举人数的多少来定优劣升黜的,因而各府州县学十分注重科名,努力追求中举及第率。

各府县学的教学内容,不外乎科举考试的内容。受科举考试指挥棒的指导,科举考什么,学校便教什么。"举业"便是生员的学业。科举考试主要为四书义和五经义,即从四书、五经中出题做八股文,府县学的教学内容也主要是四书、五经。由于生员入学时多是已有相当高的文化水平的学生,他们通过在私塾学习或自学已能诵读经书、做八股文并通过县试、府试才取得生员资格,而府县儒学不过是对已有知识提高一点而已,因此师生大都不太注重教学,而注重月考和季考,以及不得不每年参加在孔庙举行的春秋二祭和其他集会。府州县儒学日益沦为科举的附庸。

福建省的教育行政到明代开始有专职的官员负责。以往地方教育行政多由巡按御使和府州县官兼管,到正统元年(1436年)开始特设提学官,专使提督学政。提督学政简称学政,为一省的教育行政长官,相当于现代的教育厅长或教委主任,一般以进士出身者充任,一般3年一任,在任3年中有两年要巡回各府县学主持童生试中的院试和生员岁、科两试,以选拔童生入府州县学、选拔科举生员参加乡试,并根据在学生员的成绩等次来考核生员和学官的教学效果,决定升黜奖惩,学政之职的权力和责任都相当大。因台湾孤悬海外,往来不便,因而清代台湾府县的童生试和岁、科试由台湾道兼管。

清代,福建行政区划最初与明代一样,省下分辖福州、兴化、泉州、漳州、延平、建宁、邵武、汀州8府。康熙二十三年(1684年),增设台湾府。雍正十二年(1734年)升福宁州为福宁府,并升永春、龙岩为直隶州。这样,在台湾独立建省之前,福建省共有9府、2州、65县,所辖范围和县数比明代增加了不少,相应的府州县学也增加不少。福建疆域和县数的增加主要是由于台湾并入清朝版图。

明末,郑成功驱逐荷兰殖民者收复台湾,在当地建立了明朝的政治、经济和教育制度。虽然郑成功复台后不久便英年早逝,但其子郑经嗣位后,在陈永华的劝说和鼓动下,台湾的首座孔庙和明伦堂于1666年在台南建成,中国的封建教育制度由此得以创立和发展。在明郑时期,台湾已在承天府设立府儒学,在天兴、万年二州设立州儒学,沿用的是明代的儒学教育制度。康熙收复台湾后,在台湾设立台湾府(今台南),下设台湾、凤山、诸罗三县(诸罗县后改为嘉义县),并设立了府县儒学。后来,随着台湾府县设置的增多,儒学也相应地增设。至光绪十一年(1885年)建立台湾省之前,台湾陆续建立的府县学共有13所。

三、闽台府县儒学的联系与交融

由于特殊的历史原因,在清代闽台同属一个行政区,在统一的行政体制和教育体制引领下,这段时期闽台在府县儒学方面的联系与交融也十分密切。闽台府县儒学成为培养闽台地区优秀人才的主要摇篮和科举的预备场所,成为当地士子上升流动的合适途径。

闽台府县儒学的设立和分布由福建地方官员一体统筹办理。根据《大清会典》的规定,各省府县均应设立官立学校,其主要任务是祭祀孔子等先师,招收生徒以实行教化,即"时肄习以广术业勤训迪以储人才"。由于清政府收复台湾后,台湾归并福建统辖,台湾府县儒学的设立和分布由福建地方官员一体统筹办理。在福建地方官员的统筹规划下,闽台府县儒学的布局进行了适当的调整。由于福建早先已普遍设立了府县儒学,而台湾地区在明郑时期设立的儒学不合清朝的规制,而且其数量少无法满足当地士子求学的需求,所以,清代福建新设立的府县儒学主要集中在台湾地区。在台湾府县儒学设置和演变的过程中,从福建派往台湾任职的地方官员发挥了重要的作用。他们将发展儒学教育视为倡导地方教化、弘扬中国传统文化,以及将台湾建成海滨邹鲁的重要途径。在这种思想的指导下,历任的多数官员都重视设立新的儒学,或对旧的儒学加以修葺。直到光绪十一年(1885年)台湾建省前,台湾已设立了3所府儒学、10所县儒学。

清朝的中央政府在台湾府县儒学师资和学生名额配备方面完全根据福建官员的提请而加以确定。同祖国大陆其他地区一样，闽台的府儒学由知府统一管理，受学政的监督，设立专职教授主持日常的教育教学工作，配备训导协助；县儒学由知县统一管理，设教谕主持日常的教育教学工作，配备训导协助。台湾地区府县儒学学官的配备和调整均需经福建主要官员转请中央政府确认。清朝规定，府县儒学生员的入学资格仅限于经过学政主考及格的秀才。每三年举行一次入学考试，考生须经县考、府考、院考三次考试及格后，方得入学肄业，通称入泮生员。每年考试一次，成绩优等者，官给廪膳费（公费），叫作廪膳生，简称廪生。成绩次等的，录取为增广生，简称增生。遇廪膳生出缺时，就从其中递补。廪生和增生皆有定员。儒学中除设置一定数量的廪生和增生外，还可以在成绩达到某个分数段的生员中附加录取若干人，称为附生。台湾府县儒学生员学额的增设与否也要经由福建地方官员向朝廷奏报后得到确认。

相当数量的闽籍生员在台湾府县儒学中就读。清初，有大量的福建人移居台湾。在当时的台湾总人口中，福建人所占的比例相当高。他们重视子弟的教育，不遗余力地将子弟送入当地的府县儒学就读。虽然府县儒学的名额有一定的限制，但在很长一段时间内，台湾府县儒学的学额几乎被闽籍子弟所占据。这种情况一直维持到清末。出现这种现象主要是因为来自漳州和泉州的闽南人后裔受到汉晋古风和宋明文化的熏染，聪慧、明敏自是不难理解，其自身的优势使得他们在早期的台湾府县儒学中占尽风光。

清代闽台府县儒学生员的学习内容和学习方式也是相同的。他们主要学习以御纂、钦定形式颁行的各种按朝廷旨意注解的儒经和程朱著作。清初，闽台府县儒学的生员要受学官的教育和考课，考课有月课和季考之分，成绩分若干等第，嘉庆以后，讲学和考课渐停。师生每月于明伦堂见面一次，点名收束修，读卧碑文。生员名义上是在学习,实际上只是取得仕进的资格,以便将来可以参加乡试和会试。那么闽台府县儒学如何鉴别生员的学业呢?这主要通过学政来进行。清代规定,生员必须参加学政主持的三年两次的岁科考试。学政实行任期制。任期三年,大比之年由京城选派赴任,下一个大比之年卸任。台湾的学政初由台厦兵备道兼理,雍正五年(1727年)起由巡台御使兼理,乾隆十七年(1752年)复由台厦兵备道兼理,光绪三年(1877年)改由福建巡抚兼理。由此亦可见闽台府县儒学关系之密切。学政上任第一年对生员进行的考试为岁考,第二年举行的考试为科考,同时,生员还要参加乡试的预考。考试成绩分六等,前三等者受奖,后二等者受罚,缺考五次者革去生员资格。

　　闽台府县儒学的生员遵守相同的学规。清顺治九年(1652年)颁布卧碑文八条,要求生员立志将来做忠臣清官,告诫生员不可"迁求官长,交结势要;不得轻入衙门,干预他人诉讼"。此外,不得上书陈言,不得纠党结社、刊刻文字,违者治罪。康熙二十年(1681年)和乾隆十年(1745年),又先后颁布《训饬士子文》,重申重道育人的教育宗旨,要求生员恪守封建道德。同时,禁止生员充当地方上的社长、乡长、保正等杂差。乾隆年间,福建寿宁县生员叶宗学因当社长,亏欠仓储,被革去功名,受到审讯。学政将这一典型事例在闽台地区进行通报,并重申了遵守学规的必要性。乾隆五十五年(1790年),福建学政吉梦熊奏报,在闽台的府县儒学中开除了不守卧碑规定的条文,以及不安本分的文生14人、武生28人。可见,在对生员进行封建道德准则灌输及严格管理方面,闽台府县儒学和祖国大陆其他地区的府县儒学都是一致的。

　　闽台府县儒学中的师资往来密切。在闽台教育关系史上存在着一个有趣的现象,那就是台湾各府县儒学的教授、教谕、训导等师资大都来自福建人文繁盛的地区,尤其是来自闽南和闽江流域地区。为什么会出现这种情况呢?除了在很长一段时间内闽台同属一个行政和文化区域之外,还由于清政府曾明确规定,台湾府学的教授应由祖国大陆人员中调补,台湾府学的训导以及台湾县等4个县的教谕、训导遇缺,应从福建泉州府的晋江、安溪、同安,漳州府的龙溪、漳浦、平和、诏安等儒学师资中选拔任用。倘若仍然不敷使用,还可于福建全省的教职内一体挑选调补。这就使得实际上进入台湾府县儒学的福建师资除来自上述地区外,还来自闽江流域的广大地区。清政府的上述要求后来列入了清道光年间的《吏部例则》,成为一项意义十分明确的政府性规定。除了这一规定起作用之外,还与福建各级儒学的师资较为成熟有关。从台湾府儒学的教授与训导的情况看,他们大都有过在福建的府儒学担任相应教职的经历,且几乎全部具有科举功名,加之语言相通、习俗相近、交通便利,使得他们到台湾府县儒学任职具有其他省份学官所不具有的特殊条件。他们在台湾工作一段时间后,不少人回到福建的府县儒学任职,有的甚至后来再度被选派到台湾府县儒学任职。由于府县儒学的教师均是从福建去台湾的,因此,他们必然把福建以理学为中心的教学思想带到台湾,对台湾的教育产生深刻的影响。由于台湾的移民大多数来自漳泉,而且教师也是从福建派去的,因此,台湾府县儒学之内,除了主祀孔子以外,与福建的府县儒学一样,特设朱子祠。

早在康熙年间,即有将在福建任职的官员调任台湾的事例。雍正七年(1729年)以后,闽台两地互换官员成为一种惯例,学官调配也是如此。尽管在台湾府县儒学中,闽籍学官居绝大多数,但也有一批来自台湾的学官在福建的府县儒学中任职。据台湾方志不完全统计,在清领台湾期间,全台共有80名科举人物被派往福建任职,其中进士1名、举人18名、贡生61名。他们中的相当一部分人在福建的府县儒学中任教。像台湾凤山县人进士庄久进,历任泉州、福宁教授;台湾县举人李维梓,历任闽县、安溪教谕;台湾府岁贡生林萃冈,历任兴化、清流训导,等等。台湾赴福建任职者分布很广,足迹几乎遍及沿海及山区。

闽台府县儒学实行相同的贡生考选制度。府、县生员除参加乡试外,其学行俱优者,还可能名义上被选送到国子监,从而转入仕途。当时的贡生有六种:即岁贡、恩贡、拔贡、优贡、例页、副贡。

岁贡,各府、县学教官于屡经乡试未中的廪生中,选一正二陪.送福建省提学考选。如正贡成绩不佳,取陪贡充选。考选之后,将贡卷印封,解部磨勘。由吏、礼二部官员会同翰林院官,共同阅卷定序。被选中者,本州县发给盘费,入国子监肄业,但大部分没有入学,而是补授各府县学的教习。台湾府初定府学岁贡一人,各县县学 2 年贡一人,但各学校因情况不同而有变动,如彰化县学,本来 4 年一贡。后因人文加盛,改为 2 年出贡一次。

恩贡,凡遇国家庆典、皇帝大寿或新君主登极,将府、州、县学选拔的岁贡生员,改为恩贡。因此,实际上,恩贡也是岁贡,不过名称不同而已。

拔贡,就是选拔品学兼优者入贡,选期初无定制,康熙年间曾长达 20 多年才举行一次。为了选拔年富力强的生员,雍正帝下令从雍正五年(1727 年)开始,每 6 年选拔一次。后因优秀的生员欠缺,乾隆年间又改为 12 年选拔一次。通过拔贡考选,凡成绩优秀者,有的任以府、县佐贰官员,有的充任府、县学教谕。

优贡,指学政三年任满时,从府、县学的廪、增、附生中选取文行兼优者送部考选。乾隆四年(1739 年)规定:"举报优生升入太学者,须经确访,实行考试经义,并限以大省无过五六名,中省三四名,小省一二名,由该学政详慎举报,如不得其人,宁缺无滥。"嘉庆十五年(1810 年)规定在福建省名额内,给台湾一个保障名额,并著以为例。台湾第一个获得优贡的是嘉义县学廪生陈震曜(原籍惠安县)。优贡考选一、二等者以知县、教职二项录用,三等者以训导录用。

副贡,指乡试时,于正榜之外,录取若干名为副榜,入国子监读书一年,送吏部选用,成绩最佳者,任以推官,其次任知县,再次任州佐。

例贡,用捐纳金钱而得贡,可任教职,后因无品学而滥竽充数者太多,故从雍正二年(1724年)规定,凡例贡非由廪、增、附生进取者,不得用为教职,其现用者,皆行罢免。

据文献资料统计,清朝自康熙二十七年(1688年)开始到光绪二十年(1894年)割台前为止,台湾各府、县、厅儒学共选出贡生960人,其中岁贡644人,恩贡200人,拔贡90人,优贡6人,副贡20人。在这批台湾贡生中,有许多人到福建各地任教谕、训导。

台湾贡生到福建内地任职情况,以年代划分,康熙年间人数最多,有40人,其次乾隆年间23人,雍正时3人,道光时1人。从各类贡生类别看,岁贡生61人,占第一位,恩贡生及拔贡生各3人,同时居第二位。他们任职的地方遍及闽南、闽东、闽西和闽北的各个角落,台湾贡生到福建各地任职,从而加强了闽台两地选官的交流。

四、闽台的庙学规制

庙学是指依附于孔庙中的学校。从唐代开始,中国的各级官立儒学都祭祀孔子,凡有孔庙的地方一般都附设有学宫,形成"庙"与"学"紧密结合,由学尊庙,因庙表学的格局。

在一些闽台官员看来,庙学是府县儒学完备与否的重要标志。因而,闽台府县儒学大都具有庙学的性质。福建于唐代时即已设立庙学。中唐以后,州县儒学设立较多,设学地点大多在当地的孔庙内。庙学合一的体制使福建的儒学教育具有正统性、权威性。同时,利用孔庙设施普遍兴学,解决了校舍问题,节省了办学支出,使得福建的儒学发展极快,受教育面扩大,科名接近全国先进地区。宋、元、明、清时期,福建的庙学体制日臻完善,在推行教化、培育人才等方面都发挥了积极的作用。台湾的庙学规制形成时间较晚,迟至明郑时期,才于1666年在承天府(今台南)创建了孔庙,并在庙左设立儒学。清代的地方官员大都重视庙学的建设。康熙二十五年(1686年),分巡台厦兵备道周昌在《详请开科考试文》中要求台湾的一府三县应照内地成例,建立四座孔庙,以崇先圣。同时在孔庙旁边设立衙斋四所,作为讲堂,以培养和教育士子。康熙五十四年(1715年),巡道陈瑸又以北京的庙学规制是右庙左学、前殿后阁,要求在台南府儒学的文公祠后建造文昌阁,并提出阁的高、广、宽、长要完全按照省城福州府儒学内的奎光阁的样式。此后,经历届官员努力,在台湾府县儒学中产生了一批较有影响的庙学。

庙与学之间的关系是怎样的呢?众所周知,孔庙是崇奉孔圣之所,府县儒学为士子课读之处。无论是祖国大陆还是台湾,均规定在各府州县治所的孔庙旁,必须建立明伦堂。平时儒学教官高坐,"以课士岁科考",孔庙成为训士讲经之地。儒学与孔庙的联系十分密切,但二者不是一回事,即不可视孔庙为儒学,或将儒学视为孔庙。庙与学并重是清代注重儒术的必然结果。将庙与学设在一起让学生朝夕学于孔庙之侧,近圣人居,便为达到"圣人可学而至者"的目标创造了极好的条件。庙与学的紧密结合,有助于通过利用庙中的人文设施和精神内涵来促进学的发展和深化。学的发展与深化又促进庙的精神内涵的进一步开掘。庙学这一特定的场所,既是祭祀圣人之处,也是学子效品励学的地方,还是当地文人切磋学问,交流修身养道心得,以及典藏文物之场所。庙学合一的规制,将有限空间内的功能发挥到了极致。庙学形态的客观存在,也使闽台两地的府县儒学在推行教化和培育人才方面不约而同地发挥了正统的官立学堂的作用。

第十一章　闽台方言

第一节　闽台方言概述

一、方言的含义

共同语是全民族共同使用的语言。普通话是现代汉民族共同使用的交际工具，其含义是以北京语音为标准音、以北方方言为基础方言、以典范的现代白话文著作为语法规范的现代汉民族共同语；而人们常把方言和普通话对照着说，例如"方言和普通话的关系"、"方言和普通话的差异"，"方言和普通话的语音对应"，乃至书刊的名称《方言和普通话丛刊》等等。按照简单的逻辑，与普通话相对的方言自然也就是叫作"非共同语"，"非全民使用的交际工具"了。一般说来，这样理解方言不能说不对，但这还不能说明方言的实质，不能作为方言的科学定义。

从语言学的角度来讲，方言有广义和狭义之分。广义的方言包括社会方言和地域方言。社会方言是社会内部不同年龄、性别、职业、阶级、阶层的人们在语言使用上表现出来的语言变异；而地域方言则是全民语言在不同地域上的分支或变异。狭义的方言则专指地域方言。前者不属本章探讨范畴，本章所指"方言"则专指后者,这是首先要说明的。

　　作为地域方言的"方言"概念最早大约出现在我国周代,就是所谓"殊方异语",着眼于词汇的不同。语言学中"方言"这个术语被作为一个完整的语言体系来理解,则是来源于古希腊语dialêktos 一词,它指的是一个地方居民的话。现代英语的dialect,法语的 1e dialecte,俄语的 диалект,都是从这个 dialêktos来的。近代语言学家对"方言"这个词最普遍的理解是"语言的地域性变体"。这种"地域性变体"的看法,多少就含有跟共同语相对立的意思。它意味着对于某几个属于"地方变体"的方言来说,一个全民族人民使用的语言无疑就应该是"共同语"了。因此,我们可以认为:"所谓方言,它是共同语的继承或支裔,一个方言具有异于其他亲属方言的某些语言特征,它的内部发展规律是服从于全民共同语的,在某个历史时期往往从属于民族的统一标准。作为同一语言的不同方言,必须具备两个条件:一是分布在不同的地域,二是属于同一古老语言发展的结果。"这个定义可以包括所谓的"语言的地域性变体",又可以帮助我们解决划分语言和方言间区别的困难。

　　区别方言和语言,在某种情况下确实是不容易的,用单一的标准未必能够解决问题。就拿"语言的地域性变体"来说,应该承认,这一提法是符合实际情况的,但作为鉴别方言的标准,无疑是不够完备的。"地域性变体"只是在语言形式和通行范围上指出了方言的特征。就语言形式来说,有的语言学家还把方言的特征归结为"同中有异、异中有同"①,可是,这却不能说明为什么某些在语言形式上共同性较高的"话",如法语、意大利语和西班牙语,捷克语

---

　　① 　A. 梅耶:《历史语言学中的比较方法》,科学出版社 1957 年版,第44 页。

和波兰语,它们之间的差别都不是方言的差别,而另一方面,某些在语言形式上距离较大的"话",如我国的"北京话"、"广州话","上海话"和"厦门话",它们之间的差别却被公认为方言之间的差别。也许人们可以拿两种"话"是否属于同一国家来解释。可是,我国境内的藏、蒙、壮、维吾尔、傣等许多兄弟民族所说的"话",不都是在一个国家之内吗? 那又为什么不能说它们之间的差别是方言的差别,而得承认藏语、蒙语、壮语……和汉语之间的差别,也都是不同语言的差别呢? 也许人们还可以再加上"是否属于同一民族"这一点来解释。应该承认,是不是同一民族中不同的"话",对于鉴别方言来说,无疑是很重要的标准,在一般情况下,它是行之有效的。例如广州话、厦门话尽管跟北京话差别很大,广州人、厦门人和北京人毕竟都是属于同一个民族的汉人,说他们各自使用的"话"都是汉语的"地方变体",都是汉语的方言,自然是顺理成章,无可争议。但我们仍然会碰到难题:在现实世界中,不乏不同民族同操一种语言中不同方言的例子。例如美国人、加拿大人都以英语为母语,瑞士人则世世代代以法语、德语和意大利语作为交际工具。我们总不能说美国人和加拿大人说的英语与英国人所说的英语不是同一种语言,而瑞士人说的法、德、意语言跟法国人、德国人、意大利人所说的法语、德语、意大利语又是两回事吧!

根据这样的理解,我们在鉴别某些"话"是方言还是语言时,首先就得看看在它们的发展过程中,是否一个服从另一个,是否存在着共同的内部发展规律。例如我们在确定广州话、上海话、厦门话等是方言而不是独立的语言时,首先就注意到这几种"话"一方面都分布在不同的地域里,一方面却又都得服从于另一个更高形式的语言——汉民族共同语,它们目前的发展趋势都是向着汉民族共同语集中。抓住了这个本质的特征,就甭管广州话、上海话和厦门话在语言形式上与汉民族共同语——普通话存在着多大的距离,甭管广州人、上海人和厦门人说话北方人是否听得懂,可以毫不含糊地断定广州话、上海话和厦门话并非独立于汉民族共同语以外的语言,而是汉民族语言的一些地方变体——汉语方言。

方言从属于民族共同语,却不能简单地把方言理解为是从民族共同语直接分化出来的。方言的形成和发展往往是一个复杂的过程,它跟民族共同语的关系是兄弟关系而不是父子关系。在一般情况下,共同语总是以一个方言为基础建立起来的。一个国家、一个民族的政治、经济中心地区的方言,最有条件发展成为共同语。汉民族共同语就是在政治经济中心地区的方言——北方方言基础上发展起来的。但同时作为共同语的方言,也要不断从其他方言中吸取有益的成分来丰富自己。民族共同语和方言并不是互相排斥的,而是互相依存的。它们的关系一方面是后者服从前者,另一方面也可以看作是同一对象——人民群众语言的多样形式。

方言作为语言的地域性变体,是服务于某一地区的全体人民的。它有自己独特而完整的语音、词汇、语法系统。方言和共同语之间的差异,可能表现在语言的各个方面。地域方言和作为"阶级习惯语"或"同行语"等的社会方言是不同的。后者是只替社会上的一部分人服务的,它往往没有自己足够丰富的基本词汇和语法结构,尽管在特定条件下也可能得到发展。方言作为一个完整的语言体系,则是能够在一定地域内充分发挥它的互相交际、交流思想的作用的。

二、形成方言的因素

语言和方言都是许多时代形成的产物。一般说来,分布面积较广的语言都有一种方言与另一种方言之间的差异。方言差异的形成是随着使用这种语言的人民的历史发展起来的,往往经历过一些复杂的历史过程,其中有的可以追溯到远古的时代。

语言发展的基本过程是分化和统一,亲属语言的分化和统一往往导致方言差异的形成。由于语言发展的不平衡性,同一语言在某些地区可能发展得快些,而在另外一些地区又可能发展得慢些。这就自然形成了不同地区存在着参差不齐的语言特点,以至于"同中有异,异中有同",构成了不同方言的差异性。同时,非亲属语言之间的相互接触,也可能对方言差异的形成产生影响。总之,任何语言都不是在孤立的环境中发展的,每一个方言差异的形成,都有其一定的历史原因。就大多数语言来说,形成它的方言差异,最显著的因素是以下几种,这些因素在不同历史条件下所起的作用各不相等。

（一）人口的分布

人们生活的共同体往往因为人口的增长,不得不扩大居住的面积。久而久之,距离较远的人们彼此交往越来越少,甚至到了互相隔绝的地步。这样长期下去,就有可能使语言发生不同的变化,以至于形成各自的语言特色,出现了方言差异。这种现象是方言差异产生最基本最自然的过程。

（二）集体迁徙

人口的流动迁徙往往也是形成差异的重要原因。游牧时代人们逐水草而居,一个生活共同体分割为好几个,时间长了就有可能形成不同的方言。蒙古语可能就是经过这样的时期才形成今天这种方言分歧的现象的。而闽台方言也是经过多次大规模的集体迁徙,也才形成现在这种次方言复杂的状况。

（三）地理的因素

地理因素如河流,山脉,森林,沼泽等等,在社会发展的一定阶段中,往往妨碍人们的来往,也可能导致方言差异的形成。拿我国福建省来说,北部山地交通不便,方言差别就比较大,南部沿海地区及海峡两岸,交通方便,方言差别就比较小。

（四）异族的接触

在语言发展的过程中，不同部落、部族或民族的语言发生接触，各自吸收某些对自己有用的语言成分，在一定程度上也是形成本语言中方言差异的因素。例如，近代闽方言也吸收了一些英语的词语，如："体恤衫"（shirt，衬衣）、"的士"（taxi，出租汽车）等等，也吸收了一些印尼—马来语词，如："雪文"（sabun，肥皂）、"道郎"（tolong，求援）、"洞葛"（tongkat，手杖）、"加暴棉"（kapok，木棉）等。这些都是构成方言词汇特色的因素，显然也是跟外族语言接触所引起的。

三、闽台方言的分区

（一）汉语方言分区的标准

关于汉语方言的分区标准，几十年来一直是众多汉语方言学者关注而又难以取得较满意结果的问题，而分区的结果往往颇有出入，他们所区分的结果显出不少的差异。造成这些差异的原因，语言的复杂性、交叉性有之；划分语言的条件不同有之；划分角度不同有之；调查材料尚不够完备有之；选材的标准不同有之。但这并不等于汉语方言的分区划界不存在意见比较一致和较科学的结论。我们认为，作为方言分区的标准，应该考虑以下几个方面因素：

1. 从语言实际出发是分区的基础。

划分方言区域，不是划分行政区域，应从语言自身特点去考虑才能得出较合理的结论。方言的面貌如何，决定了方言的系属如何，有不同的面貌才谈得上有不同的方言区域。从语言实际出发，即要彻底调查语言的实际情况，用科学的方法整理分析语言材料，找出语言特征，从而把相同特征进行归类，进而运用不同特征对方言作合理的分区。要同时看到语言的一致性与差异性,就得掌握同中求异,异中明同的精神,即要抓住语言的主要特征或典型特征,以整体特征来划分方言。如闽语的典型词"厝"(房子)、"鼎"(锅)、"囝"(儿)等,在别的方言中几乎找不到,这差不多已成了判断闽语与非闽语的标准。早些年有学者把闽语分为闽南、闽北二区,一是由于闽南、闽北的确有不少的差别,二是由于对闽语的全貌还调查得不够。近些年来调查研究做得多了,学者发现单从语词方面就可以凭着"厝、鼎、囝"等几个特征词使闽语南北合二为一,并且也可用它们来检验其他闽语。当然,语音、词汇、语法特点上的一致性、排他性也应是可资方言分区参考的重要方面。譬如闽语内部在语音特点上,尤其在声母和调类方面一致性相当大。调类一般七至八个,很少有例外。这种内部的一致,以及在很大程度上与其他汉语方言的差异,无疑可以作为汉语方言分区的重要条件来考虑。

2. 社会背景材料也是参考的重要因素。

语言是社会交际的工具,而方言差异的形成是跟使用这些方言的人的历史联系着的,这就必须参考方言地区的乡土资料,联系其社会历史背景。通过查阅乡土资料、方言志以及民俗学、社会学、历史学等的文献资料,能够从中找出方言形成差异的发展轨迹。如客家先民历史上多次大小迁徙,就形成了今天散布在四川、台湾等地客方言的事实;又如福建南平城关的"土官话"、长乐洋屿的"京都话"、广东惠东平海的"北方话"、海南三亚的"军话"等方言岛的现象也都与其社会历史背景相联系。所以,从大到几个大方言,小到某个方言岛,要想正确判断其方言归属,不参考其历史人文背景是不行的。

3. 地理、行政区不可简单地作为划分方言区的依据。

山川的地理分布在一定程度上可以妨碍人们交往,从而形成方言差异。如福建省除了沿海地带外,省内大多数地区山峦起伏,素有"八山一水一分田"之称,交通极为不便,是形成闽语内部差异的重要因素之一。然而,流淌在崇山峻岭中的几条大江,同时却又把一定的方言带到沿江两岸,形成一定的次方言区,而且,不同源流的江一定形成不同的差异,界限较为鲜明。如闽江上游的三大支流流域基本上是今天闽语下属的两种次方言以及另一种带有闽客特点的赣方言的区域:北部建溪流域流行以建瓯、建阳话为主体的闽北话;南部沙溪流域流行着以永安、三明和沙县话为主体的闽中话;西部富屯溪流域流行的则是以邵武话为代表的兼有闽客赣三种特点的方言。闽江从南平起汇合成上游段,这段河两岸的方言与闽东话(福州话为主)关系密切。福建南部的两条大江区域基本上是通行闽南方言:晋江流域无一例外地是泉州腔;九龙江流域则为清一色漳州腔。福建西部的汀江上游段则全部属客家的地盘。福建东部介于闽江与晋江之间还有一条较小的河流——木兰溪,其流域是清一色的莆仙话。

　　山川地理因素确实可以是方言形成差异的原因,但是作为方言分区的依据却缺少足够的概括力,而且例外太多。譬如福建的汀江两岸住的是客家人,到了广东境内,汀江易名为韩江,中段虽住的仍是客家,但到了丰顺境内,却慢慢地由客潮混居变为纯潮州人居住。这种主干流段落不同方言不同的情况,在许多江河流域都有类似之处。山岳对方言分区的影响,也有类似的情况。但与水流的情况相比,似乎更复杂,更无规律可循。因此,从总体上说,山川地理是不宜作为方言分区的依据的,只可以参考。

　　行政区域的划分有时与方言或居民的背景有关系,如福建省的厦、漳、泉三市就基本是按闽南方言的分布范围而设立的,原莆田市也基本与仙游县独立成一块方言区域(形成"莆仙方言区"),闽东的福州市和宁德市及其下属各区、县基本上是操闽东方言的。但是,实际的例外也是较多的,如闽西的龙岩市下属各区、县就至少有闽南话和客家话两种方言,三明市更是几种兼有。所以说,行政区域不能简单地作为分区的根据。

4. 汉语方言分区的层次和代表点问题。

从普通语言学中语言谱系分类法的角度来看,用谱系分类法来划分方言是较科学合理的。方言土语的归属如同语言的归属,依据方言特征形成树形系统(层次)。汉语方言分区大都采用层次分区,一般分五个层次:"大区—区—片—小片—点"。而在这些层次中,"区—片—点"是主要环节,一般方言都有这三个层次,另外两个层次依具体方言而论,如闽语(大区)—闽东话(区)—福州片(小片)—长乐话(点),调查点一般来说以一个县城所在地为点。这样的分法,从整体上看来是不错的,但是,随着方言调查的不断深入细致,南方地区许多方言的复杂程度超乎人们的想象,有的县境内少的有四五种多的有十几二十种方言土语,如只调查到"点",或层次只分到"点",是难以概括方言面貌的。如福建省的大田县境内至少可以有五种方言,其中的四种是闽语,另一种是客家话。三明市区也是如此,甚至加上官话和吴语。这就值得考虑在"点"之下再划分层次。不同的土语应划分层次,同一种方言的交际确实有障碍的也应再划层次,以一个县城所在地为代表则未免粗略了些。方言代表点的设立也是问题不少。以往"点"这一层次以县城为代表点,但在具体调查实践中却碰到许多困惑:福建省的东山县,今县城(西埔)不过是 20 世纪 70 年代初由东部城关搬迁过来的,虽与城关仅相距十几公里,其口音差别甚大,加上影响力等因素,以西埔话作为东山县的代表点,当地人是难以接受的。关于代表点的问题,值得继续探讨。

5. 方言交叉地域(边际地域)的分区。

处在方言交叉地域的方言常常是兼有周围几种方言特点的。粗看上去四不像或什么都像,这就需要抓住主要特征,抓主流。方言并不是对周围方言的特点平均地兼收并蓄,这常与周围方言中哪些在某个阶段是强势方言或弱势方言或从来就无强弱势方言有关。大体说来,弱势方言较易受强势方言的影响。

综上所述,汉语方言的分区,直接取决于对方言材料掌握的多少和调查研究的成熟程度,这可以从汉语方言分区的几十年历史中得到充分的验证。因此,不论方法多新、多先进,经不起实践的检验是站不住脚的。"语言实际"始终是分区的最重要的依据。

(二)汉语方言的分区

从大的方面来说,对汉语方言大区的划分,学术界普遍认为,我国有七大方言区:

1. 北方方言。它是汉民族共同语的基础方言,以北京话为代表,使用人口占汉族总人口的70%,北方方言又分为华北、东北、西北、西南和江淮等4个次方言。

2. 吴方言。分布在上海、江苏长江以南、镇江以东和浙江大部分地区,以苏州话为代表。

3. 湘方言。分布在湖南省大部分地区,以长沙话为代表。

4. 赣方言。分布在江西省大部分地区,以南昌话为代表。

5. 客家方言。主要分布在广东东部和北部、福建西部、江西东南部和广西南部,以广东省梅县话为代表。

6. 闽台方言。包括福建省大部分地区以及台湾省大部分汉人居住区。

7. 粤方言。主要分布在广东省中部、西南部和广西的东部、南部以及港澳地区,以广州话为代表。

(三)闽台方言的分区

1. 闽台方言中七个主要次方言的分布情况大致如下:

闽台方言中的次方言分布,一是和历史上的行政区划有关;一是与江河的流域有关。唐宋期间这些次方言形成后,福建境内的行政区划比较稳定,现有的次方言分区和唐宋的州、军,明清以来的府、道大体是相应的。又因为在丘陵地带,人们的聚落总是沿江河分布的,现有的次方言分区又和省内几条主要江河的流域大体相当。

(1)闽东方言区(以福州音为代表):主要分为南北两片。南片是闽江下游流域,以福州音为代表;北片是交溪流域,以福安音为代表。另外,闽东方言还通行于台湾北部地区及马祖列岛一带。

(2)莆仙方言区(以莆田音为代表):全境为木兰溪流域,分为南北两片口音。北片以莆田城关音为代表。南片以仙游音为代表。

(3)闽南方言区(以厦门音为代表):分为东、西、南、北四片。东片分布在台湾省(含澎湖列岛、金门)汉人居住的广大地区;南、北两片正好分布在晋江流域和九龙江流域,分别以泉州、漳州两个市的口音为代表。龙岩市的新罗区和漳平市由于受客方言影响成为西片次方言区。后起的城市——厦门市则集东、西、南、北各片的特点而成为全区的代表。

(4)闽北方言区(以建瓯音为代表):主要分布于南平市内。建溪上源和崇阳溪两支流正好把闽北方言分为东西两片口音。东片以建瓯音为代表,西片以建阳音为代表。

(5)闽赣方言区(以邵武音为代表):属于富屯溪流域和金溪上游,包括邵武、光泽、泰宁、建宁等县(市),以邵武口音为代表。其附属的过渡片(将乐、明溪等县)属于金溪流域。

(6)闽中方言区(以永安音为代表):分为南、北两片,沙溪贯穿其中。永安、沙县分别为两片的代表。

(7)闽客方言区(以长汀音为代表):分为南、北两片。南片口音分布在汀江流域,上杭音较有代表性;北片口音则处于沙溪上游的九龙溪两岸,宁化音较有代表性。整个区可以长汀音为代表。

2. 其他边界方言和方言岛。

除了上述 7 个主要次方言区,福建境内还有一些小区域的边

界方言和方言岛,它们也各有形成的历史和特点:

(1)浦城县北的吴方言。

浦城县地处闽浙边界,历来是入闽通道,与浙江来往密切,有不少浙江人先后来此定居。今县城及北乡(占全县面积三分之二)通行的是和衢州、处州片相近的吴方言。

(2)戴云山区的闽方言土语群。

在戴云山的西北坡,包括大田、尤溪两县大部和永安、沙县的边界,地处闽方言 5 种次方言的接合部,历史上行政区划变动大,人口流动多,这里至少有 5 种难以通话的土语。

①大田前路话:通行于大田城关为中心的中部。

②大田后路话:通行于大田西北、尤溪西南和永安、沙县个别乡。

③尤溪城关话:通行于尤溪中部。

④尤溪中仙话:通行于尤溪东南部。

⑤尤溪洋中话:通行于尤溪东北部。

5 种土语中,第①种接近闽南话,第②种带有闽中话特点,第③种闽东、闽南、闽中三者的特点兼而有之,第④种近于第③种,并具有莆仙话成分,第⑤种接近闽东话。它们都具有闽方言的共同特点,属于闽方言,但归入哪一区都勉强,是一群次方言区边界的混合型土语。

(3)官话方言岛。

明、清两代,先后有两批官兵前来福建“平乱”,嗣后就地屯守聚居,形成两处官话方言岛。

其一是南平延平区和西芹镇的“土官话”。使用人口约 2 万多。明正统十三年(1448 年),沙县邓茂七发动农民起义,数月间几十万义军攻破附近 20 多个县城,明王朝先后调京营士卒 5 万多人前来镇压,后陈懋所部 2 万余人多留守南平。

其二在长乐市航城镇琴江村,清初旗营在此筑堡定居,至今城墙犹存。现有居民 1000 余人,已认定为满族。他们说的话俗称"京都话"。1981 年以前琴江村属洋屿大队,故被称为"洋屿话"。

这些方言岛的居民都兼通双语,对内说官话,对外使用当地方言。这些官话都受到当地方言的影响,但基本面貌仍是北方方言。

(4)其他方言"飞地"。

福建境内的诸种方言,也有插入省内其他方言区的"方言飞地"(即方言岛)。那里聚居的人在家说母语,出村说当地话。这些方言岛形成的历史,长的二三百年,短的只有二三十年,当地人大多还知道自己祖宗何时从何地因何故迁来的。就移民原因看,多是出外谋生,也有避难、逃荒或政府组织集体移民的。现据 1998 年调查资料,按方言区列举如下:

①闽南方言的区外方言岛:

福鼎市沙埕、前岐、店下、白琳、点头、管阳、贯岭、南溪、桐城等 13 乡的 98 村,共有 993 个自然村,总人口约 13 万人。

霞浦县水门、牙城乡和三沙镇共有 33 村镇的 100 多个自然村,总人口约近 4 万,其中水门、牙城乡居民是由浙江平阳的闽南方言岛倒流来的,以务农为主;三沙居民是闽南迁来的,多以打鱼为生。此外,长寿乡的赤沙村、延亭村也有数千人。

宁德市飞鸾乡碗窑、礁头村,3000 多人。

连江县敖江乡凤尾、北岳村,数百人。

福清市渔溪镇的上张、双墩、步上、苏田等村的部分自然村,一都乡的王坑、善礼村的部分自然村,镜洋乡的红星、波兰、长征、东升等村的部分自然村,上迳乡的南湾、县圃、梧岗等村的部分自然村,音西乡的音西、音埔、演前等自然村,阳下乡的芦院、油楼、奎岭村,东张镇的先锋、香山、半岭、濑底等村的部分自然村,宏路镇的龙塘、圳边周店等村,总共有数万人。

闽侯县祥谦乡东西台村,1000 余人。

莆田市南日岛浮叶村浮斗自然村(未注数目者人数不明,下同）。

南平市夏道镇大洲村。

顺昌县城关镇的吉舟、文新、井龙等村及大干乡石湖村、埔上乡、富文乡的数个自然村,共有数万人。

建阳市麻沙镇竹洲村金台自然村。

武夷山市中天心村,数百人。

浦城县盘亭乡上黄厝村等,数百人。

沙县青州镇洽湖村、高桥乡上洋村、富口乡罗溪村等,数万人。

永安市西洋乡7个村,近万人;大湖乡4个村,数千人。

尤溪县坂面乡街面村,数千人。

②莆仙方言区的区外方言岛:

福清市渔溪镇的东际、江山、柳厝、水头等村的部分自然村,新厝乡的蒜岭、磁灶、江兜等村的部分自然村,东张乡的芦岭、金芝、双溪等村的部分村落,镜洋乡的后溪、善山等村的部分村落,音西镇的云中村岭口自然村,江阴乡的小麦、下石村的部分村落,共计数万人。

霞浦县大屿乡后门村,400多人。

福安市下白石乡11个自然村,1000余人。

福鼎市沙埕镇澳腰、钓澳、后港等村,1000多人。

③闽客方言区的区外方言岛:

大田县桃源镇东坂、黄山等村,太华乡高星村,广平镇大吉村等,数千人。

三明市中村乡前村、陈大乡渔溪村。

顺昌县城关镇5个村,洋口、埔上各1村。

南平市大洋、峡阳、洋后、东坑等乡各1村。

浦城县忠信乡毛洋、海溪村。

福安市社口乡首笕村。

福鼎市嵛溪乡赤溪村、点头乡观洋村。

四、闽台方言的特点

闽台方言具有如下比较突出的特点：

(一)闽台方言的丰富和复杂性在汉语诸方言中是少有的

福建省历来以方言复杂著称。全国汉语方言，按目前的一般分类，有北方方言、吴方言、粤方言、湘方言、赣方言、客方言、闽方言七大类。在全国七大方言中，如果连省界接壤的交叉地区也算起来，除湘方言外，福建境内流行的方言是应有尽有了。可以说福建汉语方言是全国汉语方言的缩影。即使从方言内部的复杂性和特殊性看，福建汉语方言在汉语诸方言中也是罕见的。同一个方言区内部，如闽南方言区中的泉州话同龙岩话之间就有很大差异。再如在不少地方，同一个县或乡内，竟没有一种统一的方言（如福鼎、浦城、连城、大田等地区）。

(二)闽台方言在保存上古汉语、中古汉语的特点方面，在汉语诸方言中也是十分显著的

闽台方言的形成历史悠久。它保存着上古汉语在语音（《切韵》音系前的汉语）、词汇、语法方面的许多痕迹，即便是较晚形成的福建客方言，也保存了许多中古汉语的特点。例如，清朝钱大昕提出的"古无轻唇音"、"古无舌上音"等古音方面的著名论断，可以在福建方言中找到大量的例证。像"飞、蜂、肥、饭、放、斧"等字，普通话读为唇齿音"f"，这些中古汉语为轻唇音声组的字，今天在闽方言的闽客方言的白读音中，仍读为"b"、"p"。像"中、竹、抽、畅、除、虫、直"等字，今天普通话读为"zh"、"ch"声母，但在福建闽客方言系统的白读音中，许多地方声母仍读为"d"、"t"。又如现在普通话中只有阴平、阳平、上声、去声四个声调，没有入声，但闽方言中仍完整地保留着中古汉语的入声。普通话的阴平、阳平融入了古入声,有些人写旧体诗词分不清哪些字是仄声,用闽方言一读,音节短促不能拉长尾声的便是入声,入声属于仄声。词汇方面,许多古籍中可以看到的基本词汇,一直被闽台方言沿用下来,只是读音发生变化而已。如"筷子"叫"箸","儿子"叫"囝","蛋"叫"卵","锅"叫"鼎","夜晚"叫"冥","剪"叫"铰","脱"叫"褪","晒"叫"曝","跑"叫"走"等等。

(三)闽台方言内部及闽台方言与其他方言之间是经常大量相互影响的

闽台方言内部及闽台方言与其他方言之间是经常大量相互影响的,如尤溪、大田话受到闽东方言群和闽中方言群的许多影响,将乐话受到闽中方言群的影响,浦城话、周宁话受到浙南吴语的影响,邵武话、建宁话受到江西南城一带方言的影响。同时,长期以来,濒海的福建与东南亚诸国来往频繁,闽台方言同东南亚诸国语言的交流,使闽台方言中出现了一些外来语,东南亚诸国语言也借用一些闽台方言的词语。这些丰富的语言材料,如能进一步搜集、比较和探讨,对研究汉语方言的发展规律及其结构、闽台方言同其他汉语方言及外国语言交流的关系,是有重要价值的。

第二节　闽台方言的形成、流播、渊源与文化内涵

一、闽台方言的形成

方言的形成原因是复杂多样的,其中主要的原因是社会的分裂、人民的迁徙、民族的融合、地理的阻隔以及人们的文化心理积淀。福建、台湾境内现存的各种方言都有自己独特的形成过程。从总的方面说,就古民族和古方言的源流而论,闽台方言是多来源的;就方言差异的积存和共同语的影响而论,闽台方言是多层次的;就内外关系及其相互作用的结果而论,闽台方言是多类型的。

（一）原始居民的语言及其余存

出土文物资料表明，早在旧石器时期，福建就有许多先民的活动。据地方史志所载，在闽南的长泰、华安，闽北的光泽、南平，闽西的永定、明溪，闽东的福州、永泰，包括台湾的一些地区，都有一些"人莫能识"的"仙字"，有的摩崖石刻至今还留有模糊的字迹。人们至今还未能通过这些摩崖石刻去辨识当年的语言。

商周时期，福建被称为"七闽"。战国之后，史称"闽越"。据《史记》所述，秦汉之际，闽越王无诸在当时东南诸越中势力相当强大，闽越国在佐汉亡秦之后几经反复，抗汉降汉。汉武帝平定闽越，为防其反叛，"徙其民处江淮间"。当时闽越人活动中心主要在闽江流域。至今，民间传说的"越王台"、"越王城"、"越王墓"，在闽北各县多处可见其遗址。在武夷山市兴田乡所发掘的"汉城"遗址，可以证实那是汉初闽越人所营建的城堡。无诸为闽越王时间最长，威望也最高，武夷山区至今流传的武夷君治水救民的故事可能与无诸有关。民国《福建通志·方言志》认为，闽方言称妇女为"诸娘"，乃是"无诸国的娘子"，不无道理。

（二）古吴语和古楚语的源流

东汉末年，皇室衰微，孙吴崛起江东。孙权曾派贺齐领兵入闽，平息闽越遗民的反乱。建安八年（203 年），贺齐在建安（今建瓯）立南部都尉，屯兵 5 万于汉兴（今浦城），1.2 万于大潭、盖竹（今建阳地），当时闽中已建有 5 县——侯官（今福州）、建安（今建瓯）、南平、汉兴、建平（今建阳）。永安三年（260 年），建安升为郡，辖有 10 县，新建的有将乐、昭武（今邵武）、东平（今松溪、政和）、绥安（今建宁、泰宁）、东安（今闽南）。晋太康三年（282 年），全闽从建安郡分立出晋安郡，两郡共辖 15 县。可见，由于东吴的稳定发展，公元 3 世纪时，北方汉人对福建已有初步的开发。这时的闽中人口,汉人逐渐成为主体。从来源说,这批入闽者应是长江南岸的吴人和楚人;从成分说,除屯守的兵士外,也有亡命者、放逐者和避乱流民;从途径说,北面的吴人多数从陆路越过仙霞岭经浦城入闽北,少数从海上到闽东、闽南,西北面的楚人则越过武夷山进入闽北和闽中。

这些早期进入闽台的汉人,带来的上古汉语主要是江东的古吴语和南楚的古楚语。在今天的闽台方言中,我们还可以见到不少古吴语和古楚语的留存。

(三)闽台方言的大规模形成

福建、台湾的进一步开发和中原汉人的大批入闽进而入台直接相关。袁家骅先生在其主编的《汉语方言概要》中说:"中原人民迁移入闽的过程,大概始于秦汉,盛于晋、唐,而以宋为极。"资料显示,从东晋(4世纪)到唐末(10世纪)的500多年间,大规模的迁徙有过3次。现今的闽台方言就是在这几次大迁徙中形成的。

第一次大批入闽是东晋的南迁。永嘉乱后,随着王室南移,衣冠世族纷纷渡江,平民百姓也成群南奔避难。《晋书·地理志》卷三一八云:"闽越遐阻,僻在一隅。永嘉之后,帝室东迁,衣冠避难,多所萃止。"闽中地方史志向有东晋南迁,"衣冠入闽者八族"的说法。应该说,永嘉时代闽地尚属荒凉,南徙之民多止于苏南,进入湘、赣、浙等地者为数不多,一举入闽的更在少数。据著名学者朱维干教授考证,侯景之乱后确有南迁江浙的士大夫进一步入闽避难。至于下层百姓的走向,罗香林教授的说法较为可信:"青徐诸州流人,则多集于今日江苏南部,旋复沿太湖流域徙于今日浙江及福建的北部。"换言之,入闽者是几经辗转而到达的。东晋亡后,南朝200年间,福建较之江左、江右相对平静,渡江汉人应有陆续入闽者,其定居地也由闽北山区扩展到闽东、闽南沿海。梁天监中,析晋安郡南境另置南安郡(今闽南),可以作为佐证。总之,这一时期入闽的中原汉人,是长时间地,又是小批量地迁移,其走向是从北部山区到东南沿海。

第二次大批入闽是初唐的开拓。唐总章二年(669年),汀漳一带(闽西、闽南)"蛮獠啸乱"(应是指畲族的先民),朝廷派中州人陈政统领府兵"五十八家军校"5000多人前来平定。后来其子陈元光接位屯守闽南,永昌元年(689年)创置漳州,陈元光首任刺史。陈氏先后4代守漳,时达百年。据史籍记载,跟随他们的多为河南光州固始人,后来都在漳、泉落户。安定的环境、优越的自然条件,加上中原移民带来的先进生产技术,大大推动了闽南地区的发展,当地居民在沿海从事围垦、煮盐,兴修水利,发展航海;在山区则开矿、烧瓷、种茶。由于经济发展较快,漳、泉二州人口猛增。据唐《元和郡县图志》载,唐开元年间,这两个州7个县共有5万多户,占全闽5州23县总户数的一半以上。现今的闽南方言应是在这时形成的(莆仙方言当时也包含其中)。

第三次大批入闽是唐末王审知入闽。中唐之后,王室衰微,政治腐败,土地兼并,赋税繁重。受唐末战乱影响,福建的社会经济发展也走下坡路,造成人口锐减。从开元到元和的100年间,全闽人口减少了30%。从唐亡到宋兴的半个多世纪,中国大分裂,北方五代更迭,南方十国争雄。北中国多是民不聊生,闽中五州却得到休养生息,安定发展数十年,这便是王潮、王审知兄弟治闽的贡献。王氏兄弟原是河南一支农民起义军的头目,跟随他们的部卒多是光州、寿州之民。渡江之后,自江西转战于闽西、闽南之间,深得人心,先后剪除割据的军阀,夺得福州,并尽有闽中五州之地。两兄弟执政期间,保境息民,劝农桑、定赋税、奖工商、办海运,安抚南下流民,设"四门学"兴办文教,中原汉人入闽避难者日多。《客家研究导论》称:"颍、淮、汝三水间留余未徙的东晋遗民,至是亦渡江南下至汀、漳,依王潮兄弟。"二王治闽,增设两州、六县、三镇,虽然他们的后辈为立闽国称帝引起内讧,复又动乱数年,全闽人口还是骤增。到宋初,据《太平寰宇记》载,闽中 31 县总户数达 46 万,较之唐元和间又翻了 6 倍。二王的活动中心在福州,这批中州人的定居,对于闽东方言的形成无疑有决定性影响。

唐代两次大批入闽的汉人,都以河南中州人为主体,虽然其间相隔 200 多年,但毕竟是一脉相承。当年的中州汉语,正是形成闽方言的最重要的基础成分。这个基础,既有东晋时期中原人士保留的上古雅言成分,又有唐代洛下正音(以《广韵》为代表)的中古汉民族标准语成分。正是这两种成分构成了闽方言的共同性。时至今日,还可以从各地闽方言中明显地看到这种共同基础。

1000 多年来,由于社会历史的原因,原来可能比较一致的闽方言又分化成明显不同的几个区。和第二次、第三次大迁徙直接相关的闽南方言和闽东方言比较稳定,现在仍是两个大区,分别以后来形成的福州音、厦门音为代表。宋代以来的兴化军(府)由于受闽东方言影响,从闽南方言分化出来成为独具特色的一区,以莆田话为代表。闽北、闽中方言本来就有更多古楚语成分,后来又受西部客赣方言影响,因此和沿海闽方言有明显差异;而闽北与闽东交往多,闽中则与闽南交往多,两者间又有不同,分别以建瓯话和永安话为代表。

(四)闽客与闽赣方言的形成

福建西部沿着武夷山脉与江西连界。唐代之后,赣人两次大规模涌入闽地,对现今福建方言的形成和分布也发生了直接影响。

第一次赣人入闽发生在唐末。黄巢起义时,赣北是主战场之一,从中原南来定居不久的客户又不得安宁。参加义军者结局悲惨,留在家中的弱者不堪官军的掠夺和盘剥,只好扶老携幼向新地逃亡。从闽西唐宋间人口的变动可以看出,这次入闽的赣人是大批量的。唐元和间,闽西只有长汀、宁化两个中下小县,外加沙县的汀州府只有 2000 多户人家。到北宋初年,据《太平寰宇记》载,这里已有 2 万多户,增加大约 10 倍。宋代中叶,汀州增设连城、清流、上杭、武平四县,据《元丰九域志》载,全州已有 8 万多户,较宋初又增加 4 倍。从赣东来的移民成了闽西人口的主体。闽西方言区就是在北宋时期形成的。宋元之后,他们又大批南迁粤北、粤东,在那里生成了鲜明的客家意识。赣人唐末进入闽西,可以认为是客家民系形成的酝酿期,在这里形成的方言和广东纯客大本营的客家话有明显的一致性,因此本区方言可以称为闽客方言。

闽西原先居住的主要是畲族的先民,在和客家先民杂居的年代,他们逐渐放弃大部分本族语言,说着和闽西客话大同小异的话,后又逐渐向福建北部、东部山区进行民族迁移,而今大部分定居在闽东沿海的山区。据大量客家族谱记载,他们的祖先是从江西迁到宁化石壁村而后再向南转移的,但是,早期到达宁化、清流、连城一带的客家先民,并无明显的客家意识,他们至今并没有自称客家,只有后来从粤东倒流到上杭、永定、长汀一带定居的人们才自认是客家。由于迁徙的时间不同、主客的成分和比例不同(这里除畲族外当时还有说闽方言的居民),加上邻近闽方言的影响,闽西七县客家方言内部差异较大,不像具有鲜明客家意识的粤北纯客大本营中的客家话那么一致。像连城县内,互不通话的小方言就不下五六种。

第二次赣人入闽发生在南宋之后,主要是抚州、信州一带的人越过武夷山来到闽北定居。和第一次相比,不同的是,前次主要是来避难的,后次则主要是来谋生的。前次时间地点比较集中,数十年间大批量一次完成;后次是长时期的,既有大批量(如宋元之交),也有小批量的。从地点上说又分散于闽北十几个县。前次来时本地原有的居民不多,大批量的人口充实造成语言的质变,形成新方言区;后次则是在原有人口和语言的基础上掺入新成分,经过长期的量变才造成质变或部分质变。

闽北原是福建开发最早的地区,宋代以后,建州分出南剑州和

邵武军,共辖 16 县。据《元丰九域志》载,北宋中叶这一带已有近
40 万户人家(全福建才有 100 万户),朱熹在此讲学数十年,麻沙
成为全国出版业中心;杨时、柳永、严羽、李侗等文人学者,宋慈、真
德秀、李纲等名臣大将接踵而出;"建瓷"、"建茶"驰誉四海,铜银冶
炼在全国举足轻重。北宋是闽北鼎盛时期。然而封建制度下的土
地兼并、赋役繁重、茶盐采矿官营专卖等都酝酿着深刻的社会矛
盾。从北宋末到南宋末 100 多年间,农民起义此起彼伏,其中南宋
初年范汝为起义,聚众 20 万,争战一年半,义军几乎攻占闽北所有
州县。历次起义都被镇压了,该地区人口锐减三分之一(据《元史
·地理志》载,只剩 28 万户),一些文人描写了当时的境况,称:"前
村不复炊烟起,长似清明寒食时","江闽五十邑,荆棘五千里","旧
时巷陌今谁住,却问新移后来人"。这"新移后来人"便是翻过武夷
山的赣人。这些定居者大体按路程的近远而递减,邵武军最多,南
剑州所属的将乐、顺昌其次,建州所辖的西片崇安、建阳又次之。
近人陈遵统主编了《福建编年史》,他在前言中说:"我在邵武的 8
个年头中,差不多邵武各大姓的家谱都看过,可以总括的下个结
论:'邵武的大部分人民是由中原移转而来,而迁徙的道路,十有八
九由江西而来。考究它的年代,大部分是宋代,而宋代之中,南宋
初期比北宋多;元兵围汴的前后,又比南宋初期多。'"其实,赣人东
来直到明清之后还在继续,在闽北各县,到处都有迁来三五代、八
九代的"老表"。

　　赣人入闽,对福建方言产生了三种情况的影响:一是西北部原
邵武军(府)4 县虽然还不同程度地保存着闽方言的老层,但从语
音的主要特点和结构系统以及词汇语法的基本面来说,已经赣语
化了。其中,和江西连界的建宁话,赣化最彻底,光泽话的闽方言
成分也很少了。二是东南部原南剑州的顺昌、将乐、明溪三县则保
留闽方言成分多些,明溪还兼有闽西客话的特点,可以说这一带是
客赣方言和闽方言的过渡地带。根据这种现状,我们把西北 4 县

称为闽赣方言区,东南3县作为它的附属区。三是原建州(建宁府)的西部崇安、建阳两县在语音上也受到赣语的一些影响,在词汇方面,连建瓯一带也有许多客赣方言的成分,但是这几个县基本上还没有改变闽方言的性质。

闽客方言和闽赣方言形成年代比闽方言晚,分布地又是山区,交通不便,经济相对落后,政治、文化中心(长汀和邵武)的权威性不足,故两区内部的方言差异都较大,许多地方还含有闽方言的成分。

二、闽台方言的流播

福建依山临海,全境布满丘陵,耕地缺乏,素有"八山一水一分田"之说。封建时代经济停滞,常有灾荒,不乏战乱,人口增加之后当地居民只得背井离乡,出外谋生。由于外出者往往保留浓烈的乡土观念以及在故土养成的独特的文化传统和语言习惯,不愿放弃自己的语言,即所谓"离乡不离腔",因此,不但在本省境内不同方言区之间相互穿插形成许多大大小小的方言岛,而且在省外乃至国外也继续使用家乡话,造成了方言的广泛流播。在和外族语言共处接触之中,有些外族语言还借用一些福建方言的语词。在省外流播的方言主要是闽南方言、闽客方言和闽东方言。现分述如下:

(一)闽南方言的流播

1. 闽南方言向海外的流播。

人多地少、生活无着是闽南人向外移民的重要原因。闽南人民长期同大海打交道,深谙捕鱼、造船、航海技术,这就提供了向海外移民的条件。唐宋之后,闽南人陆续向海外移民。南宋时泉州港一跃成为东方一大港口,这里有了远洋帆船,与海外数十个国家通商,泉州人也大批出海定居。《马可波罗行记·爪哇大岛条》说:

"刺桐及蛮子之商人,在此大获其利。"明马欢《瀛涯胜览》说:"杜板位爪哇北海边……此处约千余家,以二头目为主,其间多有中国广东及漳州人流居此地。"("爪哇"条)"旧港,即古三佛齐国是也……国人多是广东、漳、泉人逃居此地。"("旧港"条)近400年来,闽南人"过番"络绎不绝。如今,印尼华裔300余万,马来亚华裔占总人口的三分之一,新加坡占76%,那里通行最广的便是闽南话。在菲律宾、缅甸、泰国和印度的华人中,闽南话也是主要方言之一。闽南许多侨乡的出外人口,已经超过本土现有居民。据估计,东南亚华人中说闽南话的在1000万以上。

2. 闽南方言向粤、琼的流播。

宋、元的远洋船队是穿过琼州海峡南去的,大约在这时,闽南话便跟着船队散布于粤东沿海、雷州半岛乃至整个海南岛。至今,这一带说闽南话的人还流传着他们的祖先原是从"莆田荔枝村"迁来的说法。这表明,出海的还有不少莆仙人(当年的莆田话和闽南话还未分家)。现在粤、琼两省说闽南话的人口约有2000万,比福建省内说闽南话的人还更多。

3. 闽南方言向浙南沿海的流播。

经由闽东向浙南沿海迁移的主要是旧泉州府的渔民,迁移时间大约已二三百年。现在浙南苍南、平阳县的近半人口,和玉环、洞头等海岛上说闽南话的总共有数十万人;还有少数辗转到了江苏宜兴郊区,至今也还保留着闽南方言母语。

4. 闽南方言向台湾的流播。

闽南方言向台湾的流播,充分而集中地体现了闽台之间方言的渊源关系及其共同的文化内涵。关于这部分内容,我们另外在下面"闽台方言的渊源与文化内涵"中专门讲述。

(二)闽客方言的流播

客家先民迁入闽西后,山多地少、土地贫瘠的境况使他们很难立足,于是沿着汀江继续南行。到南宋末年,元兵南逼,赵宋小朝廷经过福建逃往广东,他们又扶老携幼,或勤王沙场或到粤北安身。粤东客家大本营的居民大都是从闽西移入的,明、清两代又从那里迁往赣南、湘南、桂东南以至四川盆地,也有不少人和闽南人一起远渡重洋到东南亚定居或东渡台湾。客家人移民台湾的时间比闽南人为晚,人数现已超过 300 万,约占全岛总人数的 13％。多年来,许多海外及台湾的客家人来闽西寻根访祖。客家人艰苦跋涉和奋斗开拓精神是十分突出的,他们固守母语的传统观念也十分强烈。至今,海外和台湾的客家话,与梅州本土及闽西客话南片的口音并没有多少差异。

　　(三)闽东方言的流播

　　闽东方言在省外占据的较大地盘,主要是浙南的平阳、苍南、泰顺三县。那里和寿宁、福鼎两县接壤,总人口有数十万,闽东话俗称蛮话、蛮讲。早期的闽东方言可能和闽南方言一样,蛮、闽同音,"蛮话"就是闽话。

　　闽东方言也有和闽南方言一样散布到台湾省和东南亚各国的,在马来西亚的霹雳州和沙捞越,有许多闽清人、古田人的后裔,他们甚至把故土的地名也搬到当地去了,诗巫城又称新福州。

　　明、清时期,琉球人经常来福州通商,也有一些闽东人到琉球定居。他们后来已经融入日本大和民族。

三、闽台方言的渊源与文化内涵

　　闽南方言向台湾的流播,集中地体现了闽台方言的渊源关系,从而显露了闽台之间共同而又深刻的文化内涵。

　　(一)闽南方言向台湾的流播

　　语言的载体是人,方言的传入和定位、定型,是随着移民播迁和聚居区的建立而逐渐形成的。台湾是我国的第一大岛,与福建的关系特别密切。由于台湾和福建一衣带水,地理相接,血缘亲近,语缘一致,从而演绎了中国历史上中原人南迁入闽,又从闽南东迁入台湾的漫长历程,因而,语言上就自然而然地形成了中原古汉语—闽南话—台湾省方言的清晰脉络。

据说,福建与台湾在远古时期曾经存在过一条陆桥,被称为"东山陆桥"。祖国大陆的原始人可以通过"东山陆桥"进入台湾。考古发现,台湾的长滨、圆山、凤鼻头等地的文化遗址中发掘的文物多与祖国大陆旧石器时代的类似或相同。

明朝天启元年(公元1621年),颜思齐、郑芝龙等开发台湾,就招募了不少的闽南人到台湾屯垦定居,人数多达几千人。明末清初,南安人郑成功率领将士2万多人经过苦战,从荷兰人手中收回祖国领土台湾,又带去了大批的闽南人移垦台湾。因为郑成功是当时的泉州府南安县人,他的部下将士也大多是泉州人,后来他们定居在台湾台南地区,也就带去了闽南方言。其后,由于清政府实行迁界政策,沿海居民纷纷渡台避难,台湾汉族人口增加到12万人左右(《台湾省通志稿》卷二《人民志·人口篇》)。这一数字比荷据时期的人口增加了大约2倍。其中,陆续东渡台湾定居的也主要是闽南人,也就使闽南方言在台湾进一步扎下了根。

康熙二十二年(公元1683年),清朝取得台湾,大陆与台湾连为一个整体。第二年设立台湾府,属于福建布政司管辖,下设三县一厅。以后,闽南人迁居台湾迭现高潮,出现了垦主到闽南招募垦民的活动,出现了亲连亲、家人连家人、村民连村民的连锁性的移民活动,在台湾形成了同宗同姓、同籍同语的闽南村落移民聚居区。至今,岛内讲闽南方言,不论泉腔、漳腔,与本土闽南话口音并无二致,其总人口约2000万,也已超过闽南本土的人口。

据《台湾省通志》卷二第三章第二节《河洛与客家》记载:"本省人,系行政上之一种名词。其实均为明清以来大陆闽粤移民即河洛与客家之苗裔。"在台湾,人们习惯地称说闽南话的人为河洛人,称闽南话为河洛话。因为河洛人在晋代以前生活在中原的黄河、洛水流域,当时这一带简称河洛地区。又如,连横在所著的《台湾语典·自序》中,也指出:"夫台湾之语,传自漳、泉;而漳、泉之语传自中国。其源既远,其流又长……"

现在,闽南人已经成了移居台湾的汉族的主体部分,总人数占全岛总人口的80%以上,生产、生活、文化都处于比较高的水平。综上可见,闽南话是来自中原的河洛话,闽南人的根在中原,而台湾人的根又在闽南,所以闽台地区至今流传着一句话:"人同根,语同根",表现了"闽台同文,两岸同根"的现实。

(二)闽台方言的共同文化内涵

语言是一种符号系统,是民族文化的一种重要表达形式。它与文化之间的关系,实际上是形式与内容的关系。某种特定的民族文化总要把其具体内容深刻地烙印在语言上。闽台文化作为一种地域文化,它是中原文化向福建、台湾传播与发展的结果。而闽台文化独特而丰富的内容又是通过汉语共同语的重要支系——闽台方言来表达的。因此,考察闽台方言,可为我们探寻闽台文化的共同内涵提供可靠的佐证。

1. 闽台方言中的古语词。

语言是民族历史的忠实记录。民族分布地域的变动与民族成员的分散播迁是面目各异的汉语方言纷然歧出的重要成因。而民族成员的分化整合与流动迁徙也往往要在方言上留下印迹。闽台方言给人们的印象是言语侏离,听觉难明,以致外省人对它多有"南蛮驶舌"之评。原因就在于其多数乃属于古语词的沿用。它们是闽台历史上历次移民所带来的不同时期古代汉语(包括上古、中古、近古等)词汇的残留,也是最能反映语言的原始面貌,以致使方言成为语言"活化石"的一个突出特征。若对此类古汉语语词加以语言年代学方面的考察,则可为我们追溯闽台早期移民史提供一种有力的佐证。

寻绎闽台方言可以发现:当今闽台方言中保留的某些古语词,来源于上古江东南楚江淮方言。如,闽台口语称数词"一"为"蜀"(《集韵》殊玉切)。汉代扬雄的《方言》卷十二中就说:"蜀,一也。南楚谓之蜀。"郭璞注曰:"蜀犹独耳。"又如,闽台口语称"人"为"农"(又写作"侬",《集韵》奴冬切)。《庄子·让王》说:"石户之农。"郭象注曰:"农,人也。"成玄英疏曰:"今江南谓人曰农。"宋戴侗《六书故》:"吴人谓人侬。"这种现象的存在,自然与福建历史上的最早移民有关。

寻绎闽台方言还可发现,闽台方言中的有些古语词在大体成书于秦汉前后的《尔雅》与东汉许慎的《说文解字》等古辞书中经常出现。如,闽台方言中,称"糯米"为"秫米"(秫,食聿切),就可见诸《尔雅·释草》;称"脚"为"骹"(口交切),也见诸《尔雅·释畜》;称"嘴巴"为"喙"(充芮切),则见诸《说文·口部》;称"筷子"为"箸"(迟据切),则见诸《说文·竹部》;称"田地"为"塍"(乘陵切),见诸《说文·土部》。究其成因,都是两晋汉人移民所携来的汉、晋古语的结果。

喜爱古诗词的人都有这样的感觉:用闽台方言来诵读唐诗宋词在音韵上都非常合辙,而且不少语词基本相同,觉得有些奇怪。其实,主要来自以下两个原因:一是闽台方言中的音韵保留了以《切韵》为代表的中古语音(如中古音系中三套辅音韵尾 m、n、g—p、t、k 在其他地方的方言中多已合并,而在闽台方言中则大量保留);二是闽台方言中还保留了不少唐宋口语词。例如,闽台方言中,称"儿子"为"囝"(九件切),称"父亲"为"郎罢"。在顾况《囝》一诗中就有"囝别郎罢,心摧血下"一句,其序曰:"囝音蹇。闽俗呼子为囝,父为郎罢。"在闽台方言中,往往把"热闹"说成"闹热",而在白居易《雪中晏起偶咏所怀》一诗中也有"红尘闹热白云冷"一句。

闽台方言中,称脱衣动作为"裼"(吐困切),在欧阳修《浣溪沙》词中,也有"束素美人羞不打,却嫌裙慢裼纤腰"一句。闽台方言称睡觉为"困"(苦闷切,一般写为"睏"),在苏轼《贺新郎》词中也有"渐困倚孤眠清熟"一句。如此等等,不一而足。这些现象都说明了唐初、五代时移民在闽台方言中留下的时代印记。

2. 闽台方言的称谓词。

汉民族经历了历史长久的封建社会。封建社会的经济基础是以家庭为单位的小农经济。家庭中的人丁是生产力发展的重要因素。由于同一家族世居一处,便形成了同姓同村或一姓数村的分布格局。这种由家族聚居连结成的社会,依靠封建礼制进行维系,形成了以男性为中心的亲疏有别、长幼有序的等级秩序,反映在亲属称谓词上,就是要有一套能区分血亲远近、辈分高低、年龄大小的严密系统。闽台方言也同样也保留了这一传统习惯。

例如,封建社会的"男性中心"意识在闽台方言中就有典型的表现。闽台一带亲属中父亲的兄、弟就称呼有别:"阿伯"、"阿叔",甚至他们的配偶也应严格区分为"阿姆"(伯母)或"阿婶"(婶母)。而母亲的兄、弟则统称"阿舅",父亲的姐、妹统称"阿姑",母亲的姐、妹统称"阿姨"。可见"男尊女卑"的封建思想世代相袭,根深蒂固。

又如,闽台民间尤其乡村十分重视家族子孙的传承。有些人家因经济等方面原因未曾娶妻或没有生育者,往往要向外人抱养孩子或从兄弟亲戚家要个孩子"过房"(即过继)。为了表示亲疏有别,抱养或"过房"的孩子在称呼养父母时多数不从家中同辈说法叫"爸、母"等,而改称其为"阿伯、阿叔"或"阿姆(伯母)、阿婶"。孩子对继父母之称呼也多仿此,以示其现父母并非亲生父母,他们之间并无血缘关系。而有些家庭因世代单传或人丁稀薄,父母等多视其子女为掌上明珠(民间称此类子女为"罕囝"),父母为孩子取名多有意抑贬,称其为"粪扫(垃圾)"、"戆囝(傻瓜)"等,以示卑贱之物易为成活。而这类"罕囝"，面称其父母时也适当加以变通为"阿伯、阿叔、阿哥"或"阿姆、阿婶、阿姊"等，寓与己血脉无关，以免灾避祸。

再如，称呼亲属时，闽台方言称呼词的使用均以辈分高低为基本准则。但当遇到辈分与年龄不相应时，只以辈分称呼而不从年龄。因此，一个老态龙钟的老人，遇到比其辈分高的年轻男女，面称其为"叔公"（祖父的弟弟）或"姑婆"（祖父的妹妹）之类的现象则司空见惯，丝毫引不起人们的惊奇。这实际上也是封建家族等级制度在称谓词中的反映。

3. 闽台方言的熟语。

熟语是一种独特的口语形式，它包括成语、谚语、歇后语等。由于熟语内容丰富，反映面广，富有乡土气息，形式固定，因而群众喜闻乐见，以至于在民间广为流传，根深蒂固。而闽台方言中的熟语则又为我们探寻海峡两岸同根同源提供了可靠的依据。

（1）成语。闽台方言中的成语也多呈四字格形式。其构词语素与普通话固然不尽相同，同素异构或异素同构的现象也屡有所见，然因土生土长，说者多绘声绘色，听者也备感亲切。如成语"乌篮血迹"（故乡、摇篮地）就能引发起人们对故土的深厚情怀；"平原旷土"就使人想望沿海一带的广阔原野；"弯街僻巷"则展现了当地村落的建筑景观；"移秧浸种"就反映了田家农事的场景；而"透早透暗"、"损神无命"、"拖身磨命"、"劳心费力"等成语则描绘了劳苦大众成年累月勤苦劳作的艰辛。而另一类成语，如："爱食毋做"、"荒公废事"、"浅墙薄壁"等，则表现了劳苦大众对落后意识行为的否定与批评；"臭心毒行"、"用谋造语"、"生言造语"、"风声谤影"等则是对社会腐朽势力与无耻小人的无情鞭笞。

（2）谚语。闽台两地劳动人民长期从事农耕生产与海洋捕捞，他们在长期观测日月星辰的推移、阴晴寒暑的变化与云雷风霜的发生之中积累了无数占验物候变化的经验，并加以总结提炼。这类农业谚语音节铿锵,多有押韵,朗朗上口。如"春看海口,冬看山头"、"夏季东南风,毋免问天公;长夏风势轻,舟船最可行"等。又如,"天无雨,人有步"、"敬神不如敬人"、"神佛兴,弟子穷"、"无禁无忌食百二"等谚语,表达了他们对天命鬼神的否定和"人定胜天"的朴素思想;而"三人共一心,乌土变成金"、"一人智,不如两人议"等谚语,则表现了团结奋斗、集思广益的道理。其他一些谚语,如"有心拍石石成穿(洞穴)"、"十个指头无平长"等都蕴含着深刻的哲理。在阶级社会中,闽台人民还创造不少谚语表达了对社会黑暗与阶级不平等的愤怒控诉。如用"人无照天理,天无照甲子"、"乌龟假大爷,乞食假老爹"等来揭露和鞭挞旧社会的黑暗。

(3)歇后语。歇后语,在闽台方言中又谑称为"五色话"。从形式上看,这类歇后语也是前半以比喻修辞,后半点明喻意,但比喻特别新颖奇特。如"师公吹哨角——惊鬼"(讽刺说大话吓人)、"猪哥婶伴五娘赏月——陪着出丑"、"鸡团爬上树——假鸟"、"关帝爷大刀——专宰别人"等,其内容多讽刺腐朽落后的思想意识与生活现象,极其形象生动。

语言中的外来词(或称外语借词、外来概念词)是词汇系统中带有特殊性质的符号。作为异文化的使者,外来词往往是历史上不同民族政治、经济和文化长期交流的产物。现代闽台方言尤其闽南方言中杂有不少外来词,便是历史上中外交流的长期积淀。

4. 闽台方言中的地名。

地名是一种社会现象,是人类交往的产物,具有约定俗成的特点。地名的命名一般来源于当地的自然景观、经济特征、宗教文化、民族以至神话传说等因素,而这又往往要借助一种语言加以表述。这就是地名产生的社会文化背景。闽台两地一衣带水,地理相接。海峡两岸社会文化上的共同特征,在闽台方言中的地名命名上有着直接而鲜明的表现。

闽台两地地名命名的共同特点主要表现在以下两个方面:

（1）地名一般由专名与通名两部分构成。如福建省、福州市，"福建"、"福州"是专名，"省"、"市"则是通名。专名是特指某地地理实体并借以区分同类地物的专用词，起定位作用；通名则用以概括某种地物的共性，起定性作用。闽台地名中的专名多采取闽台方言中对同类地形、地物的惯用指称为主要构词成分，再辅以大小、形状、方位、色彩以及姓氏、人名、数字等各种描写性成分，进行相互结合而加以命名，具有浓厚的地域特色。如，闽台方言中称小块平地或略带倾斜的平坡为"埔"，而两地带词素"埔"的地名便不计其数。以闽南为例，厦门有东埔、前埔等十几处，漳埔县有乌石埔，平和县有枫埔，永春县有桥头埔，安溪县有郭埔……举不胜举；台湾带埔字地名更多达数百处，如台南、台北、新竹均有牛埔，屏东有草埔……又如，闽台方言中称小谷地为"坑"，如厦门的茶坑、坑内，漳州的郭坑，漳浦的汤坑，泉州的坑头，南安的直坑等；在台湾，仅台北县便有粗坑、麻坑等 260 多处。再如，闽台方言中称小池浅洼为"陂"（同音异写的还有"坡"、"埤"等），这类地名在闽南有云霄的新坡、诏安的官陂、漳浦的古坡等多处；台湾则有台北的番仔坡、埤头、埤仔尾等，数量也不在少数。其他与上述情形类似的地名常用字还有"崁"、"咨"、"湖"、"墩"、"崎"、"岙"、"岬"、"岽"、"峻"、"岗""岑""岭"、"场"、"坞"、"坵"、"城"、"埕"、"埠"、"嵝"、"坛"等等，不一而足。

值得一提的是，在以地物命名的地名之中，以建筑物"厝"、"寮"为构词词素的地名在闽台方言中的数量颇为可观。闽台方言中，把一般房屋称为"厝"，而把以竹木芦苇一类材料搭盖的简陋屋棚等，称为"寮"。古时"厝"、"措"通用。《孝经·丧亲章》曰："卜其兆宅，而安厝之。"《经典释文》曰："厝本作措。"可知"厝"有"措置、安置"之义。闽台先民迁自中原，初入蛮荒，多暂寓一地。古称房屋曰厝。而同族聚居，名村落为厝，即因此而来。今闽台方言地名中，有厦门的黄厝、何厝，漳州的新厝，泉州的肖厝等，数量颇多；台湾则有台北的头北厝、台中的下马厝等,也难以胜数。至于"寮"字,《仓颉篇》云:"寮,小空也。"《广雅》以为穴居之地。其指屋舍,则盛于唐宋。闽台多山,北人南下之初多依山而居,或寓身山洞,以避洪水猛兽,或披荆斩棘,就地取材,临时搭盖简陋棚舍以为栖身之所,故亦取名为寮。今闽台方言中以"寮"为地名者,有厦门的顶寮、肤舨寮,漳州的田寮,泉州的龙寮等;而在台湾则为数更多,如台北的贡寮、高雄的鸭母寮、基隆的七分寮等,竟多达数百处。

(2)考察闽台两地的地名,可以看出的另一个共同特点是,两地地名在命名上有相当数量的雷同现象。现在台湾地名中,有不少是直接袭用福建省的。例如,在台湾省境内,台北有长泰和南靖,台南有诏安,台中有龙溪和德化,彰化和云林都有同安,云林有泉州,南投有平和,屏东有南安……这些闽南的地名在台湾比比皆是。至于在地名中采用"厝"、"寮"、"湖"、"墘"地名常用字加以祖居地州、县专名的情况,如上所述,更是到处可见。正是这种地名命名的相同现象,充分而深刻地反映了海峡两岸祖居地与移民地之间历史上的渊源与流播关系,体现了中华民族文化心理的积淀与两岸人民的血肉之情。

第十二章　闽台法律

第一节　闽台刑事诉讼法比较

我国的福建与台湾两省,由于地理、历史的原因,关系一直源远流长,但受政治、历史、社会、经济、文化诸因素影响,两地法律制度差异颇大。福建省作为祖国大家庭的一员,在刑事诉讼法律制度方面适用《中华人民共和国刑事诉讼法》(以下简称《刑事诉讼法》)。而我国台湾地区则有其自己的《刑事诉讼法》。

本节对闽台两地刑事诉讼法律制度中一些基本的法律制度进行比较,以期增进闽台两地的沟通与了解。

一、体例与结构比较

(一)大陆《刑事诉讼法》的体例与结构

大陆现行的《刑事诉讼法》是 1979 年制定、1996 年修改的,在结构上包括总则、分则、附则三部分。

1. 总则部分

总则共 1 篇、9 章、88 条,其中第一章"任务与基本原则"是总则中的总则,规定《刑事诉讼法》的任务和贯穿整部法律的基本原则。第二至第八章分别规定适用于各个诉讼阶段的基本制度,分别为"管辖"、"回避"、"辩护与代理"、"证据"、"强制措施"、"期间"和"送达"等。第九章属于概念性规范。

2. 分则部分

分则部分根据刑事诉讼的阶段划分又分为3篇,第一篇是"立案、侦查和提起公诉",规定开庭审理前的各个阶段的程序;第二篇是"审判",规定审判阶段的各项程序;第三篇是"执行",规定刑事执行程序。

3. 附则部分。

《刑事诉讼法》的附则部分只有1条,即关于军队保卫部门、监狱行使侦查权的规定。

(二)台湾地区"刑事诉讼法"的结构与体例

台湾现行刑事诉讼法典制定于1935年,是台湾当局1949年从大陆溃退至台湾前在全国实施的刑事诉讼法律的延续。1949年后,经多次修正、删减或增补,在台湾沿用至今。台湾的"刑事诉讼法"在性质上属公法类型的成文程序法,有其自身的独特之处。

台湾的刑事诉讼法律是以大陆法系为模式,兼采英美法一些诉讼制度的混合物,具有以下特点:

1. 三级三审制

台湾由普通法院审理刑事、民事案件。普通法院按其体系分为"最高法院"、"高等法院"和"地方法院"三级,分别管辖第一审、第二审和第三审即终审案件。普通刑事案件的审理以"地方法院"为一审,可上诉至"高等法院"做二审;对"高等法院"判决不服的,还可上诉至"最高法院",即三级三审。但一些特殊案件只能二审终审。

2. 不告不理

不告不理是刑事诉讼、民事诉讼和行政诉讼共同适用的一项原则。在台湾,法院不得就未经起诉之犯罪审判。

3. 不采取起诉状一本主义

检察机关起诉时应将起诉状和全部物证书证一并移交法院,由法院做庭前审查。台湾法院的庭前审查分为程序性审查和实体性审查。只有经过审查确定符合条件后,法院才决定受理。

4. 自由心证。

对证据制度台湾采用自由心证主义。其目的是赋予法官广泛的证据价值判断权力,不加以拘束、强制或者干涉,以求公正判决。但是,台湾法官在对证据作自由判断时,必须依照一定规则,不得违背事实、经验法则和理论法则,以维持其合理性。

5. 当事人地位平等

台湾刑事诉讼法规定检察官为当事人。检察官在审判过程中与被告人、自诉人同处于当事人地位,行使同等诉讼权利,享有同等的辩论机会。

6. 证据制度中允许有条件地拒绝作证

台湾刑事诉讼法和证据法例容许具有一定义务的人,如具有职业上或职务上保密义务的人,拒绝到庭作证,并且不会受到追究。

台湾刑事诉讼法还有一些特点,如规定对尊亲属和配偶不得提起自诉,检察官和推事亲自搜索时可以不出具搜索票,采取公诉、自诉并立制度,不实行陪审制等等,使之形成了中西结合的刑事诉讼制度。

台湾现行的刑事诉讼法典共9编,521条。每编下视情况可以再分章、节。9编分别为"总则"、"第一审"、"上诉"、"抗告"、"再审"、"非常上诉"、"简易程序"、"执行"和"附带民事诉讼"。其体例具体如下:

第一编 总则 第一章法例 第二章法院之管辖 第三章法院职员之回避 第四章辩护人、辅佐人及代理人 第五章文书 第六章送达 第七章期日及期间 第八章被告之传唤及拘提 第

九章被告之讯问　第十章被告之羁押　第十一章搜索及扣押　第
十二章证据　第十三章裁判

第二编　第一审　第一章公诉　第二章自诉

第三编　上诉　第一章通则　第二章第二审　第三章第三审

第四编　抗告

第五编　再审

第六编　非常上诉

第七编　简易程序

第八编　执行

第九编　附带民事诉讼

从以上体例可以看出,该法的第一、二编内容比较多,其中第
一编内容最多,共13章,是刑事诉讼的制度和规则部分。第二编
以下共8编,是刑事诉讼的程序部分。整体结构显得头重脚轻。

在编排上,台湾刑诉法将公诉案件的侦查、起诉和审判放在第
二编第一章中,与大陆刑诉法相比,第一审的概念有着明显的区
别。台湾的第一审包括了公诉案件的侦查、起诉和审判程序,而大
陆刑诉法第一审仅指人民法院审理程序中的初审,不包括侦查和
起诉的内容。

台湾现行的刑事诉讼结构呈传统的控辩审三角模式。早期检
审合署,看起来是倒三角模式,即控诉和审判占主导地位。1980
年检审分署后,审判处于中心和主导地位,而作为控诉方的检察官
与被告同为地位平等的当事人,处于对等的诉讼地位。即控辩
双方地位平等,而法官处于中立和主导性的决定地位。

综观大陆的《刑事诉讼法》,与台湾的刑事诉讼法相比,其体例
与结构具有如下特点:(1)虽从总体上体现了大陆法系成文法典的
技术和风格,但各项规定仍不够详尽和完备,还需要借助大量的司
法解释,才能完成规范与调整刑事诉讼法律关系的任务;(2)审判
前的侦查程序的法律条文占有很大比例,对审判前的诉讼活动予

以高度重视;(3)将"立案"作为一个独立的诉讼阶段予以规定;(4)实行警检分离,即规定侦查权与检察权分别由不同的机关行使;(5)在审判程序中规定死刑复核程序。

二、管辖制度比较

刑事诉讼管辖即司法机关在刑事案件受理范围上的分工。由于对"司法机关"这一概念两岸在理解上存在很大差异,因此,刑事诉讼管辖的定义也不同。在大陆,刑事诉讼管辖是指公检法机关在刑事案件受理范围上的权限划分,以及法院系统内在审判第一审刑事案件上的权限分工。在台湾地区,则仅指法院系统内在第一审刑事案件上的权限划分,故亦称"法院之管辖"。

在大陆,刑事诉讼管辖有职能管辖和审判管辖之分;而在台湾,则只规定了审判管辖。至于审判管辖的划分规定,两岸则大体相同,均规定了级别管辖、地区管辖和指定管辖。此外,还规定了专门管辖、移送管辖、合并管辖等审判管辖原则。两岸对刑事诉讼管辖的规定虽不尽相同,但其设立管辖制度的目的,均在于保证各职能机关及时、准确地行使职能,防止相互推诿或互争管辖权,以保证办案的质量和效率。

三、辩护与代理制度比较

辩护即刑事诉讼中的辩护,是指犯罪嫌疑人、被告人针对控诉一方的指控而进行的论证犯罪嫌疑人、被告人无罪、罪轻,减轻或免除罪责的反驳和辩解,以保护其合法权益的行为。辩护制度是为了保障辩护权的行使,规定与调整辩护行为,贯彻与落实辩护的基本原则而建立起来的一整套制度及措施。其内容包括"辩护权及其行使"、"辩护人"、"辩护的方式"、"辩护的程序"、"辩护的时间"以及"辩护权的救济"等等。在现代刑事诉讼中,辩护是一项基本的制度。在大陆、台湾的法律中,都有关于辩护方面的规定。就整体而言,两岸的辩护制度都属于现代刑事辩护制度,基本内容、基本原则与价值理念方面有相通之处,但由于在诉讼结构、法律渊源、法律文化传统等方面存在一定的差异,两岸辩护制度的立法体例与具体内容又不完全相同。

在立法体例方面,总体来说,辩护制度都规定在三类法律文件之中,即:刑事诉讼法律、律师业方面的法律、法律援助方面的法律。

(一)辩护的方式、时间

所谓辩护方式,是指由什么人,在什么阶段,以什么形式具体进行辩护活动。综观大陆、台湾地区的辩护制度,辩护有三种基本的方式,即:自行辩护、委托辩护和指定辩护。

大陆《刑事诉讼法》第33条第1款规定:"公诉案件自案件移送审查起诉之日起,犯罪嫌疑人有权委托辩护人。自诉案件的被告人有权随时委托辩护人。"由此可见,大陆区分两种情况,即在公诉案件中,犯罪嫌疑人自案件移送审查起诉之日起才可以委托辩护人;而自诉案件则不限时间。《刑事诉讼法》赋予了人民法院、人民检察院相应的告知义务。

台湾"刑事诉讼法"第27条第1款规定:"被告得随时选任辩护人。犯罪嫌疑人受司法警察官或司法警察调查者,亦同。"由此可见,犯罪嫌疑人、被告人委托辩护人不受诉讼阶段的限制,即使是在侦查阶段,也可以委托辩护人介入刑事诉讼进行辩护活动。

比较大陆、台湾的刑事诉讼法律关于委托辩护人的时间起点的规定,主要有两点不同:第一,在台湾,犯罪嫌疑人在侦查阶段即可委托辩护人,而在大陆,侦查阶段不能委托辩护人,只可以聘请律师提供法律帮助;第二,大陆《刑事诉讼法》赋予了人民法院、人民检察院告知义务,而台湾则无相应的规定。

（二）辩护人的范围

大陆《刑事诉讼法》规定允许担任辩护人的包括：（1）律师；（2）人民团体或者犯罪嫌疑人、被告人所在单位推荐的人士；（3）犯罪嫌疑人、被告人的监护人、亲友。

台湾"刑事诉讼法"第 29 条规定："辩护人应选任律师充之。但审判中经审判长许可者，也得选任非律师为辩护人。"可见，非律师担任辩护人，须经审判长许可，但何种人可以担任非律师辩护人，台湾法律无明确规定，全凭审判长斟酌决定。

从法律规定的辩护人的范围看，大陆、台湾之间主要有两点不同：一是从立法体例上看，大陆的规定更为明确、具体；二是从具体范围上看，大陆更为广泛。

（三）辩护人的权利

综观大陆、台湾刑事诉讼法律对辩护人权利的规定，大陆、台湾在诉讼模式上同属于职权主义，辩护的职能与机制为同一类型，因此辩护人享有的诉讼权利也较为接近。

（四）刑事诉讼代理的范围

虽然大陆、台湾均有刑事诉讼代理的规定，但在具体范围上有如下不同：一是大陆的刑事诉讼代理的范围广泛；二是台湾在某类案件审判或侦查中，被告人可以委任代理人到场，大陆则无此类规定。

（五）诉讼代理人

在大陆，侦查阶段的犯罪嫌疑人聘请代理人代理进行申诉、控告和申请取保候审的，一般限于律师。而对于自诉人及其法定代理人、附带民事诉讼的当事人及其法定代理人、公诉案件的被害人及其法定代理人等委托诉讼代理人的范围，《刑事诉讼法》第 41 条规定参照第 32 条即关于委托辩护人的范围的规定执行。台湾"刑事诉讼法"第 38 条规定,自诉人、最重本刑为拘役或专科罚金的案件的被告选任代理人的范围,一般由律师充任,但审判中经审判长许可,也可以选任非律师为代理人。

四、证据制度比较

证据制度是刑事诉讼的基本制度之一,由于大陆、台湾之间法律的历史渊源和形式渊源的不同,再加上对证据的概念、属性的理解以及诉讼的价值取向方面的不同,两岸刑事证据立法在具体内容、样式、风格等方面存在着一定的差异。

大陆的刑事证据制度的立法,就狭义而言,是指《刑事诉讼法》中关于证据的形式、效力、收集、审查、判断、评价与运用等方面的规定,尤其特指其中的"证据"一章的集中规定。这些规定是大陆刑事证据立法的基础、核心,但是规定得非常原则、笼统,远远不能满足刑事诉讼活动的实际需要。

台湾地区的法律以成文法为主要渊源,就刑事证据制度而言,也主要是通过成文法的详细规定构建起来的。在台湾"刑事诉讼法"中,设有专章集中规定证据制度,具体内容有"通则"、"人证"、"鉴定及通译"、"勘验"等方面。除"证据"一章外,其他章节中也有大量涉及证据的条款,如"审判"。

两岸刑事证据立法在体例上具有如下不同:一是大陆、台湾地区的刑事证据制度主要规定在各自的刑事诉讼法典之中,设证据专章或专卷;二是台湾地区刑事证据法律规定较系统和详尽,大陆较原则和笼统,须借助大量的司法解释才能满足刑事证据法律实践的需要。

（一）证据制度类型

大陆实行的是以实事求是为总精神的法定证据制度。台湾地区承袭大陆法系的传统,在刑事诉讼立法中明确规定采取自由心证主义。台湾"刑事诉讼法"规定:"证据之证明力,由法院自由判断。"

(二)关于证据的概念

大陆《刑事诉讼法》规定:"证明案件真实情况的一切事实,都是证据。"这表明证据的概念是"对案件真实具有证明作用的一切事实"。台湾"刑事诉讼法"对刑事证据的概念没有明确规定,而就关于刑事诉讼的各种理论著述来看,则主要有两种观点,即证据资料说和证据方法说两种。证据资料说更接近立法原意。

(三)证据种类的划分

大陆对证据种类的划分包括两个方面,即立法上的划分和学理上的划分。

大陆《刑事诉讼法》第 42 条将证据划分为 7 种类型,即:(1)物证、书证;(2)证人证言;(3)被害人陈述;(4)犯罪嫌疑人、被告人供述和辩解;(5)鉴定结论;(6)勘验、检查笔记;(7)视听资料。在证据理论上通常还将证据作如下划分:(1)言词证据与实物证据;(2)原始证据与传来证据;(3)控诉证据与辩护证据;(4)直接证据与间接证据。

在台湾"刑事诉讼法"中规定的证据种类包括:(1)证人证言;(2)鉴定人之鉴定;(3)被告之自白;(4)嫌犯陈述;(5)被害人陈述;(6)物件状态;(7)文书内容。但台湾实行自由心证主义,证据的证明能力由法院自由判断,原则上任何材料均不被限制作为证据,因此立法上对证据的种类并无限制性的规定,除上述种类之外,其他形式的材料也可作为证据。

在台湾的证据理论中,证据还有如下划分:(1)直接证据与间接证据;(2)本证与反正;(3)供述证据与非供述证据;(4)人证、物证与书证;(5)实质证据与补助证据。

五、强制措施制度比较

大陆及台湾地区刑诉法对强制措施的规定均较为详尽、具体,但在称谓、种类、适用条件、程序和方法上存在区别。

（一）有权采取强制措施的机关

大陆刑事诉讼法规定,公、检、法三机关均有权决定采取强制措施,而在台湾地区,有权决定采取强制措施的机关是检察官、审判长或受命推事。

（二）强制措施的种类

从强制措施的种类来说,都规定有传唤、拘传、拘留、逮捕以及取保候审和监视居住,但其在含义、归类上却存在很大区别。如大陆所称"逮捕",在台湾称为"羁押";大陆地区所称"拘传",在台湾则称为"拘提"。大陆作为独立强制措施的取保候审和监视居住,在台湾地区虽有规定,但却不作为独立的强制措施。

六、侦查程序比较

大陆与台湾的刑事诉讼法律均规定了侦查程序,但由于受到刑事诉讼结构模式的影响,对侦查程序的重视程度有所不同,立法体例和具体内容均有一定的差异。

（一）大陆侦查程序的立法概况

大陆《刑事诉讼法》第82条第1项规定:"侦查是指公安机关、人民检察院在办理案件过程中,依照法律进行的专门调查工作和有关的强制性措施。"大陆的侦查程序是指公安机关、人民检察院等进行案件的专门调查工作和采取有关强制性措施时所应当遵循的方式、方法、阶段和步骤的总和。大陆在法律渊源方面接近于成文法传统,因此,对侦查程序的立法,主要体现在成文法典之中。现行《刑事诉讼法》总则的第六章专门规定了强制措施,第二编"立案、侦查和提起公诉"中的第二章专门规定了侦查程序。强制措施既在侦查程序阶段运用,也在审查起诉和审判阶段运用,其内容既属于侦查程序立法范畴,同时又相对独立,因此,《刑事诉讼法》将其单列一章。第二编第二章"侦查"则是《刑事诉讼法》对于侦查程序的专门规定。"侦查"一章分为10节,共58条,在《刑事诉讼法》中占有较大的篇幅。该章的内容可以概括为四个方面:(1)一般规定;(2)侦查行为;(3)侦查终结;(4)人民检察院对直接受理的案件的侦查。第二编第一章"立案"也被列在侦查程序的立法体系之内。对于立案活动,国际上的做法大致可以分为两种情况,一种是将立案活动独立为一个程序,如中国;另一种是将立案活动作为侦查程序的一部分,即侦查程序的开始,如台湾地区。

　　此外,大陆在刑事诉讼实践中还有许多法律空白,为了填补这些空白,满足刑事诉讼实践的需要,最高人民检察院、公安部、国家安全部等先后颁布了大量的司法解释。这些司法解释可以看作是对较为概略的刑事诉讼法典的补充,它们在侦查活动中发挥着不可或缺的作用。因此,这一类的司法解释也应属于大陆侦查程序立法的组成内容。

　　(二)台湾地区侦查程序的立法概况

　　台湾属于大陆法系的成文法系统,因此台湾侦查程序的法律规范集中体现在成文法典"刑事诉讼法"之中。集中、专门规定侦查程序的条款为台湾"刑事诉讼法"第二编第一章的第一节"侦查",共有36条,具体内容包括侦查之开始、侦查之具体程序、侦查之终结等三个方面。此外。广义的侦查程序还应包括在侦查活动中所采取的强制措施和具体的调查行为所应遵循的规定,因此台湾"刑事诉讼法"中的这些内容也应属于侦查程序立法体系的组成部分。这些方面包括第一编的第八章"被告之传唤及拘提"、第九章"被告之讯问"、第十章"被告之羁押"、第十一章"搜索及扣押"、第十二章"证据"中的第二节等。但是这些部分的规定，既适用于侦查程序，也适用于审判程序，因此，它们既是侦查程序立法的内容，也是审判程序应当遵循的法律规范。

七、起诉程序比较

起诉，是法定的机关或个人，依照法律规定向有着管辖权的法院提出控告犯罪人，并要求该法院对其进行实体审判，予以刑事处罚的一种诉讼活动或程序。公诉与自诉是追究刑事责任的两种控诉形式，共同构成刑事追究的完整体系。大陆和台湾地区的刑事诉讼均规定有公诉和自诉两种控诉形式。

在立法上，大陆、台湾均采用公诉与自诉并存，以公诉为主的追诉制度。大陆对自诉案件的范围规定得比较严格，而台湾则对自诉案件的范围进行扩张，凡犯罪之被害人均可提起自诉。在大陆，凡是需要提起公诉的案件，一律由人民检察院审查决定，公诉主体为人民检察院。在台湾，由于检察院既是公诉机关又是侦查机关，因此检察院侦查案件后有权直接作出决定，不需要移送审查。

八、普通审判程序比较

（一）审级制度与审判组织

大陆的审级制度实行两审终审制；台湾的审级制度实行三审终审制。在大陆，刑事案件的审判组织有独任制和合议制，有人认为审判委员会也是审判组织。台湾刑事诉讼法规定的审判组织分为独任制与合议制。

（二）审判模式与原则

台湾地区"刑事诉讼法"所特有的审判原则有：（1）不告不理原则；（2）当事人对等原则；（3）调查原则；（4）自由心证原则；（5）加速审理原则。而大陆《刑事诉讼法》的基本原则是：（1）职权原则；（2）人民法院独立行使审判权、人民检察院独立行使检察权原则；（3）公、检、法三机关分工负责、互相配合、互相制约的原则；（4）专门机关与群众相结合的原则；（5）检察监督的原则；（6）人民法院统一定罪原则；（7）以事实为依据、以法律为准绳的原则；（8）保障诉讼参与人诉讼权利的原则。

九、再审程序比较

在大陆，对于已经发生法律效力的判决和裁定，如果发现错误，可以采取刑事审判监督程序予以纠正。所谓审判监督程序，是指"人民法院、人民检察院对于已经发生法律效力的判决和裁定，如果发现在认定事实或者适用法律上确有错误，依法提出并进行重新审理的程序"。

在台湾，再审程序的概念有"再审"和"非常上诉"之分。所谓再审，是指"对于确定判决，以认定事实不当为理由而向原审法院请求救济之方法"；而非常上诉则是指"对于确定判决，以违背法令为理由而由最高法院之检察长向最高法院请求救济之方法。"

从再审概念看，大陆的刑事审判监督程序没有再审程序和监督程序的划分，对于已经发生法律效力的裁判，不论是发现认定事实或者是适用法律上有错误，均适用审判监督程序予以重新审理。受大陆法系的影响，台湾对认定事实错误而设置的救济程序称为"再审"，对适用法律错误而设置的救济程序称为"非常上诉"。

大陆、台湾适用刑诉法中再审程序的对象均是已经发生法律效力的判决或裁定，但有区别：

1. 在大陆,审判监督程序审理的对象是已经发生法律效力的判决和裁定,不论其是否已经执行完毕。

2. 受大陆法系的影响,台湾的再审程序以确定的裁决为其对象,即只适用于已经发生法律效力的判决,而不包括裁定,但非常上诉程序则包括一定范围的裁定。

十、执行程序比较

比较两岸刑罚执行机关,可发现:

(一)法院在执行中的地位不同

大陆地区法院专设执行庭执行财产刑,但不是主要的执行机构。台湾一般在检察官指挥下执行刑罚,法院只在例外的情况下为执行机构。

(二)检察机关在执行中的地位不同

大陆检察机关没有执行刑罚的权力,但是执行刑罚的监督机关,只要在执行刑罚中有违法行为,检察机关便可向执行机关提出纠正建议,这是由大陆检察机关的检察、监督性质决定的。台湾的检察机关是台湾刑罚执行的指挥机关。

第二节　　闽台婚姻法比较

福建与台湾两省所适用的婚姻家庭法律制度差异颇大,这一点,从闽台两地婚姻家庭法律的渊源就可看出。福建省作为祖国大家庭的一员,在调整婚姻与家庭关系方面适用《中华人民共和国婚姻法》。大陆婚姻家庭法以成文法为主,判例只在裁判中起参考作用,不是判案根据。中华人民共和国婚姻家庭法的渊源有:宪法,法律,行政法规和国务院所属部门制定的有关规章,地方性法规和民族自治地方的有关规定,最高人民法院所作的司法解释及援用、认可的有关判例以及我国缔结和参加的国际条约。其中系统规范婚姻家庭法律关系的立法是《中华人民共和国婚姻法》(以下简称《婚姻法》)和《中华人民共和国收养法》(以下简称《收养法》)。《中华人民共和国婚姻法》是最集中反映婚姻家庭关系的法律。大陆现行《婚姻法》是在 1980 年《婚姻法》的基础上修改并于 2001 年 4 月 28 日经九届全国人大常委会第二十一次会议通过的,共分 6 章 51 条。现行《收养法》是在大陆第一部《收养法》基础上修改并于 1999 年 4 月 1 日起施行的,该法共 6 章 34 条。

我国台湾地区婚姻家庭法的渊源有成文法、习惯法、条理、判例以及解释例,其中以《民法》第四编"亲属编"为基本法源。台湾地区《民法》第四编"亲属编"(从第 967 条至 1137 条,共 171 条)详细规定了台湾地区的婚姻家庭制度。其他主要的附属法规有:军人婚姻条例、姓名条例、涉外民事法律适用法,以及民事诉讼法第九编"人事诉讼程序"、刑法中部分条款。

本节将就闽台两地婚姻家庭法律制度中一些共同的、基本的、重要的法律制度作比较,这些制度主要包括婚姻的成立、婚姻的效果、家庭关系、收养关系、离婚制度等等。

一、婚姻的成立

(一)结婚的条件

《中华人民共和国婚姻法》规定了婚姻成立的实质条件:

1. 男女双方必须完全自愿,不许任何一方对他方加以强迫或任何第三者加以干涉。

2. 男女双方达到法定婚龄。男不得早于 22 周岁,女不得早于 20 周岁。

3. 实行一夫一妻制,不得重婚。

4. 双方不具有直系血亲和三代以内旁系血亲关系。

5. 双方不具有在医学上认为不应当结婚的疾病。

我国台湾地区的《民法》第四编"亲属编"在第二章"婚姻"第二节"结婚"中规定了婚姻成立之实质条件：

1. 男须满 18 岁,女须满 16 岁始可结婚。

2. 未成年人结婚应得法定代理人之同意,即男满 18 岁不足 20 岁者,女满 16 岁不足 20 岁者结婚应得到法定代理人(父母或监护人)之同意。

3. 下列亲属关系不得结婚:①直系血亲及直系姻亲。②旁系血亲及旁系姻亲之辈分不相同者。但旁系血亲在八亲等之外,旁系姻亲在五亲等之外者,不在此限。③旁系血亲的辈分相同,而在八亲等以内者。但六亲等及八亲等之表兄弟姐妹不在此限。姻亲关系的限制,在姻亲关系消灭后仍受限制。直系姻亲与直系血亲的限制包括拟制直系血亲和拟制直系姻亲的限制,在收养关系终止后仍受限制。

4. 监护人与受监护人于监护关系存续中不得结婚,但经受监护人父母的同意者不在此限。

5. 不得重婚,包括有配偶者不得重婚和一人不得同时与二人以上结婚。

6. 因奸经判决离婚或受刑之宣告者,不得与相奸者结婚。

7. 女子再婚须逾再婚禁止期间。即女子自婚姻关系消灭后非逾 6 个月不得再行结婚,但于 6 个月内已分娩者不在此限。

(二)结婚的程序

结婚的程序即结婚的形式要件,是指婚姻当事人通过怎样的程序方式才能使婚姻有效。

根据大陆《婚姻法》的有关规定,婚姻必须经登记、取得结婚证才成立。大陆《婚姻法》第 8 条规定:"要求结婚的男女双方必须亲自到婚姻登记机关进行结婚登记。符合本法规定的,予以登记,发给结婚证。取得结婚证,即确立夫妻关系。未办理结婚登记的,应当补办登记。"由此可以看出,结婚登记是大陆婚姻成立的法定程序,是合法婚姻成立的唯一形式要件。

在台湾地区,婚姻有效的形式要件为举行公开仪式,并有两个以上证人。其《民法》第四编第 982 条第 1 项明文规定:结婚应有公开仪式及二人以上之证人。第 988 条规定,结婚有下列情形之一者无效:(1)不具备第 982 条第 1 项之方式者。(2)违反第 983 条或第 985 条(即有关禁婚的规定)之规定者。虽然台湾有关户籍法规第 25 条规定"结婚者应为结婚之登记",但户籍法规系行政法性质,规范户籍管理之行为,结婚者当有义务申请户籍上之结婚登记,但这种登记非婚姻有效成立之要件,并不影响婚姻的有效成立。

由此可以看出,对于婚姻成立之形式条件,祖国大陆实行的是登记制,而台湾地区实行的是仪式制。

二、婚姻的效果

(一)无效婚姻

婚姻的合法性是婚姻的本质属性。无效婚姻即不具有法律效力的婚姻,是指男女两性的结合因违反了法律规定的结婚要件而不具有法律效力的违法结合。大陆《婚姻法》第 10 条规定:"有下列情形之一的,婚姻无效:(1)重婚的;(2)有禁止结婚的亲属关系的;(3)婚前患有医学上认为不应当结婚的疾病,婚后尚未治愈的;(4)未到法定婚龄的。"大陆现行《婚姻法》只规定了婚姻无效的原因,至于确认婚姻无效的程序和请求权等问题,法条中未设明文。

台湾地区《民法》第 988 条规定,结婚具备下列条件者无效:(1)结婚未有公开仪式及 2 人以上之证人;(2)结婚双方有禁婚亲属之关系者;(3)重婚者。同时,台湾地区《民法》第999条规定,婚姻无效时,当事人之一方因结婚无效而受有损害者,得向他方请求赔偿,但他方无过失者不在此限。台湾对于无效婚姻之后果的处理,同于离婚的处理。

(二)可撤销婚姻

可撤销婚姻是指已成立的婚姻关系因欠缺婚姻合意,受胁迫的一方当事人可以向婚姻登记机关或人民法院申请撤销的违法结合。大陆《婚姻法》第11条规定:"因胁迫结婚的,受胁迫的一方可以向婚姻登记机关或人民法院请求撤销该婚姻。受胁迫的一方撤销婚姻的请求,应当自结婚登记之日起一年内提出。被非法限制人身自由的当事人请求撤销婚姻的,应当自恢复人身自由之日起一年内提出。"

台湾地区《民法》规定了撤销婚姻的8项原因:(1)未达结婚年龄;(2)未成年人结婚未得法定代理人同意;(3)结婚双方有监护关系并未经受监护人父母的同意;(4)相奸者结婚;(5)未逾待婚期的婚姻;(6)当事人之一方于结婚时不能人道而不能治者;(7)当事人之一方精神不健全,于结婚时系在无意识或精神错乱中;(8)因被诈欺或胁迫而结婚者。撤销婚姻须经诉讼方能无效,且没有溯及力。根据撤销婚姻的原因,台湾地区《民法》还规定了不同的诉权人及诉讼时效。

总之,海峡两岸对于可撤销婚姻,除了撤销事由的不同规定外,还存在许多不同之处。祖国大陆的可撤销婚姻既可依行政程序由婚姻登记机关予以撤销,也可依诉讼程序由人民法院予以撤销,被撤销的婚姻自始无效;而台湾地区的撤销婚姻须经诉讼方能无效,且没有溯及力。

三、家庭关系

(一)夫妻关系

1. 夫妻人身关系。

所谓夫妻人身关系是指与夫妻的人格和身份相关而不具有直接经济因素的权利义务关系。根据大陆《婚姻法》的规定,夫妻的人身关系包括:(1)互相忠实;(2)独立的姓名权;(3)参加生产、工作、学习和社会活动的自由权;(4)实行计划生育的权利义务。

根据台湾地区《民法》第四编第 1000 条至第 1003 条的规定,台湾地区的夫妻人身关系包括:(1)夫妻姓氏权。台湾地区《民法》第 1000 条规定:"妻以其本姓冠以夫姓。赘夫以其本姓冠以妻姓。但当事人另有订定者,不在此限。"(2)夫妻的同居义务。台湾地区《民法》第 1001 条规定:"夫妻互负同居之义务。但有不能同居之正当理由者,不在此限。"(3)夫妻之住所。台湾地区《民法》第 1002 条规定:"妻以夫之住所为住所,赘夫以妻之住所为住所。但约定夫以妻之住所为住所,或妻以赘夫之住所为住所者,从其约定。"(4)夫妻日常家务代理权。台湾地区《民法》第 1003 条规定:"夫妻于日常家务,互为代理人。夫妻之一方滥用前项代理权时,他方得限制之,但不得对抗善意第三人。"司法案例对"日常家务"有解释,如处分不动产不是日常家务,和解契约的订立也非日常家务。

2. 夫妻财产关系。

夫妻财产关系以夫妻身份关系为前提,夫妻财产关系包括夫妻的财产所有权、夫妻间的扶养关系和夫妻财产继承权等。根据大陆《婚姻法》的规定,夫妻对共同所有的财产有平等的处理权,夫妻可以约定婚姻关系存续期间所得的财产以及婚前财产归各自所有、共同所有或部分各自所有、部分共同所有,夫妻有互相扶养的义务,夫妻有相互继承遗产的权利。

台湾地区《民法》第四编第 1004 条至第 1048 条、第 1116 条至第 1121 条规定了夫妻的财产关系:(1)夫妻财产权。台湾地区的《民法》规定了 5 种夫妻财产制:法定财产制、共同财产制、所得财产制、约定分别财产制和法定分产制。夫妻可于结婚前或结婚后,以契约就约定财产制中选择其一为其夫妻财产制,未以契约订立夫妻财产制者,除《民法》另有规定外,以法定财产制为其夫妻财产制。无论何种财产制,夫妻均对财产的归属、管理、处分、赠与以及对第三人的债权债务关系享有权利义务。(2)夫妻互负扶养义务。台湾地区《民法》第 1116 条之一规定:"夫妻互负扶养之义务。"在扶养义务人的顺序中,即扶养义务人有数人时,夫妻列为第一顺序扶养义务人;在扶养权利人的顺序中,即受扶养人有数人,而负扶养义务人的经济能力不足扶养全体时,夫妻也列为第一顺序扶养权利人。当扶养义务人不能维持自己生活时,法律规定可以免除其扶养义务,但对尊亲属的扶养和夫妻间的扶养不得免除,只能减轻其义务负担。

(二)父母子女关系

父母子女关系是家庭关系的重要组成部分。大陆《婚姻法》在第 3 章第 21 条至第 27 条以及第 30 条对父母子女关系作出了概要性的规定,具体内容有:

1. 根据《婚姻法》第 21 条的规定,父母对子女有抚养教育的义务,父母不履行抚养义务时,未成年的或不能独立生活的子女,有要求父母给付抚养费的权利。同时,《婚姻法》第 23 条又规定,父母有保护和教育未成年子女的权利和义务。在未成年子女对国家、集体或他人造成损害时,父母有承担民事责任的义务。

2. 根据《婚姻法》第 21 条的规定,子女对父母有赡养扶助的义务,子女不履行赡养义务时,无劳动能力的或生活困难的父母,有要求子女给付赡养费的权利。同时,《婚姻法》第 30 条还规定,子女应当尊重父母的婚姻权利,不得干涉父母再婚以及再婚后的生活。子女对父母的赡养义务,不因父母的婚姻关系变化而终止。

3. 关于子女的姓氏,《婚姻法》第 22 条规定:子女可以随父姓,可以随母姓。

4.《婚姻法》第 24 条规定了父母和子女有相互继承遗产的权利。

5. 关于非婚生子女,《婚姻法》第 25 条明确规定:非婚生子女享有与婚生子女同等的权利,任何人不得加以危害和歧视。

6. 对于继父母与继子女的关系,《婚姻法》第 27 条规定:继父母与继子女间,不得虐待或歧视。继父或继母和受其抚养教育的继子女间的权利和义务,适用本法对父母子女关系的有关规定。

7. 对于养父母与养子女的关系,《婚姻法》第 26 条规定:国家保护合法的收养关系。养父母与养子女间的权利和义务,适用本法对父母子女关系的有关规定。

台湾地区的《民法》在第四编第 3 章至第 5 章中规定了父母子女关系,具体有:

1. 关于子女姓氏。台湾地区《民法》第 1059 条规定:"子女从父姓。但母无兄弟,约定其子女从母姓者,从其约定。赘夫之子女从母姓。但约定其子女从父姓者,从其约定。"

2. 关于子女住所。台湾地区《民法》第 1060 条规定:"未成年之子女,以其父母之住所为住所。"对此条应理解为规定了父母对未成年子女的义务,确立未成年子女的法定住所,以便于父母行使保护教育权,而非规定父母子女的同居义务。有判例认为,该条与夫妻共负同居义务"迥不相同"。

3. 父母对于未成年子女有保护及教养的权利义务。台湾地区《民法》对父母亲权的行使作出规定,如父母之间的义务负担分配以及滥用亲权的禁止。《民法》第 1089 条规定:"对于未成年子女之权利义务,除法律另有规定外,由父母共同行使或负担之。父母对于权利之行使意思不一致时,由父行使之。父母之一方不能行使权利时,由他方行使之。父母不能共同负担义务时,由有能力者负担之。"

4. 父母对子女有惩戒权。台湾地区《民法》第 1085 条规定:"父母得于必要范围内惩戒其子女。"

5. 父母对子女有法定代理权。台湾地区《民法》第 1086 条规定:"父母为其未成年子女之法定代理人。"而根据判例,该条之"母"不包含继母在内。

6. 父母有权共同管理未成年子女的特有财产。未成年子女特有财产指因继承、赠与或其他无偿取得的财产。父母对未成年子女的特有财产有使用、收益之权。但非为子女的利益,不得处分之。

7. 父母均不能行使对于未成年子女的权利义务时,应设置监护人,但未成年人已结婚者除外。父母也可因特定事项于一定期间内委托他人行使监护之义务。

8. 子女有孝敬父母的义务。台湾地区《民法》第 1084 条明文规定:"子女应孝敬父母。"此处子女应不限于未成年子女。

9. 父母子女间有扶养义务。台湾地区《民法》第 1114 至 1116 条规定,直系血亲相互间互负扶养义务;在扶养义务人的顺序中,直系血亲卑亲属为第一顺序人;在受扶养权利人的顺序中,直系血亲尊亲属为第一顺序人。在关于扶养的要件中规定,父母对子女的扶养以子女不能维持生活而无谋生能力为条件,而子女对父母的扶养仅以父母不能维持生活为条件。对于扶养义务的免除,规定子女因负担扶养义务而不能维持自己生活时,只能减轻义务而不得免除义务。

10. 养父母与养子女的关系,除法律另有规定外,与婚生子女同。

四、收养关系

收养是公民依照法律规定的条件和程序,将他人的子女作为自己的子女领养,从而使无父母子女关系的当事人产生拟制的父母子女关系的民事法律行为。对收养关系的调整,大陆《婚姻法》只作原则性的规定,具体规范适用《收养法》。而台湾地区则是在其《民法》的第 1072 至 1083 条规定了有关的收养制度。

(一)收养关系成立的法定条件

关于收养关系成立的法定条件,大陆《收养法》规定有两类:普通收养关系成立的条件和特殊收养关系成立的条件。根据大陆《收养法》的规定,普通收养关系的成立必须符合四个方面的条件:(1)被收养人应当为得不到生父母抚养的不满 14 周岁的未成年人;(2)送养人须为法律所认可的特定公民或社会福利机构;(3)收养人必须具有抚养教育被收养人的条件;(4)必须有成立收养关系的合意。而针对特殊的收养关系,大陆《收养法》对收养关系成立的条件作了适当放宽的规定。如收养三代以内同辈旁系血亲的子女,被收养人不受须不满 14 周岁的限制;收养孤儿、残疾儿童或者弃婴和儿童的,可以不受收养人无子女和收养 1 名的限制;等等。

台湾地区的收养制度规定的收养实质条件包括:收养者的年龄应长于被收养者 20 岁以上。收养人与被收养人之间不得有直系血亲、直系姻亲及旁系血亲和旁系姻亲的辈分不相当者,但夫妻之一方收养他方子女不受直系姻亲限制,旁系血亲在八等亲之外、旁系姻亲在五等亲之外者不受限制。有配偶者收养子女时,应与配偶共同收养,但夫妻一方收养他方的子女者不在此限。一人不得同时为两人的养子女,当然若该两人为夫妻者除外。有配偶者被收养时,应取得配偶同意,但并非配偶也须被收养。

（二）收养关系成立的法定程序

根据大陆《收养法》的规定，收养关系成立的法定程序是收养登记程序，同时以收养协议和收养公证为补充。《收养法》第15条规定："收养应当向县级以上人民政府民政部门登记。收养关系自登记之日起成立。"

根据台湾地区的收养制度，收养应有双方合意的书面形式，已满7岁的未成年人被收养时，应得法定代理人的同意，未满7岁的未成年人被收养时，由法定代理人的意思为意思表示，以上两种情形没有法定代理人时，不受同意或书面合意的限制。收养除双方书面合意外，还须申请法院认可，对不符合收养条件的无效或可撤销的收养关系，法院不予认可，当收养于子女不利或收养成年子女于其父母不利时，法院也不予认可。

（三）收养关系的法律效力

大陆《收养法》第23条第1款规定："自收养关系成立之日起，养父母与养子女间的权利义务关系，适用法律关于父母子女关系的规定；养子女与养父母的近亲属间的权利义务关系，适用法律关于子女与父母的近亲属关系的规定。"同时，大陆《收养法》第23条第2款规定："养子女与生父母及其近亲属间的权利义务关系，因收养关系的成立而消除。"

而根据台湾地区的收养制度，收养成立后，养父母养子女关系与婚生父母子女关系相同，养子女从收养者之姓。

（四）收养关系的无效

大陆《收养法》第25条规定："违反《中华人民共和国民法通则》第55条和本法规定的收养行为无法律效力。"因此，无效收养的原因主要有：(1)收养人、送养人不具有相应的民事行为能力；

(2)当事人的意思表示不真实;(3)违反法律和社会公共利益;(4)收养不符合收养成立的法定方式。根据大陆现行法律、法规的规定,确认收养无效的程序有两种:行政程序和诉讼程序。收养行为由收养登记机关或人民法院确认无效的,从行为开始时起就没有法律效力。

台湾地区的收养制度规定了收养无效和可撤销制度。违反收养人与被收养人的年龄差距的限制,违反收养关系之间不得存在的亲属关系的限制,违反不得同时为二人的养子女的限制,均产生无效收养的后果。收养无效是自始无效,自然无效。而可撤销是诉讼撤销,有诉权期限制。有配偶者收养子女,非夫妻共同收养或有配偶者被收养时未经其配偶同意,以及满 7 岁以上未成年人被收养时未经法定代理人同意,配偶或法定代理人可请求法院撤销收养关系,其撤销诉权自知悉收养事实起逾 6 个月或自法院认可收养起逾一年丧失。收养撤销后其后果同收养终止。

(五)收养关系的终止

收养关系的终止是指合法有效的收养关系因一定的法律事实而归于消灭。大陆《收养法》根据收养当事人对解除收养关系所持的态度,将收养关系的解除方式分为协议解除和诉讼解除两种。大陆《收养法》第 26 条、第 27 条对协议解除收养关系作出了明确的规定。

台湾地区的收养制度也规定收养有合意终止和判决终止两种。合意终止的情况有 3 种:当养子女未满 7 岁时,其终止收养关系的意思表示由收养终止后该养子女的法定代理人为之。当养子女为已满 7 岁的未成年人时,其终止收养关系应经收养关系终止后为其法定代理人者同意。当养父母死亡后养子女不能维持生活而无谋生能力者,可请求法院允许终止收养关系。而判决终止是经收养关系一方请求,法院判决宣告终止收养关系。法院依下列情形可宣告终止收养:收养关系人之间有虐待或重大侮辱时;恶意遗弃一方时;养子女被处2年以上徒刑时;养子女有浪费财产之情事时;养子女生死不明已逾3年时;有其他重大事由时。

五、离婚制度

（一）离婚的形式

离婚是夫妻双方生存期间依照法定的条件和程序解除婚姻关系的法律行为。根据大陆的有关婚姻立法,夫妻离婚可以通过两种形式办理,一是协议离婚,二是诉讼离婚,其适用的条件与程序均有不同的规定。而台湾地区《民法》第四编第五节中规定的离婚制度表明台湾地区离婚形式也有两种:一是两愿离婚,二是诉讼离婚。

根据大陆《婚姻法》及《婚姻登记管理条例》的有关规定,协议离婚的实质条件有:(1)登记离婚的男女双方须有合法的夫妻身份;(2)双方当事人为有完全民事行为能力的人;(3)当事人双方须有离婚的合意;(4)登记离婚时双方必须对子女的抚养教育作出恰当、合理的安排,并达成一致的协议;(5)登记离婚时必须对夫妻共同财产的分割作出适当的处理;(6)登记离婚必须合法。离婚登记同结婚登记一样要到婚姻登记管理机关办理登记手续。

而台湾地区的相关法规则规定,两愿离婚的双方合意应是婚姻当事人的自由意思表示,且不得代理。若当事人系未成年人,该未成年人的离婚意思表示必须征得其法定代理人同意。两愿离婚除双方对解除夫妻关系表示一致外,还须对子女监护抚养有落实安排。两愿离婚须具书面形式,离婚协议还必须有两个以上证人签名,并在户政机关进行离婚登记。

关于诉讼离婚,大陆《婚姻法》第32条规定:"男女一方要求离婚的,可由有关部门进行调解或直接向人民法院提出离婚诉讼。

人民法院审理离婚案件,应当进行调解;如感情确已破裂,调解无效,应准予离婚。"这条规定的内容包含了诉讼离婚的程序和准予离婚的实质标准。

台湾地区的相关法规则从诉讼离婚的原因、诉讼离婚理由的法定限制及离婚中的调解等方面规范了诉讼离婚制度。台湾地区《民法》规定,夫妻之一方,有下列情形之一者,他方得向法院请求离婚:(1)重婚者;(2)与人通奸者;(3)夫妻之一方受他方不堪同居之虐待者;(4)夫妻之一方对于他方之直系尊亲属为虐待,或受他方之直系尊亲属之虐待,致不堪为共同生活者;(5)夫妻之一方以恶意遗弃他方在继续状态中者;(6)夫妻之一方意图杀害他方者;(7)有不治之恶疾者;(8)有重大不治之精神病者;(9)生死不明已逾3年者;(10)被处3年以上徒刑或因犯不名誉之罪被处徒刑者。有前项以外之重大事由,难以维持婚姻者,夫妻之一方得请求离婚。但其事由应由夫妻之一方负责者,仅他方得请求离婚。

有了上述台湾地区《民法》规定的10项离婚请求原因,当事人一般应有请求离婚权,但在某些情况下,其法律又限制这种请求权的行使,谓之"不得请求"离婚,而被告若以限制事项进行答辩或抗辩,法庭也会支持被告而驳回原告诉求。这些离婚理由的限制事项是:当原告以被告重婚或与人通奸为离婚理由而提出离婚诉求时,若原告在该理由之事实的事前同意或事后宥恕,或知悉事实后已逾6个月,或事实发生后已逾2年,原告就不得以此理由请求离婚。当原告以被告意图杀害自己、被告有不治之恶疾、被告有重大不治之精神病者、被告生死不明已逾3年、被告被处3年以上徒刑或因犯不名誉之罪而被判处徒刑为理由提出离婚诉求时,若原告请求时已自知悉该理由之事实逾1年,或该事实发生后已逾5年,不得请求离婚。

台湾地区"民诉法"第577条规定:"离婚之诉及夫妻同居之诉,于起诉前,应经法院调解。"第578条又规定:"离婚之诉及夫妻同居之诉,法院认为当事人有和谐之望者,得以裁定命于六个月以下之期间内,停止诉讼程序。但以一次为限。"可见,调解是台湾地区一般离婚案的必经程序。

（二）离婚后的父母子女关系

大陆《婚姻法》第36条第①款规定:"父母与子女间的关系,不因父母离婚而消除。离婚后,子女无论由父或母直接抚养,仍是父母双方的子女。"这是离婚后父母子女身份关系在大陆法律上的基本界定。对于离婚后子女的抚养归属问题,大陆《婚姻法》及有关的司法解释规定了具体的原则:(1)有利于子女身心健康,保障子女的合法权益;(2)两周岁以下的子女一般应随母方生活;(3)两周岁以上的未成年子女的抚养问题,应以维护子女利益为前提,综合考虑父母双方的条件。对于离婚后子女抚养费的负担,《婚姻法》第37条规定:"离婚后,一方抚养的子女,另一方应负担必要的生活费和教育费的一部或全部,负担费用的多少和期限的长短,由双方协议;协议不成时,由人民法院判决。"同时,《婚姻法》第38条还规定了离婚后不直接抚养子女的父或母的探望权。

台湾地区《民法》对夫妻离婚后子女监护权问题规定了3种决定方式:(1)由夫负责;(2)双方协议;(3)法院酌定。也就是说,监护权归属的原则是由父任之;若当事人有双方协议,可从协议;若法院根据情况得为子女利益另酌定监护人,得另酌定。而法院酌定监护人,应就父母双方的职业、经济状况、监护能力及其子女的多寡等一切情况,通盘加以考虑。一方负责子女的监护,另一方仅停止监护权的行使,并非丧失监护权。

（三）离婚时的损害赔偿

大陆现行《婚姻法》第46条规定:"有下列情形之一,导致离婚的,无过错方有权请求损害赔偿:1)重婚的;2)有配偶者与他人同

居的;3)实施家庭暴力的;4)虐待、遗弃家庭成员的。"这条规定首
次确立了大陆的离婚损害赔偿制度。同时,有关的司法解释还规
定,只有离婚诉讼中的无过错方才享有损害赔偿请求权,只有对判
决离婚的案件才适用损害赔偿的规定。

台湾地区《民法》规定:"夫妻之一方,因判决离婚而受有损害
者,得向有过失之他方,请求赔偿。""前项情形虽非财产上之损害,
受害人亦得请求赔偿相当之金额,但以受害人无过失者为限。"可
见,在台湾地区离婚损害赔偿仅发生于诉讼离婚中,两愿离婚不发
生此诉求;请求赔偿损害的被诉求人,是在离婚中有过失的一方;
损害赔偿产生的原因是离婚而受损害的事实。根据台湾地区的判
例,损害赔偿的数额应斟酌赔偿人的身份、年龄、自营生计的能力、
"生活程度"及其赔偿人的能力,而损害赔偿包括物质损害费和精
神损害费。

第三节　闽台区际司法协助

近年来,随着大陆对台工作的开展和台湾放宽对民众前往大
陆的限制,福建与台湾之间经济贸易和民事交往日益密切,跨法域
的民商事案件日益增多,闽台法域的司法机关在处理涉及对方法
域的民商事案件时,必然会遇到一系列诉讼上的问题,诸如跨法域
诉讼文书的送达,跨法域询问证人、进行调查取证,跨法域执行发
生法律效力的裁判等。这就涉及区际司法协助问题。

一、区际司法协助的概念及闽台区际司法协助特点

传统的司法协助是指不同国家的法院之间,根据本国缔结或
参加的国际条约或按照互惠原则,彼此之间互相协助,为对方代为
一定的诉讼行为或与诉讼有关的行为。传统意义上的司法协助通
常发生在主权国家之间,但是随着现代法学理论和国际司法实践

的发展,此种司法协助已经跨越主权国家之间的关系推及复合法域的一国内部不同属地的法域之间,由此派生出区际司法协助关系。

所谓区际司法协助,是指同一主权国家内部不同法域或特定地区的司法机关之间的司法协助行为,即某一地区司法机关接受另一地区司法机关的请求,在其管辖的区域内代为履行某些司法行为,如传递、送达诉讼文书和诉讼外文书、调查收取证据以及承认和执行本地区外已经发生法律效力的法院判决和仲裁机构的裁决等。闽台司法协助正是属于这种区际司法协助关系,它是海峡两岸在"一国两制"构想下逐步落实和发展起来的,是两个相互独立的法域之间在"一个主权,一个中国"的前提下发生的司法协助,是复合法域国家内部的司法协助。由于特殊的社会历史条件,闽台区际司法协助具有不同于其他复合法域国家的特点:

首先,闽台区际司法协助是在两种本质不同的社会制度之间产生的。在联邦制国家内部,开展区际司法协助是十分普遍的事情。比如,美国各州通过州议会制定自己的法律,形成了不同的法律制度,不同的法域必然会产生区际司法协助的问题。但是联邦制国家不同法域的司法协助是在"一国一制"的情况下进行的。美国各州的司法协助是建立在共同的资本主义制度基础上的;前苏联各加盟共和国的司法协助则是建立在统一的社会主义制度之上的,因此属于无条件、无冲突的统一司法行为。而闽台区际司法协助是在两种本质不同的社会制度之间产生的。祖国大陆实行的是社会主义制度,台湾目前实行的是资本主义制度,根据"一国两制"的构想,海峡两岸实现统一后,台湾作为特别行政区仍然保持资本主义制度不变,由于两种社会制度存在本质的差异,这就使闽台区际司法协助的冲突不可避免。

其次,闽台区际司法协助建立在不同的法系传统之上。海峡两岸的法制建设走过了各不相同的道路,各具不同法系的特质。台湾地区法律主要学日本和德国模式,受大陆法系影响而属大陆法系,大陆法制建设主要是以革命根据地时期的法律思想和法律制度为基础逐渐建立和发展起来的,并受到前苏联法律思想的较大影响,属于社会主义法系。不同的法系不仅在实体法上有许多不同,在处理有关司法协助的程序问题上也存在较大差异,在不同法系传统的法域之间寻求统一的区际司法协助是相当困难的。

再次,鉴于两岸的历史和现状,闽台司法协助只能通过双方的司法机关的共同协调和通力合作来解决。目前海峡两岸仍处于分离状态,即使在两岸实现统一后,在"一国两制"的构想下,台湾仍享有高度的自治权,包括立法权、司法权和终审权,因此两岸的司法协助尚不能像其他复合法域国家那样,可以通过统一的全国性法律来解决双方的法律冲突问题,只能通过双方的司法机关的共同协调和通力合作来解决。

二、闽台区际司法协助的现状

由于众所周知的原因,目前大陆与台湾地区的司法协助较少,基本上是零星单向开展的。大陆和台湾之间因为政治的不统一,双方还未有正式的官方层面的接触,闽台司法协助主要是通过海峡两岸各自的规定来调整的。在台湾方面,台湾当局在1992年7月6日通过了《台湾地区与大陆地区人民关系条例》,对文书送达和调查取证作了几条规定。其第4条第1项规定,"行政院"得设立或指定机构或委托民间团体,处理台湾地区与大陆人民往来有关之事务。第7条规定,在大陆制作之文书经"行政院"设立或指定之机构或委托之民间团体验证者,推定为真正。第8条规定,应于大陆地区送达司法文书或为必要之调查者,司法机关得嘱托或委托第4条之机构或民间团体为之。台湾关于大陆判决的承认和执行,主要规定在《台湾地区与大陆地区人民关系条例》的第74条中,该条规定:"在大陆地区作成之民事确定裁判、民事仲裁判断,不违背台湾地区之公共秩序或善良风俗者,得声请法院裁定认可。

前项经法院裁定认可之裁判或判断,以给付为内容者,得为执行名义。"另外,台湾在1997年5月对《台湾地区与大陆地区人民关系条例》进行增订和修正时,于第74条增订了一项,规定台湾承认和执行大陆判决和裁决,须以互惠和对等为原则。

大陆的《民事诉讼法》等有关法律未就两岸的取证、送达问题作专门规定。只有1991年最高人民法院院长任建新曾在《最高人民法院工作报告》中指出:"高级人民法院经最高人民法院同意,可与台湾省有关方面通过适当途径,妥善解决相互委托为一定的诉讼行为、送达诉讼文书和执行等问题。"对于台湾判决的承认和执行问题,1998年最高人民法院专门出台了《关于人民法院认可台湾地区有关法院民事判决的规定》,对认可台湾地区有关法院的民事判决的条件和程序进行了规范,同时,该司法解释第18条规定,被认可的台湾地区有关法院民事判决需要执行的,依照《中华人民共和国民事诉讼法》规定的程序办理。

但是,两岸承认和执行对方法院判决的状况,是单方面进行的,由于判决的承认和执行问题较为敏感,它涉及对相互对抗的政治实体的法律效力的承认、对不同制度的法域司法权的承认和尊重等实质性问题,所以,两岸的司法机关的态度都比较慎重,实践中闽台之间相互承认和执行对方法院判决的极少实例。由于两岸政治的对立,台湾地区法院对于大陆民事判决和仲裁裁决所使用的法律规定与台湾地区相应的法律不一致的法律文书,经常以"公共秩序"条款拒绝认可。虽然,有台湾人士认为,大陆地区作成的民事确定判决,声请台湾法院裁定认可之唯一限制,为"不得违背台湾地区之公共秩序或善良风俗",较之台湾《民事诉讼法》第402条关于外国法院确定判决效力承认之规定,显然相当宽松。但这也许正是问题的关键所在。众所周知,"公共秩序"和"善良风俗"都是不易确定内容的概念,其灵活性正赋予了限制理由的广泛性。

同时,两岸在取证和送达方面由于尚未形成成文规范的司法协助方式,目前,祖国大陆法院主要是通过当事人的诉讼代理人,或当事人的亲友或台湾和大陆之间的群众团体等向居住在台湾的当事人送达诉讼文书。这些方式在一定程度上解决了一些问题,但也存在明显的缺陷,如有时无法证实台湾的当事人是否已经收到内地的诉讼文书,有时当事人甚至已收到诉讼文书,但由于胜诉无望而置之不理,这些使闽台互涉案件的诉讼活动难以顺利进行,无疑使闽台当事人的合法权益得不到切实的保障,严重影响海峡两岸关系的正常发展。因此,尽快建立两岸的司法协助关系,是维护两岸人民的利益,进一步促进两岸经济、文化交流的深入发展的需要,对实现中国统一更具有重大的现实意义。

三、闽台区际司法协助应遵循的法律原则

解决闽台区际司法协助的法律原则,既区别于解决国际司法协助的法律原则,也区别于其他国家解决区际司法协助的法律原则,这是由中国的国情决定的。因此闽台区际司法协助应从大陆的实际情况出发,遵循下列法律原则:

（一）促进和维护祖国统一原则

促进和维护祖国统一,既是解决台湾问题的出发点和立足点,也是解决区际司法协助问题的基本法律原则。中国是一个统一独立的主权国家,大陆地区和台湾地区都是祖国领土不可分割的组成部分。促进和维护祖国统一是两岸人民的共同愿望。作为独立主权国家内部两个相互独立的法域之间发生的司法协助,不论是协助的方式、途径还是步骤,都应有助于促进和维护祖国统一。因此,闽台区际司法协助,必须以促进和维护祖国统一作为基本原则,各地区在开展司法协助时,都不得有损于国家的统一,不得违反国家主权和安全,否则就与建立"一国两制,统一祖国"的根本目的相悖。

(二)平等保障两岸人民利益的原则

闽台区际司法协助应遵循平等保障两岸人民利益的原则。首先要保障各法域地位平等。所谓各法域地位平等是指两岸法域在司法协助时,法律地位是平等的,而不是指主权平等。因为闽台法域的主权统属中央,各法域本身均为中央管辖下的地方单位,其本身没有主权可言。而司法协助从来都是相互的行为,因此,闽台双方应在平等的基础上相互协作,代为一定的诉讼行为,而不能人为地制造不平等关系,形成一方司法机关对另一方的发号施令,致使区际司法协助变为区际司法对抗。同时,在处理涉及对方的民商事案件时,还应保障各方人民法律地位平等,以利于双方的合作和人民的团结,促进双方人民之间正常的民事往来。台湾居民在大陆的活动应遵守大陆法律,同时依法享有权利并承担义务;大陆居民在台湾地区的活动也应遵守台湾方面的有关规定,对其享有正当权益的方面应予以保护。

(三)相互尊重历史和现实的原则

由于历史的原因,祖国大陆和台湾地区自中华人民共和国成立之始就一直实行不同的社会制度,大陆实行社会主义制度,而台湾则受西方的影响,实行资本主义制度。历史的发展,不但使海峡两岸在政治、经济和法律制度上大相径庭,就是在思想意识、道德观念和居民的生活方式上,也有诸多差异。即使将来根据"一国两制"的构想实现祖国统一后,由于台湾作为特别行政区仍然保持资本主义制度,海峡两岸这种社会政治和法律制度各异的局面还将长期存在。因此,闽台双方在开展区际司法协助时,应充分尊重对方的历史现实,本着平等协商、求同存异的精神处理两地间的各种法律问题,只有这样,才能真正建立两地区际司法协助关系,才能共同维护海峡两岸人民的利益和社会秩序。

四、闽台区际司法协助之构建

国际上有三种常见的区际司法协助模式：(1)澳大利亚模式。即以最高效力的法律来统一各法域之间的司法协助行为，并要求各法域的法律必须屈从于这一最高法律。这样，各法域间文书的送达，调查取证及判决、裁决的承认和执行就像在各法域内进行一样简单、方便。由于此种协助不附带任何条件，实际上达到了消除区际诉讼法律冲突的效果。(2)英国模式。即以统一法的形式实施有条件的区际司法协助，这种方式意味着：联合王国采取统一立法的形式要求不同法域之间相互认可对方的诉讼程序的效力，但各法域仍有保留按最低条件审查对方诉讼行为的权利，如符合要求就给予司法协助。(3)美国模式。美国的司法协助模式颇具特色，采取二级调整方式：第一级调整是在美国联邦宪法中规定各州相互合作的基本原则以开展区际司法协助；第二级调整即是在第一级调整的前提下，各州以自愿参加统一州法的方式来协调区际司法协助关系。

上述国家的区际司法协助均是在"一国一制"的情况下进行的，而闽台区际司法协助是在"一国两制"构想下逐步落实和发展起来的，基于闽台区际司法协助具有不同于其他多法域国家的特点，因此在解决闽台区际司法协助中不能照搬其他国家的做法，应从中国的实际出发，同时要照顾历史传统、现实需要、地区特点等因素。由于海峡两岸在主权、管辖权等政治原则上存在严重分歧，有关方面应从维护两岸人民的合法权益出发，避开意识形态分歧，以务实的态度，共同寻求建立两岸司法协助的途径。为此，闽台区际司法协助应有步骤、分阶段进行：

首先，由海峡两岸在"一个中国"原则下，分别授权海协会和海基会就民商事诉讼文书和诉讼外文书的送达及调查取证问题进行谈判并达成协议。两岸先借助民间组织名义进行交往，这是可取的。在海峡两岸根本性的政治分歧没有彻底解决的情况下,以民间组织的名义既能够回避双方最为敏感的争议,又能够解决两岸交往中影响到各方利益的具体问题,在特殊情况下还可以以"个案"为名相互协商和合作。1993 年 4 月在新加坡举行的"汪辜会谈"中,大陆、台湾分别授权大陆海峡两岸交流协会和台湾海峡交流基金会就两岸间有关司法协助事项进行协商,并已达成《两岸公证书使用查证协议》这一民事司法协助内容的协议,使两岸在司法协作方面终于走出了达成协议的第一步。这一协议,基本解决了两岸之间在公证文书送达和取证方面协作的问题,这对于大量的两岸民事和经济关系及由此引起的两岸冲突案件的解决无疑是十分必要的。但这一协议毕竟只规定了"公证书"这一种文书的相互查证,对于两岸司法协助的其他急迫事务,如两岸在相互承认民事判决中如何确认对方判决的效力问题,委托代为取证问题,委托代为执行其他生效法律文书,包括有执行内容的裁定书、调解书、支付令、仲裁裁决等,代为进行与案件有关的财产保全和先予执行等,两岸诉讼文书和诉讼外文书(包括起诉状、答辩状、上诉状、传票、受理案件通知书、应诉通知书、提供担保通知书、破产还债通知书等)的送达问题,以及其他文书的查证与认可问题,至今仍未达成协议。基于民间组织的低敏感性和处理问题的灵活性的特点,两会在得到授权的情况下,应积极进行磋商,并借鉴《两岸公证书使用查证协议》的方式,就两岸司法协助中的紧迫课题迅速达成协议,以推动两岸区际司法协助的发展。

其次,由两岸司法机关秉承实事求是、相互尊重、相互合作及"一个中国"原则,就两岸间的民事司法协助达成协议。由两会就两岸的区际司法协助的有关问题通过谈判达成协议,虽具有阶段性的意义,但海协会和海基会是民间组织,民间组织属于私法人,即使得到政府的授权,它的作用仍然是有限的,它不能解决两岸交往中涉及公权力的问题。在司法协助领域,首要的是承认对方的法律地位和法律管辖权,并明确这种承认并不违反"一个中国"原则。在海峡两岸"用尽"了民间组织的灵活性之后,两岸必然要面对如何使公权力直接对话的问题。随着两岸关系的深入发展,两岸之间的政治军事上的敌对状态和两岸人民心理上的芥蒂亦将逐步稀释,政治谈判将提到两岸关系的日程上来,两岸的司法机关此时可直接进行沟通,秉承实事求是、相互尊重、相互合作及"一个中国"原则,通过谈判和签订两岸的司法协助协议,对有关分歧达成共识,建立真正的解决争议的机制。

对于签订司法协助协议的主体问题,一般来说,代表台湾签订司法协助协议的机构是台湾地区终审法院。而代表大陆签订司法协助协议的机构之归属,学者们则有不同意见。基于闽台特殊的地理位置及闽台之间来往密切的特点,建议中央授权福建省高级人民法院与台湾签订司法协助协议。在闽台法院达成协议后,大陆其他地区可根据需要加入该协议,并由各地区直接与台湾进行司法协助行为。这样做减少了大陆各行政区分别与台谈判、签约等复杂手续,还可避免协议的内容不一,甚至相抵触的情况。当然如果大陆其他地区不参加闽台司法协助协议的,亦可另行与台湾订立符合自身特殊情况的司法协助协议。这是两岸民事司法协助较为理想的模式。鉴于两岸目前的情况,想要一下子达成一个全面的司法协助协议是不可能的,因此,两岸的司法机关可以就某一方面的协助事务,按成熟一个签订一个的办法分别签订协议,并在实践中逐步积累经验,摸索完善。

第四节　闽台司法制度

一、引言

司法有广义与狭义之分。广义的司法是指国家司法机关及司法组织在办理诉讼案件和非讼案件过程中适用法律的活动。狭义的司法则仅指国家司法机关在办理诉讼案件中适用法律的活动。司法制度是一个国家得以维护其社会秩序，保障其人民权益的重要的国家制度，但凡民主、法治先进国家莫不以司法之完善，作为国家现代化程度之象征。所以各国均以提升司法功能、扩大司法权之适用范围，以及着力进行司法改革作为国家现代化建设之重要保障。司法制度是国家制度的重要组成部分，是一种具体的社会制度。具体而言，司法制度的概念也有狭义与广义两种，狭义的司法制度仅指以法院审判权为核心的审判制度与检察制度，而广义的司法制度除了审判制度与检察制度外，还包括侦查制度、监狱制度以及律师制度、调解制度、公证制度、仲裁制度等。根据现今学者观点的趋向，司法权一般仅指各国均存在的法院的审判权，加之宪法中把检察权与审判权并列为司法权，故本节中的司法制度采用狭义说，仅指审判制度与检察制度。

中国自古以来实行的是被今天的学者称为"古典型"的司法制度，直至晚清法律改革方才使得中国司法制度按照西方的模式进行了近代的变革。此后经历南京临时政府、北洋政府直至南京国民党政府都沿着这一路线走下来，中国的司法制度已基本与西方无异。1949年之后，中国的大陆地区又学习苏联引进了检察制度，其间司法制度建设还走过了一段弯路。而台湾地区则按照原来的模式继续发展。及至21世纪的今日，两岸的司法制度在不同的司法理论指引下，不论在司法机关组织或者各项司法程序制度方面，都存在许多的差异。近年来，随着两岸法学学术交流与法律实践交往的增多，由法律制度尤其是司法制度的差异所导致的区际法律冲突问题日益增多。福建作为台湾的近邻，更是与台湾有着频繁交往。本节拟对福建与台湾这两个地区的司法制度略加介绍、比较，或许对普通公民与法律工作者都有十分积极的意义。

二、审判制度

审判制度主要指法院制度,包括法院的设置、法官、审判组织和审判活动等方面的法律制度。

(一)法院的组织体系与职权

福建作为中国的一个省,实行的是与整个大陆地区一样的司法制度。据现行《中华人民共和国宪法》和《人民法院组织法》的规定,人民法院是国家审判机关,其组织体系是:地方各级人民法院、专门人民法院和最高人民法院。各级各类人民法院的审判工作统一接受最高人民法院的监督。地方各级人民法院根据行政区划设置,专门法院根据需要设置。

1. 地方各级人民法院分为:基层人民法院、中级人民法院、高级人民法院。根据最高人民法院的改革要求,法院内部设有民事一庭、二庭、三庭、四庭,刑事一庭、二庭,行政庭以及审判监督庭、执行庭等。

根据《人民法院组织法》规定,基层人民法院包括省内的各个县、自治县人民法院,不设区的市、市辖区人民法院,其职权主要有:(1)审判刑事、民事和行政案件的第一审案件,但是法律另有规定的除外;(2)处理不需要开庭审判的民事纠纷和轻微的刑事案件;(3)指导人民调解委员会的工作。为便利人民诉讼,由基层人民法院设若干人民法庭,作为派出机构,但人民法庭不是一个审级。

中级人民法院包括在省、自治区内按地区设立的中级人民法院。福建省现有福州、厦门、宁德、莆田、泉州、漳州、龙岩、三明、南平9个市中级人民法院。其职权主要有:(1)审判法律规定由其管辖的第一审案件,基层人民法院移送的第一审案件,对基层人民法院的判决和裁定的上诉案件和抗诉案件;(2)监督辖区内基层人民法院的审判工作。

根据《人民法院组织法》规定,高级人民法院设于省、自治区、直辖市,在福建省是福建省高级人民法院。其职权主要有:(1)审判法律规定由其管辖的第一审重大或复杂的刑事、民事和行政案件,下级人民法院移送审判的第一审案件,对下级人民法院的判决和裁定的上诉案件和抗诉案件。海事法院所在地的高级人民法院有权审判对海事法院的判决和裁定的上诉案件、人民检察院按照审判监督程序提出的抗诉案件。(2)复核中级人民法院判处死刑的、被告人不上诉的第一审刑事案件,其中同意判处死刑的,报请最高人民法院核准,不同意判处死刑的,可以提审或者发回重审。(3)复核中级人民法院判处死刑缓期两年执行的案件。(4)根据最高人民法院的授权,核准部分死刑案件。(5)监督辖区内下级人民法院的审判工作。对下级人民法院已经发生法律效力的判决和裁定,如果发现确有错误,有权提审或者指令下级人民法院再审。

2. 专门人民法院是指根据实际需要在特定部门设立的审理特定案件的法院,目前在大陆设军事法院、海事法院、铁路运输法院等专门法院。军事法院设三级:基层军事法院,大军区、军兵种军事法院,中国人民解放军军事法院。中国人民解放军军事法院是军内的最高审级,大军区、军兵种军事法院包括各大军区军事法院,海军、空军军事法院,二炮部队军事法院,解放军总直属队军事法院等,基层军事法院包括陆军军级单位军事法院,各省军区军事法院,海军舰队军事法院,大军区空军军事法院,在京直属部队军事法院等。在福建省军区设有基层军事法院。海事法院是为行使海事司法管辖权而设立的专门审判一审海事、海商案件的专门人民法院。1989 年 5 月最高人民法院作出《关于海事法院收案范围的规定》,规定海事法院受理中国法人、公民之间,中国法人、公民同外国或地区法人、公民之间,外国或地区法人、公民之间的海事、商事案件。在福建省的厦门市设有厦门海事法院,为全国 10 个海事法院之一。铁路运输法院是设在铁路沿线等的专门人民法院。在福建设有福州铁路运输法院。

3. 在福建省高级人民法院之上还有最高人民法院,设于首都北京。它是国家的最高审判机关,依法行使国家最高审判权,同时监督地方各级人民法院和专门人民法院的工作。

大陆地区法院组织体系图:

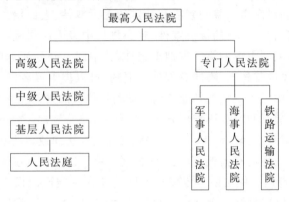

在台湾地区,作为五院之一的"司法院"是台湾的最高司法机关,设"院长"、"副院长"各一人,并设正、副"秘书长"各一人。"司法院"设"大法官会议",由"大法官"17人组成。"司法院"所属机关有:普通法院、行政法院、公务员惩戒委员会和其他各种委员会。"司法院"拥有广泛的职权,包括民事、刑事、行政诉讼审判权,公务员惩戒权,"宪法"及法律命令解释权等等。另外,其下设的各种委员会还各自行使专门的职责。

台湾采用的是三元审判体系,法院分为普通法院(民事、刑事)、行政法院和公务员惩戒委员会。台湾普通法院设三级:"最高法院"、"高等法院"、"地方法院"。三级法院之间是审级关系而非行政隶属关系。

1. "最高法院",是台湾的最高审判机关,在审级上是第三审法院,是终审法院。设民事庭和刑事庭各5个,分别审理不同性质的案件。

2."高等法院",设于省或特别区域,是台湾法院体系中的第二级。分设民事庭和刑事庭若干个,并设庭长1人,推事(法官)2人,还可设专业法庭,并设公设辩护人、刑事资料室、书记室等。

3."地方法院",为台湾最低审判机关,原则上设于县、市;若县、市地域狭小,可数县、市合设一所"地方法院";若县、市地域辽阔,可增设分院。"地方法院"审判案件一般由推事独任审判,对案情重大者则由推事3名合议审判。

另外,与福建不同的是台湾设行政法院专门负责审理行政诉讼案件。根据《行政法院组织法》规定,行政法院设院长1人,掌握全院行政事务,兼任评事,并可充任庭长。行政法院法官称评事。行政法院设二至三庭审理案件,各庭设庭长1人,除院长兼任庭长外,其余庭长从评事中选任。

台湾地区普通法院组织及内部机构体系图:

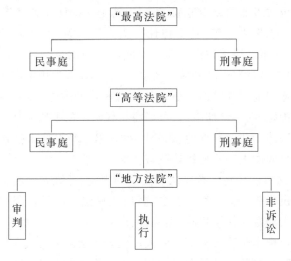

（二）法官制度

法官制度是审判制度的重要组成部分，是指关于法官的选任资格、选任方式、任职期限、奖励惩处、物质待遇等方面的规章制度的总称。大陆于 1995 年颁布，2001 年修正的《法官法》对此作了较全面规定。

1. 法官的资格要求。法官是依法行使国家审判权的审判人员，包括各级法院的院长、副院长、审判委员会委员、庭长、副庭长、审判员和助理审判员。法官的职责是参加合议庭和独任审判案件。担任法官必须首先具备法官的资格条件：(1)具有中华人民共和国国籍。(2)年满 23 岁。(3)拥护中华人民共和国宪法。(4)有良好的政治、业务素质和良好的品行。(5)身体健康。(6)高等院校法律专业本科毕业或者高等院校非法律专业本科毕业具有法律专业知识，从事法律工作满二年，其中担任高级人民法院、最高人民法院法官，应当从事法律工作满三年；获得法律专业硕士学位、博士学位或者非法律专业硕士学位、博士学位具有法律专业知识，从事法律工作满一年，其中担任高级人民法院、最高人民法院法官，应当从事法律工作满二年。本法施行前的审判人员不具备前款第 6 项规定的条件的，应当接受培训，具体办法由最高人民法院制定。适用前面规定的学历条件确有困难的地方，经最高人民法院审核确定，在一定期限内，可以将担任法官的学历条件放宽为高等院校法律专业专科毕业。另外，曾因犯罪受过刑事处罚的或曾被开除公职的人均不得担任法官。

2. 法官的任免。按宪法和法律的规定：各级人民法院院长由同级人民代表大会选举和罢免，各级人民法院院长任期与本级人民代表大会每届任期相同，副院长、审判委员会委员、庭长、副庭长和审判员由本院院长提请同级人民代表大会常务委员会任免。助理审判员由本院院长任免。中国(福建等大陆地区)自从 2001 年修改《法官法》、《检察官法》、《律师法》以来,实行了"国家统一司法资格考试制度",规定凡进入法官、检察官,以及律师与公证员队伍的人员必须先通过"国家统一司法资格考试",成绩合格者,由司法部颁发《法律职业资格证书》,对于进入法律行业的人员的资格严加控制,以提高法律职业共同体的素质。这是大陆地区司法改革的又一项重要举措。它的全面实施,将会对现行的司法官遴选制度、司法官培训制度以及法学教育制度等产生深远的影响。

台湾地区的法官称推事,经司法官考试及格者方可担任之。依据台湾地区"宪法"第80条规定,法官须超出党派以外,依据法律独立审判,法官守则第5条亦定,法官不得参加任何政党或其他政治团体之活动。故法官应本于良知,独立、公正地执行审判职务,所以,现在法官已完全不能参加党务活动。

(三)法院的审判组织形式

根据人民法院组织法和其他法律的规定,包括福建在内的大陆地区的人民法院的审判组织目前有以下三种形式:(1)独任庭,是由审判员一人审判简易案件的组织形式;(2)合议庭,是由三名以上审判员或者审判员和人民陪审员集体审判案件的组织形式;(3)审判委员会,依照人民法院组织法的规定,各级人民法院设立审判委员会,由院长主持,其任务主要是讨论重大或疑难案件、总结审判经验、讨论其他有关审判工作的问题。但行政案件一律采用合议庭制或报请审判委员会决定,而没有独任制。并且组成合议庭的审判员(或审判员与陪审员)为3人以上的单数。

在台湾地区,法院审判民事、刑事案件时,采用独任制和合议审判两种组织形式。行政诉讼中的审判组织也是采用合议庭制,但成员为5人,即由5名评事组成。

（四）审判工作的基本制度

在福建等大陆地区的法院审判工作中，实行公开审判制度、辩护制度、两审终审制度、合议制度、回避制度、死刑复核制度、审判监督制度等。根据《人民法院组织法》第 12 条规定："人民法院审判案件，实行两审终审制。"两审终审制是指一个案件经过两级法院审判就宣告终结的制度。人民法院实行四级两审终审制，即设四级人民法院，两审终审。根据案件的性质和难易划分审级管辖。如果当事人对第一审案件的判决或裁定不服，可以在法定期限内向上一级人民法院提出上诉；如果人民检察院认为一审判决或裁定确有错误，可以在法定期限内向上一级人民法院提出抗诉。如果在上诉期限内，当事人不上诉，人民检察院不抗诉，这个一审判决或裁定就是发生法律效力的判决或裁定。上级人民法院对上诉、抗诉案件，按照第二审程序进行审理后所作的判决或裁定就是终审的判决或裁定，除判处死刑的案件需要依法进行复核外，其他就立即发生法律效力。

另外，大陆地区实行法院依法独立审判制度，而非法官个人独立审判制度。

在台湾地区，审级方面与大陆不一样，审理民事案件与刑事案件的普通法院是三级三审，行政法院是一级一审。在司法独立问题上，实行的是法官依法独立审判制。

三、检察制度

检察制度是指国家检察机关的法律地位、组织体系、职权、检察官制度以及检察工作制度的总称。

（一）检察机关的法律地位与组织体系

根据宪法和《人民检察院组织法》规定，在大陆地区，人民检察院是国家的法律监督机关,行使国家的检察权。人民检察院由同级人民代表大会产生,向人民代表大会负责并报告工作。由此可见,检察院的地位是与法院同级的,相互之间不存在隶属关系。法院与检察院,再加上同级政府均在本级人民代表大会的领导下进行工作,即所谓人大领导下的"一府两院"。《人民检察院组织法》第2条规定,中华人民共和国设立最高人民检察院、地方各级人民检察院和军事检察院等专门人民检察院。这种自上而下的排列反映了检察机关上下级是领导和被领导的关系及其集中统一的特点,这与人民法院上下级之间监督与被监督的关系有显著不同。为了维护国家法制的统一,检察机关必须一体化,必须具有很强的集中统一性。

　　最高人民检察院是国家最高检察机关,领导地方各级人民检察院和专门检察院的工作。地方各级人民检察院包括省、自治区、直辖市人民检察院;省、自治区、直辖市人民检察院分院,自治州和省辖市人民检察院;县、市、自治县和市辖区人民检察院;专门人民检察院主要包括军事检察院与铁路运输检察院。各级人民检察院都是与各级人民法院相对应而设置的,以便依照《刑事诉讼法》规定的程序办案。

　　台湾地区的检察机关自1980年7月后实行审检分隶制,其组织体系是"最高法院"设"检察署"、"高等法院"设"检察处"、"地方法院"设"检察处",均隶属于"行政院"所属的"法务部"。其地位自然没有大陆地区的检察院高。

　　"法务部"所属机关图:

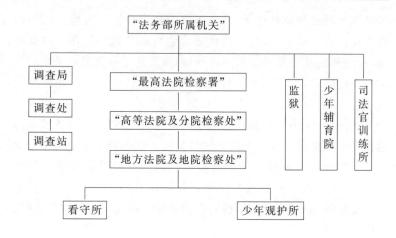

（二）检察机关的职权

根据《人民检察院组织法》和有关法律规定，包括福建在内的大陆地区的人民检察院行使下列职权：

1. 对叛国案、分裂国家案以及严重破坏国家的政策、法律、法令、政令统一实施的重大犯罪案件，行使检察权；

2. 对于直接受理的刑事案件，进行侦查；

3. 对于公安机关、国家安全机关侦查的案件，进行审查，决定是否逮捕、起诉；对侦查活动是否合法实行监督；

4. 对于刑事案件提起公诉、支持公诉，对人民法院的审判活动是否合法实行监督；

5. 对于刑事案件的判决、裁定的执行以及监狱、看守所和劳动教养机关的活动是否合法实行监督；

6. 对于人民法院的民事、行政审判活动实行监督。

根据《最高人民检察院关于人民检察院直接受理立案侦查案件范围的规定》，人民检察院直接受理进行侦查的刑事案件的范围包括以下四类：（1）刑法分则第八章规定的贪污贿赂犯罪及其他章中明确规定依照第八章相关条文定罪处罚的犯罪案件;(2)刑法分则第九章规定的渎职犯罪案件;(3)国家机关工作人员利用职权实施的侵犯公民人身权利和民主权利的犯罪案件;(4)国家机关工作人员利用职权实施的其他重大的犯罪案件。这几类案件需要由人民检察院直接受理的时候,经省级以上人民检察院决定,可以由人民检察院立案侦查。

与大陆地区不一样的是,在台湾地区的检察机关即"检察署"所拥有的职权中,刑事案件除自诉外,均由检察官负责侦查,并监督指挥司法警察进行侦查工作,即侦查权主要属于检察机关,而警察机关则属于从属的地位,是辅助侦查机关,起协助检察机关侦查的作用。根据台湾地区"刑事诉讼法"的规定,警察协助检察官侦查的权限有以下几种:协助检察官侦查,听从检察官指挥侦查,受检察官或司法警察官命令侦查。1997年12月16日以前检察官可以羁押犯罪嫌疑人,但"大法官会议"第392号决议宣布其"违宪",其后,羁押权遂改归法院认定。另外,自2001年2月9日起,搜索票也改由法院签发。

(三)检察机关的内设机构

福建省的人民检察院的内部组织机构主要包括检察长、检察委员会及其他具体业务机构。

1. 检察长,人民检察院的检察长统一领导检察院的工作。

2. 检察委员会,《人民检察院组织法》第3条规定:"各级人民检察院设立检察委员会,实行民主集中制,在检察长的主持下,讨论决定重大案件和其它重大问题。如果检察长在重大问题上不同意多数人的决定,可以报请本级人民代表大会常务委员会决定。"

3. 检察业务机构。检察院的内部工作机构是根据法律监督的内容所形成的业务分工机构。根据最高人民检察院机构改革的要求,各级检察院内设机构包括:反贪污贿赂局、渎职侵权检察机构、侦查监督机构、公诉机构、民事行政检察机构、监所检察机构、刑事申诉机构、控告检察机构等。

在台湾地区,"检察署"内设机构为:

1."最高法院检察署"。设检察长1人、检察官若干人、书记厅、会计室、人事室。检察长指挥监督台湾地区检察事务,负责施政方针、工作计划和处理一切事务。

2."高等法院检察处"。设首席检察官和检察官若干人、书记室、刑事资料室、人事室、会计室。

3."地方法院检察处"。设首席检察官、检察官、书记室、人事室、会计室。首席检察官负责该院检察事务,对所属职员的工作、操行等进行考查。

(四)检察官制度

是指国家制定专门的法律对在检察机关中行使国家检察权的检察官依法进行科学管理的制度。它包括检察官职责、权利义务、资格条件、任免、考核、培训、奖惩、工资福利、辞职、退休等一系列规定。

在福建等大陆地区,根据《检察官法》规定,检察官包括各级人民检察院的检察长、副检察长、检察委员会委员、检察员和助理检察员。担任检察官必须具备的条件与检察官的任免制度基本同于法官。

在台湾地区,《司法人员人事条例》第9条明定,检察官之任用资格与法官完全相同。"法务部"人事审议委员会审议各级检察机关检察官的任用、升迁、转调及重大奖惩。

(五)检察工作制度

检察工作制度是根据检察业务的范围和活动而形成的一些规则制度。

在福建等大陆地区,主要有:侦查监督制度、自侦制度、公诉制度、审判监督制度、对刑事判决的执行和监所的监督制度等。

在台湾地区,则有:侦查制度、公诉制度、参与自诉制度、监督执行制度以及其他法令所定职务之执行。

主要参考文献

1. 陈碧笙著:《台湾地方史》,中国社会科学出版社 1982 年版。

2. 陈孔立主编:《台湾历史纲要》,九州图书出版社 1996 年版。

3. 周一良主编:《台湾史纲要》,福建人民出版社 2000 年版。

4. 卢美松著:《闽中稽古》,厦门大学出版社 2002 年版。

5. 福建师范大学闽台区域研究中心编:《闽台区域文化研究》,中国社会科学出版社 2000 年版。

6. 林仁川、黄福才著:《闽台文化交融史》,福建教育出版社 1997 年版。

7. 卢美松、陈龙著:《闽台先民文化探源》,福建人民出版社 2003 年版。

8. 施联朱著:《台湾史略》,福建人民出版社 1980 年版。

9. 连横著:《台湾通史》(上、下册),商务印书馆 1983 年版。

10. 方宝璋著:《闽台民间习俗》,福建人民出版社 2003 年版。

11. 陈支平著:《福建六大民系》,福建人民出版社 2000 年版。

12. 林其泉著:《闽台六亲》,厦门大学出版社 1992 年版。

13. 陈国强主编:《闽台婚俗》,福建省民俗学会编,1991 年版。

14. 陈国强主编:《闽台岁时节日风俗》,厦门大学出版社 1992 年版。

15. 方宝璋著:《闽台民间习俗》,福建人民出版社 2003 年版。

16. 汪玢玲主编:《民间文学概论》,中央广播电视大学出版社 1994 年版。

17. 张紫晨著:《歌谣小史》,福建人民出版社 1982 年版

18. 刘晔原著:《中国民间文学传说论文集》,中国民间文艺出版社 1985 年版。

19. 刘晔原:《论传说的崛起与传说学的建立》,《民间文学论坛》1986 年 5 期。

20. 杨知勇:《论民间文化的心理传承》,《民间文艺季刊》1990 年 4 期。

21. 黄新宪著:《闽台教育的交融与发展》,福建人民出版社 2003 年版。

22. 刘海峰、庄明水著:《福建教育史》,福建人民出版社 1996 年版。

23. 福建省地方志编纂委员会编:《福建省志·教育志》,方志出版社 1998 年版。

24. 李如龙著:《福建方言》,福建人民出版社 1997 年版。

25. 吕良弼主编:《五缘文化力研究》,海峡文艺出版社 2002 年版。

26. 福建省地方志编纂委员会编:《福建省志·方言志》,方志出版社 1998 年版。

27. 陈章太、李如龙著:《闽语研究》,语文出版社 1991 年版。

28. 陈支平著:《福建族谱》,福建人民出版社 1996 年版。

29. 李如龙著:《汉语方言的比较研究》,商务印书馆 2001 年版。

30. 周振鹤、游汝杰著:《方言与中国文化》,上海人民出版社 1986 年版。

31. 闵家骥等编:《汉语方言常用词词典》,浙江教育出版社 1991 年版。

32. 熊先觉著:《中国司法制度新论》,中国法制出版社 1999 年版。

33. 朱永梅、唐小波著:《行政诉讼法比较》,福建人民出版社 1999 年版。

34. 蔡定剑著:《历史与变革》,中国政法大学出版社 1999 年版。

35. 梁国庆主编:《中国检察实务教程》,中国检察出版社 2002 年版。

36. 葛洪义主编:《法律方法与法律思维》,中国政法大学出版社 2002 年版。

37. 何绵山著:《闽文化续论》,北京大学出版社 2004 年版。

38. 何绵山著:《闽台经济与文化论集》,厦门大学出版社 2002 年版。

39. 何绵山著:《八闽文化》,辽宁教育出版社 1998 年版。

40. 何绵山著:《台湾的建筑》,九州出版社 2003 年版。

41. 何绵山、邱守杰主编:《福建经济与文化》,中国戏剧出版社 1996 年版。

42. 何绵山著:《福建宗教文化》,天津社会科学院出版社 2004 年版。

43. 何绵山主编:《福建外向型经济概论》,厦门大学出版社 2002 年版。

44. 何绵山主编:《福建区域经济》,厦门大学出版社 2003 年版。

45. 何绵山、卢少辉主编:《福建外向型经济》,中国计划出版社 2001 年版。

46. 何绵山著:《闽文化述论》,延边大学出版社 2001 年版。

47. 何绵山主编:《闽文化研究》,天津古籍出版社 1994 年版。

48. 何绵山著:《中国文学与中国文化》,福建教育出版社 2002 年版。

49. 何绵山著:《台湾民俗》,甘肃人民出版社 2004 年版。

50. 何绵山主编:《福建文明与福建现代化》,海峡文艺出版社 2004 年版。

51. 何绵山主编:《闽台经济与文化》,厦门大学出版社 2001 年版。

52. 何绵山著:《闽文化概论》,北京大学出版社 1996 年版。

后 记

　　"自古闽台一家亲",福建与台湾仅一水之隔,血脉相连,在历史上,台湾在很长时期内曾是福建的一部分。明代以后大批闽人移居台湾,共同创造了以闽南方言和客家方言为主要载体的台湾文化。清以后台湾虽独立建省,但两地文化血缘仍密不可分。闽台地缘相近,血缘相亲,习俗相同,语言相通,现今台湾同胞中80％以上人口祖籍福建,正是因为闽台地区有这种天然的联系,因此一向被视为一个共同的区域。

　　为了进一步推进闽台区域文化研究,经过长期酝酿准备,在各方面的积极配合下,在承担国家十五艺术规划课题《闽台文化艺术源流》、国家十五社会科学规划课题《台湾佛教与台湾社会的变迁》同时,我们还组织有关人员编写了此书。我们的肤浅尝试,得到李红、樊祺泉、叶文华、赵捷、刘士本、高扬明、康乃美等有关领导的关心和指导。我们要感谢为提高本书质量倾注了大量心血的责编牛跃天先生,感谢厦门大学出版社的全力支持。

　　本书撰稿人为:第一章王子韩,第二章赵容,第三章何绵山,第四章郑建辉,第五章王玮,第六章李正光,第七章陈婕,第八章齐学东,第九章何绵山,第十章林育明,第十一章曾金霖,第十二章第一节张禄兴、第二节丁素芳、第三节李燕芳、第四节陈忠琼。

何绵山

2004 年 2 月 20 日

图书在版编目(CIP)数据

闽台区域文化/何绵山主编. —厦门:厦门大学出版社,2004
(2018.9重印)
ISBN 978-7-5615-2182-3

Ⅰ.闽… Ⅱ.何… Ⅲ.文化交流-福建省、台湾省 Ⅳ.G127.5

中国版本图书馆 CIP 数据核字(2004)第 005670 号

官方合作网络销售商:

厦门大学出版社出版发行

(地址:厦门市软件园二期望海路 39 号 邮编:361008)
总 编 办 电 话:0592-2182177 传真:0592-2181253
营销中心电话:0592-2184458 传真:0592-2181365
网址:http://www.xmupress.com
邮箱:xmup @ xmupress.com
厦门集大印刷厂印刷
2004 年 3 月第 1 版 2018 年 9 月第 17 次印刷
开本:850×1168 1/32 印张:10 插页:2
字数:247 千字 印数:38 901~40 900 册
定价:25.00 元
本书如有印装质量问题请直接寄承印厂调换